NOUVEAUX REGARDS SUR LA FRANCE

Sélection des Thèmes transversaux pour l'enseignement de la langue et de la civilisation françaises.

Sous la direction de Georges LAFOREST,
inspecteur général de l'Éducation nationale

Didier BERGÈS, ancien avocat au barreau de Paris.

Thierry BRUE, interne en médecine.

Roseline ÉGLIN, Association d'éducation et d'information du consommateur de la F.E.N. (A.D.E.I.C. F.E.N.).

Jacques GONNET, docteur d'État ès lettres, directeur du Centre de liaison de l'enseignement et des moyens d'information (C.L.E.M.I.).

Robert GUILLOT, I.P.R. histoire-géographie, académie d'Amiens.
René MEISSEL, professeur agrégé de géographie, lycée Jean-Rostand, Chantilly.

Claudine RIOU-BARTHE, professeur agrégé de géographie, lycée Jean-Rostand, Chantilly.

Larousse

17, RUE DU MONTPARNASSE, 75298 PARIS CEDEX 06

ISBN 2-03-800430-7

Avant-propos

Un humoriste célèbre et à l'identité controversée prétend que « les encyclopédies sont des objets dans lesquels se trouvent toutes les réponses aux questions que personne ne se pose ». Si l'on n'y prenait garde, l'enseignement de civilisation pourrait, un jour prochain, mériter une telle boutade. Il fleurit, désormais, à chaque carrefour du paysage didactique. Hier presque oublié et, en tout cas, dévalorisé, il connaît aujourd'hui un regain, comme une nouvelle jeunesse pleine de matins triomphants.

À quel prix cependant, parfois. On se dit, à suivre les propositions qui surgissent ici ou là, qu'on demande aux étrangers des connaissances sur la vie des Français que ceux-ci sont loin d'avoir sur eux-mêmes, le plus souvent. Les compétences culturelles visées relèvent, par leur ampleur et leur diversité, d'un niveau d'exigence qu'un apprenant ordinaire pourrait légitimement désespérer d'atteindre.

Il s'agit pourtant bien de permettre à cet apprenant de se construire une véritable compétence culturelle étrangère. À condition toutefois de la circonscrire opératoirement, c'est-à-dire, à la lettre, de manière telle que l'apprenant soit en mesure de se comporter activement et avec pertinence dans la culture-cible. Pédagogiquement, le but principal est donc clairement utilitaire : ce qui est enseigné se propose explicitement d'être utilisable ici et maintenant.

Être capable d'opérer, d'être actif, dans une culture étrangère, c'est, d'une part, comprendre selon quelles régularités elle fonctionne, et, d'autre part, savoir anticiper avec justesse les comportements exigés (c'est-à-dire conformes aux normes indigènes) dans les diverses situations de communication sociale. La capacité d'anticipation constitue, à mes yeux, la compétence prioritaire en matière culturelle. C'est par elle qu'on s'inscrit pleinement dans le concert social, dans le tempo, c'est elle qui marque que l'apprenant a « saisi », intériorisé, l'autre univers culturel.

C'est vrai qu'un enseignement de cette sorte est d'autant plus motivant pour les apprenants que ceux-ci ont une probabilité forte de venir en France (et, donc, d'utiliser pratiquement leur apprentissage) ; c'est vrai aussi que, dans le quotidien d'une classe, chacun est friand d'exemples concrets et vivants, agréables, sans penser constamment à l'emploi possible de ce qu'on est en train d'enseigner/apprendre. Pour les élèves comme pour les professeurs, l'intéressant est une valeur plus sensible que l'utile.

Il importe cependant de comprendre que ces antagonismes sont, le plus souvent, de fausses fenêtres. D'abord, même si l'on n'a que peu de chances de rencontrer la société française en chair et en os, il est plus satisfaisant d'apprendre comment « ça marche » que d'entasser des savoirs disparates dont on ne voit pas la cohérence.

Ensuite, la maîtrise des règles de fonctionnement de pratiques culturelles étrangères produit un plaisir immédiat bien plus aigu encore que le simplement « intéressant » (qui n'est certes pas négligeable). Enfin, quoi de plus épanouissant qu'un savoir-faire qui s'élabore progressivement et s'éprouve, jour après jour, sur des exemples concrets et dans des expériences propres ?

C'est ce que permet l'ouvrage qui suit. Donner aux enseignants et aux apprenants des moyens de voir en fonctionnement la société française contemporaine, dans ses comportements affichés comme dans ses implicites, dans ses choix manifestes autant que dans ses préférences parfois inaperçues. On ne vise pas à tout savoir, à tout enseigner, à tout apprendre, sur un ensemble aussi vaste et aussi complexe. On cherche seulement à le comprendre au mieux, en acquérant des compétences transférables, c'est-à-dire des capacités d'action et d'appropriation, tout en travaillant sur des documents diversifiés, riches, autorisant chacun à choisir son propre cheminement, selon son gré, son humeur, ses besoins.

Pour autant qu'un avant-propos ne soit pas toujours hors de propos, je dirais simplement qu'ici l'apéritif proposé est moins alléchant que le repas qui va suivre. Laissez-vous tenter, le ramage vaut encore mieux que le plumage.

Louis PORCHER

SOMMAIRE

III - ÉCONOMIE

1) La consommation au quotidien

2) La protection des consommateurs

IV - SANTÉ

Sélection des Thèmes transversaux : Langue et Civilisation

LA PUBLICITÉ SE FABRIQUE

SOCIÉTÉ
la publicité et ses secrets

Impossible d'ignorer la publicité, elle est partout : dans les journaux, les revues, à la radio, à la télévision... La publicité fait partie de notre environnement quotidien, en particulier

Ph. L. L.

LA PUBLICITÉ DANS LA PRESSE

• Dans un journal destiné aux jeunes ou aux adultes, comptez : les pages rédactionnelles (articles) et les pages publicitaires. Puis comptez les pages de publicités rédactionnelles, c'est-à-dire celles où une publicité de fait, mais qui ne s'avoue pas comme telle, prend la forme d'un article. Observez leur place respective dans le journal (article coupé par des publicités).
Ce montage simule un type d'article que l'on trouve souvent dans certains magazines. Analysez le texte. Quelle est l'information donnée au lecteur ? Cherchez d'autres textes de publicité rédactionnelle et montrez la différence entre un reportage, une publicité et une publicité incluse dans un texte rédactionnel (article).

INDISCRÈTES PUBLICITÉS

« Docteur Brooke, le moment me semble venu de fonder dans le monde entier une ligue de protestation contre les publicités indiscrètes... Un suprême effort, je vous prie, pour défendre les choses sacrées, mais en perdition, en décadence : la nuit, le ciel, l'horizon, le silence, la rêverie, la courtoisie, l'élégance, le sourire, le libre arbitre, la muraille vierge, le papier blanc. Que diable ! Le domaine de la publicité commence seulement où finissent ma patience, mon plaisir, mon bon vouloir. Ne tolérons pas d'empiétements.

Nous supportons tout de ces trafiquants effrontés qui prétendent forcer notre assentiment, nous faire travailler à leur fortune et qui, pour atteindre ce mirifique résultat, souillent tout ce qui peut encore se souiller sur la planète, nous traitent comme un troupeau stupide et dilapident en niaiseries coûteuses une bonne partie de notre richesse commune. »

Georges DUHAMEL, *les Extravagances de la publicité*, © Mercure de France.

du vôtre. Vous sortez de l'enfance. Or, en France, les enfants voient en moyenne 4 000 à 7 000 spots publicitaires par an (sur les 24 400 proposés à la télévision en 1983). La publicité est un service, il est vrai pas tout à fait comme un autre, mais un service que le consommateur paie et qui est fabriqué et porté à la connaissance du public, consommateur et utilisateur potentiel.

D'où vient le message final ? Qui l'a demandé, conçu, réalisé, diffusé et que coûte-t-il ?

• **Qu'est-ce que la publicité ?** Affiche murale ou spot télévisé, la publicité est un message adressé à un public afin de lui vendre l'objet de la publicité (un objet, un service, une idée).

• **Qui est à l'origine de la publicité ?** C'est l'annonceur, c'est-à-dire celui qui veut passer l'annonce publicitaire. Tout le monde peut être annonceur. On distingue deux catégories d'annonceurs : ceux qui cherchent à promouvoir ou à vendre un produit : les producteurs qui veulent vendre le produit qu'ils fabriquent, les distributeurs qui veulent faire connaître leur magasin et ceux qui veulent « vendre » une action, une idée, etc. Ces derniers peuvent être l'État qui fait passer des messages (sécurité routière) pour le compte de certains ministères ou des associations privées qui veulent promouvoir les actions qu'elles mènent (Amnesty International, les Restaurants du cœur, etc.) ou encore des partis politiques, des syndicats, des hommes politiques.

• **Qui réalise la publicité ?** Les annonceurs qui décident de faire une publicité pour un produit font appel à des fabricants de publicité : les publicitaires. Dans le cadre d'entreprises appelées agences de publicité, ceux-ci se chargent de la conception, de la réalisation et du suivi des campagnes qui leur sont confiées.

• **Qui diffuse la publicité ?** Le message réalisé est diffusé par différents médias (par exemple FR 3 ou A 2 pour la télévision, Europe 1 pour la radio, *20 Ans* pour la presse...). En 1985, 55 p. 100 des recettes publicitaires des grands médias allaient à la presse. La publicité permet en effet aux journaux de vivre et limite leur prix. Autre média support de la publicité, la télévision est en forte progression (en 1985, 18 p. 100 des recettes publicitaires des grands médias sont allés à la télévision). La télévision privée est financée non par une redevance mais par la publicité. Enfin, la publicité est diffusée par affichage et par les radios (en 1985, 10 p. 100 des recettes publicitaires des grands médias vont aux radios).

La répartition par médias a été dominée par deux phénomènes, en 1985 : le développement des radios locales privées et l'expansion de la télévision.

Le message vise un public précis ; ce public est appelé la « cible ». Il n'est pas obligatoirement acheteur, il peut être prescripteur, c'est-à-dire qu'il va influencer l'achat de quelqu'un. Ainsi, les enfants et les jeunes sont surtout des prescripteurs d'achat ; ils demandent à leurs parents d'acheter le produit dont ils ont aimé la publicité à la télévision.

• **Que coûte la publicité ?** La publicité coûte à tous les stades : de l'annonceur (choix de la campagne) aux médias (coût de la diffusion) en passant par les publicitaires (coût de réalisation) : sur la 5e chaîne, le spot coûte de 60 000 à 90 000 F. Quatre fois par jour ; sur les chaînes publiques, le spot de 30 secondes de 200 000 à 240 000 F. En avril 86, la 5e chaîne totalise déjà 150 millions de francs de recettes publicitaires et compte s'arroger en 1986 5 p. 100 des 21 milliards de francs que se partageront les médias.

– Prix moyen du message : R.T.L., 15 560 F ; Europe 1, 12 740 F ; R.M.C., 5 940 F.

– Total d'une journée type à la radio : R.T.L., 77 800 F ; Europe 1, 63 700 F ; R.M.C., 29 700 F.

• **Qui paie la publicité ?** Chaque intervention publicitaire est incluse dans les frais du producteur ou du vendeur d'un produit. Il ne fait aucun doute qu'en bout de chaîne c'est l'acheteur du produit qui paie l'ensemble des frais de publicité.

MOTS-CLÉS

Bureau de vérification de la publicité ou **B.V.P.** : c'est une association créée par les publicitaires en 1953, chargée de l'autodiscipline en matière de consommation. Les publicitaires y adhèrent librement. Le B.V.P. donne des conseils aux publicitaires qui le sollicitent avant diffusion des messages et opère des contrôles après diffusion.

média n.m. : moyen de diffusion (télévision, radio, journaux) ; les médias disposent de supports télévision par exemple A 2, FR 3, TF 1, radio par exemple France-Inter, journaux par exemple *le Monde*.

Régie française de la publicité ou **R.F.P.** : elle opère un contrôle préalable de toutes les publicités sur les trois chaînes publiques. En 1986, les projets de loi de privatisation des chaînes de télévision ainsi que les progrès technologiques (satellite) mettent en question ce contrôle. Les organisations de consommateurs s'en inquiètent.

POUR QUELS PRODUITS LES ANNONCEURS FONT-ILS DE LA PUBLICITÉ ?

• En 1985, quatre branches ont été particulièrement dynamiques ; il s'agit des services hygiène, beauté, culture, loisirs (distractions et transports, tourisme [automobile]). Que pensez-vous de cette situation ? Les découvertes fondamentales sont-elles importantes dans ces secteurs ? Essayez de vérifier si les publicités que vous pouvez compter au cours de quelques émissions publicitaires correspondent bien à ces indications ?

LE MESSAGE PUBLICITAIRE

SOCIÉTÉ
la publicité et ses secrets

Les producteurs et les commerçants ont de tout temps vanté les qualités de leurs produits. Mais il ne s'agit pas seulement d'intéresser, d'attirer l'attention : il s'agit de faire passer à l'acte, c'est-à-dire de déclencher l'acte d'achat.

Ph. Polaris

Mère Denis, « Vedette » – campagne février-mars 1983.

« COUTEAUX, CISEAUX, RASOIRS. »

« Mais aux airs pyrénéens de ce bienfaisant pasteur se mêlait déjà la cloche du repasseur, lequel criait : "Couteaux, ciseaux, rasoirs." "Avec lui pouvait lutter le repasseur de scies, car, dépourvu d'instrument, il se contentait d'appeler : "Avez-vous des scies à repasser, v'là le repasseur", tandis que, plus gai, le rétameur, après avoir énuméré les chaudrons, les casseroles, tout ce qu'il étamait, entamait le refrain : "Tam, tam, tam, c'est moi qui rétame, même le macadam, c'est moi qui mets des fonds partout, qui bouche tous les trous, trous, trous !" »

Marcel PROUST, *À la recherche du temps perdu, la Prisonnière,* © Gallimard.

Ce qui distingue la publicité – sous sa forme moderne – des formes de réclame qui la précédaient, ce sont les supports médiatiques utilisés pour communiquer avec le public.

De ce fait, le rôle du commerçant se trouve réduit (songez au camelot d'autrefois, par exemple), le produit se vend par publicité interposée.

Que contient donc ce message pour qu'il soit si bon vendeur ? Comment s'explique son impact sur le public ?

Essayons de comprendre comment procède la publicité.

MOT-CLÉ

slogan n.m. : une formule en général facile à retenir, qui résume un message (publicitaire, politique, etc.).

Le message

LA PUBLICITÉ EST UN MESSAGE que l'annonceur (producteur) communique par l'intermédiaire des médias à un public (le consommateur potentiel). Ce message peut être :

1. Un **message clair** qui s'adresse à la raison et qui donne une information sur le produit ou le service (prix, quantité, composition...).

2. Un **message codé.** Ce qu'elle nous dit est transmis par des mots, mais aussi par des images, de la musique, des bruits. Tous ces éléments « parlent », à travers des **codes** que nous pouvons déchiffrer. Un groupe de jeunes riant aux éclats, l'eau, la couleur verte, et c'est la « fraîcheur de vivre » (Hollywood chewing-gum). La campagne, les blés, le ciel bleu, une cloche tintant au lointain, et c'est un fromage au goût du terroir, à moins que ce ne soit un petit déjeuner chocolaté !

Vous en connaissez certainement tous des exemples comme la voiture qui vole ; regardez la publicité sur les jeans de la double page suivante. Cette publicité vise à provoquer l'achat impulsif et c'est contre de telles publicités que les organisations de consommateurs vous mettent en garde.

La publicité crée-t-elle des besoins ?

Oui et non. Elle fait surtout appel aux motivations du consommateur, aux plus inconscientes souvent, qu'elle utilise pour faire connaître un produit particulier. La mère Denis nous fait connaître un lave-linge en même temps qu'elle nous propose une image idéale : celle d'une bonne ménagère d'antan. Beaucoup de produits industriels utilisent ce retour aux traditions. Par exemple cette publicité pour un pain grillé : « Le Grillé Pelletier avait déjà de grandes tranches quand vous étiez petit. De belles et grandes tranches dorées. Aujourd'hui rien n'a changé. Le Grillé Pelletier est préparé selon la même recette avec le même savoir-faire. On n'a jamais trouvé aussi bien pour perpétuer la tradition. »

Ce texte publicitaire ne créera ni le besoin de manger, ni celui de manger plus de pain. Mais il nous conduira peut-être à modifier nos achats : un paquet de « Grillé Pelletier » au lieu de la baguette habituelle ; autrement dit, un client gagné ici, c'est un client perdu ailleurs. La publicité, sauf pour les produits vraiment nouveaux, ne fait que déplacer les consommateurs d'un produit à un autre.

La publicité peut être considérée comme l'un des facteurs qui contribue à la création et à la diffusion de besoins nouveaux. Il ne s'agit pas des besoins fondamentaux tels que manger, dormir, respirer. Mais la réponse proposée à certains besoins peut être tellement différente de tout ce qui existait que l'on peut considérer qu'il s'agit d'un besoin nouveau. Par exemple, le Walkman a créé le besoin d'entendre de la musique n'importe où et à tout moment. Le besoin d'entendre la musique n'est pas nouveau mais de l'entendre ainsi peut être considéré comme nouveau. Consommer, c'est choisir, rappelez-vous ! La publicité nous suggère des choix en utilisant nos motivations les plus profondes, et les publicitaires nous connaissent bien !

LA LOI

• Tout est permis, sauf le mensonge ; la loi interdit et sanctionne la publicité mensongère. La loi de référence est celle du 1er août 1905 sur les fraudes et falsifications.

• « La répression spécifique de la publicité mensongère a été mieux assurée par la loi du 2 juillet 1963, mais c'est aujourd'hui l'article 44 de la loi du 27 décembre 1973 qui définit les conditions d'application de la loi en ce domaine. » I.N.C.

• Procurez-vous ce texte auprès d'une association de consommateurs ou de la Direction de la concurrence, de la consommation et de la répression des fraudes et analysez le premier alinéa qui expose ce qu'est la publicité mensongère.

• « La loi du 10 janvier 1978 sur la protection et l'information des consommateurs a permis un certain nombre de mises à jour touchant l'application de la loi de 1973. » I.N.C.

LA PUBLICITÉ ET LES JEUNES : UNE ANALYSE

SOCIÉTÉ
la publicité et ses secrets

Des jeunes et des jeans

Il y a belle lurette que le jean n'est plus le vêtement des contestataires ; preuve en sont peut-être les campagnes publicitaires que l'on voit fleurir dans tous les médias. Le jean a besoin de la publicité pour se vendre ; avant, il y a quelques décennies, sa valeur sociologique y suffisait. Demandez à vos aînés ce que représentait le jean pour leur génération lorsqu'ils avaient 12, 15 ou 18 ans. Quels vêtements portaient-ils avant de porter le jean ? Comment les adultes ont-ils réagi au jean lors de son introduction dans la garde-robe des jeunes ? Se souviennent-ils de l'évolution du prix du jean ?

Analyse de publicités

Vous portez des jeans, vous connaissez les différentes marques offertes sur le marché. Essayons à partir de cet exemple de vous donner les éléments qui vous permettront d'analyser des campagnes publicitaires.

• **L'objet.** Pour analyser des publicités, il faut d'abord choisir sur quel objet ou famille d'objets votre étude va porter.

• **Les médias et les supports.** Les publicités reproduites ci-contre sont toutes extraites du média presse écrite et de plusieurs supports (magazines). Elles ont été aussi diffusées par d'autres médias (affiche...). Pour analyser une campagne, vous chercherez ensuite quels sont les médias et les supports utilisés.

• **Les sens concernés.** Vous classerez ensuite les messages en fonction des sens concernés :
– la vue (message visuel) comme l'affiche ou la presse écrite ;
– l'ouïe (message oral) comme la radio, l'animation sur le lieu de vente ;
– la vue et l'ouïe (message audiovisuel) comme la télévision, le cinéma.

• **Le rapport physique entre le message et l'objet.** Vous classerez les messages en fonction de leurs rapports physiques avec l'objet (le contact peut être direct ou non) en tenant compte d'un autre paramètre, l'achat d'espace (Les pages des journaux, les écrans de télévision, les temps de passage ne sont pas gratuits et les annonceurs par le biais des agences publicitaires achètent ces « espaces ».) :
– le message n'est pas en contact direct avec l'objet et l'agence achète l'espace (affiche, radio, télévision, presse écrite ;
– le message n'est pas en contact direct avec l'objet et l'agence n'achète pas d'espace (prospectus, objets publicitaires, autocollants) ;
– le message est en contact direct avec l'objet et l'agence n'achète pas d'espace (étiquette).

• **Message écrit et message par l'image.** Le message comprend-il texte et image ? Image uniquement ? Texte uniquement ?

• **Le nom de la marque.** Trouvez les éléments qui caractérisent la marque pour qu'elle frappe l'oreille et l'œil : sonorités, graphismes, couleurs, formes ; pour les jeans, par exemple, quelle marque est représentée par le losange rouge et le triangle beige ? Cet ensemble donne l'image de marque d'un produit et c'est cet ensemble qui se retrouve sur toutes les publicités de cette marque.

• **La désignation.** La désignation précise, la marque, par exemple : le jean « X ».
Classer les désignations en : désignation linguistique, c'est-à-dire en mots ; désignation iconique (image) ; désignation iconique et linguistique.

• **Le slogan.** C'est ce que vous connaissez le mieux ; ce sont ces petites phrases courtes et faciles à dire ; à quelle marque de jeans revient le slogan : « La vie est trop courte pour s'habiller triste » ? Vous pourrez rechercher le slogan de la marque, éventuellement son évolution dans le temps ; trouvez-vous la couleur bleue des jeans gaie ?

Vous les trouvez drôles, belles ou carrément folles, les publicités. Vous en raffolez ou vous les détestez. Franchement, vous y êtes rarement indifférents. Nos publicitaires ont réussi leur travail, ils vous ont fait réagir à leur message. Vous allez peut-être acheter ou faire acheter le produit qu'ils vantent : un jean, par exemple. Avant de vous précipiter, essayons d'analyser les méthodes qui ont influencé votre décision.

Buffalo, campagne 1986. Ph. L.L. – Doc Jocker

• **L'accroche.** L'accroche est ce qui doit retenir l'attention : elle peut être linguistique, utiliser l'image ou les deux ; nous avons trouvé pour des jeans : « toujours, toujours », « le jean bien tempéré », le « jean classique », « presque jean ». Classez les accroches selon leur composition : nom de marque seul ; nom de marque et image descriptive (un jean) ; nom de marque et image plus attractive que descriptive ; nom de marque et accroche linguistique, etc.

Comparez les accroches des publicités de l'illustration et montrez les images différentes du jean qu'elles veulent donner.

• **La copie.** On appelle copie le texte qui développe l'accroche. Vous pouvez faire l'analyse du texte d'une copie et rechercher les caractéristiques de ce genre.

LES DIFFÉRENTES FORMES DE LA PUBLICITÉ

SOCIÉTÉ
la publicité et ses secrets

La plupart des journaux contiennent, à côté des articles écrits par des journalistes, des messages ou des informations payés par ceux qui les font paraître : ce sont des publicités.

Les différentes formes de la publicité

Le lecteur n'est pas seul à payer le journal : petites annonces, carnet (à un prix précisé dans les colonnes), publicité y contribuent également. Mesurez le nombre de colonnes occupées par les petites annonces, le carnet et la publicité dans des journaux différents : quotidiens, hebdomadaires... Évaluez le rapport publicité/surface totale.
Distinguez les différentes formes de publicité, au sein de journaux différents.
Relevez les publicités figurant un jour donné dans un journal en indiquant à quel grand type de secteur économique appartiennent les annonceurs : alimentaire et boissons ; équipement, entretien de la maison ; culture, loisirs, distraction ; transports, tourisme ; services (ex. banques, assurances, coiffeurs...) ; hygiène, beauté ; distribution (commerces de tous types, vente par correspondance...) ; habillement... Comparez ensuite plusieurs titres de périodicité différente. Quelles conclusions peut-on en tirer sur le lecteur visé par ces publicités (niveau de vie, niveau culturel...) ?

Photo L.L.

Parodie d'un journal de quartier et de sa publicité : dessin de Sempé extrait de « l'Ascension sociale de Monsieur Lambert » © 1975 by Sempé et Denoël.

Ph. L.L.

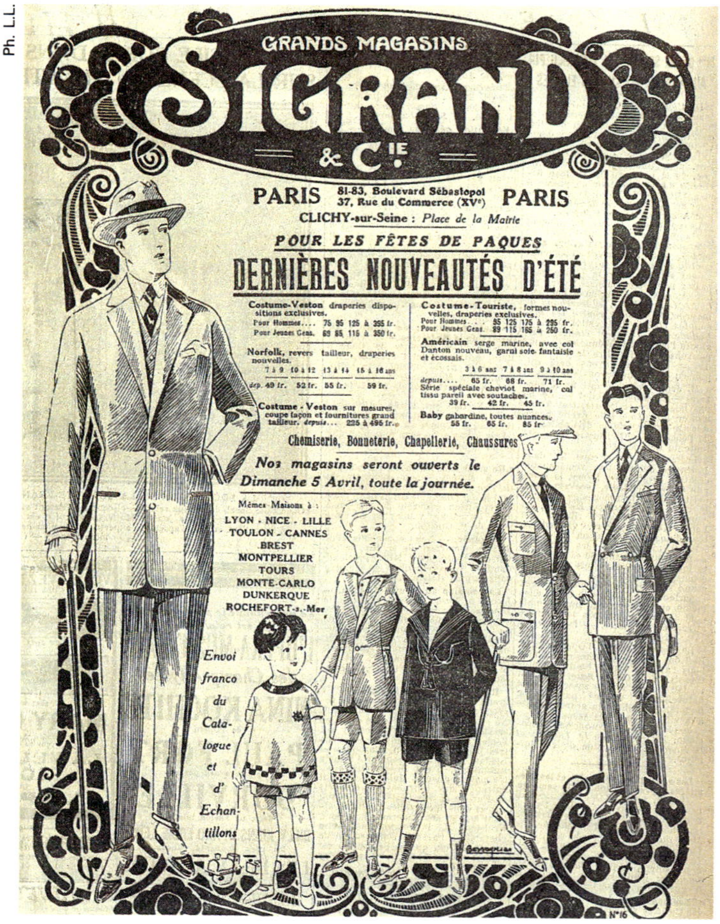

Publicité dans le journal *Excelsior* du 5 avril 1925.

LES PRIX DE LA PUBLICITÉ

Le prix que paie un annonceur pour faire paraître une publicité varie en fonction du nombre de personnes touchées mais aussi de leur pouvoir d'achat ou de leur intérêt supposé pour le produit qu'on leur propose. Une annonce de 30 secondes à Europe n° 1 ou à R. T. L. coûte 30 000 F entre 7 h et 8 h 30 du matin (tarifs 1985), au moment où le nombre d'auditeurs est très important, mais 500 F seulement à 23 h. De même à TF 1 le passage d'un film publicitaire de 30 secondes coûtera 240 000 F, le dimanche avant le film de 20 h 30, mais dix fois moins la semaine à 18 h. Dans les émissions régionales de FR 3, le prix variera de 1 à 5 selon que le message de publicité est diffusé en Limousin, région peu peuplée, ou dans le Nord-Pas-de-Calais. Dans la presse écrite, le prix d'une publicité tient compte aussi de la « qualité » du public ; l'annonceur qui vend des objets de luxe ou des croisières cherchera à s'adresser non pas au plus grand nombre mais à des lecteurs qui ont des revenus suffisamment importants pour pouvoir les acheter. Ainsi, le Figaro *diffuse* trois fois *plus d'exemplaires que* la Croix, *mais le prix d'une page de publicité y est* six fois *supérieur (160 000 F contre 24 000 F dans* la Croix *en 1985) ; inversement,* Télé 7 Jours *diffuse* cinq fois *plus que* l'Express, *mais le tarif d'une page n'y est que* deux fois *supérieur (120 000 F en noir, 215 000 F en couleurs pour le premier titre, 66 000 et 115 000 F pour le second).*

Annoncées comme telles, ou prenant la forme d'articles (ce sont les publi-reportages) ou d'informations de service, les publicités font partie intégrante du journal ; le directeur de la publication en est responsable aux yeux de la loi. Si elles sont mensongères ou diffamatoires, il peut être poursuivi et condamné par les tribunaux. Les publicités peuvent être fournies au journal par des entreprises ou des particuliers ; mais le plus souvent elles émanent d'agences spécialisées qui servent d'intermédiaire entre l'annonceur et le journal.

La publicité se présente aujourd'hui, dans la presse, sous des formes multiples.

• **La publicité commerciale.** C'est la forme la plus connue et la plus répandue ; elle consiste à vanter les mérites d'un objet (une automobile, un meuble, un micro-ordinateur) ou d'un service (un voyage, un contrat d'assurances) pour inciter le lecteur à l'acheter. Elle offre à la fois des éléments d'information (caractéristiques du produit, prix de vente) et de séduction (titre accrocheur, photo en couleurs).

• **La publicité institutionnelle.** Elle ne vise pas à vendre un produit mais à diffuser une idée ou une image. Ainsi, des ministères ou des associations lancent des campagnes pour économiser l'énergie, réduire les accidents de la route, lutter contre l'alcoolisme. Des entreprises présentent leur activité, leur politique de recherche, c'est une manière pour elles de mieux se faire connaître du public. Elles espèrent que cela leur permettra d'attirer des cadres de haut niveau lorsqu'elles auront à en recruter ou aidera, indirectement, à vendre leurs produits.

• **La publicité politique.** Des partis, des organisations syndicales, des gouvernements achètent des emplacements dans les journaux soit pour essayer de conquérir des électeurs, soit pour tenter de mobiliser l'opinion publique en faveur d'une cause qui leur est chère. Certains journaux, en France, n'acceptent pas ce type de publicité, car ils craignent qu'elle ne porte atteinte à l'image de neutralité politique qu'ils veulent donner à leurs lecteurs.

• **Les annonces.** Les offres et les demandes d'emploi et de logement constituent la partie la plus importante des annonces dans les quotidiens et les hebdomadaires, mais on trouve aussi dans ce chapitre les ventes et achats d'automobiles, de meubles et d'objets les plus divers, ainsi que parfois des propositions de rencontres ou de mariage. Alors que les publicités commerciales sont réparties tout au long du journal à côté des articles des journalistes, les annonces, qu'on appelle souvent P.A. (petites annonces, car elles ne comportent que quelques lignes), sont regroupées dans des pages spéciales.

• **Les annonces légales et les avis financiers.** Les journaux publient aussi, de façon payante, c'est-à-dire sous forme de publicité, d'une part, les décisions d'un tribunal (à la demande de la victime), les ventes judiciaires sur saisie : ce sont ce qu'on appelle les annonces légales ; d'autre part, des comptes rendus sommaires d'assemblées générales d'entreprises cotées en Bourse, des annonces d'augmentation de capital ou de lancement d'emprunts : ce sont les avis financiers.

• **Le carnet.** Les annonces de naissance, de mariage ou de décès publiées dans les quotidiens sous le titre « carnet » sont assimilables à des publicités : l'information est payée par l'annonceur, à la ligne. Ce qui n'empêche pas la plupart des quotidiens régionaux d'avoir une rubrique d'information rédactionnelle, c'est-à-dire gratuite, appelée « état civil », dans laquelle sont publiés très brièvement les naissances, mariages et décès.

MOTS-CLÉS

campagne n.f. : opération publicitaire importante mais limitée dans le temps qui a un objectif précis : faire connaître un nouveau produit, une marque.

cible n.f. : partie du public, définie de façon rigoureuse, que l'on cherche à toucher par un message ou une campagne publicitaire.

encart n.m. : document publicitaire inséré, en supplément de la pagination, dans un journal.

Office de justification de la diffusion ou **O.J.D.** : organisme privé créé pour justifier le tirage et la diffusion réels des journaux auprès des annonceurs dans la mesure où le prix de la publicité dépend de l'audience de chaque journal. Il est composé à nombre égal de représentants de la presse, de la publicité et des annonceurs. Les résultats des contrôles de cet organisme sont publiés dans l'*Officiel de l'O.J.D.*

placard n.m. : espace réservé à un message publicitaire dans un journal.

support n.m. : moyen matériel précis servant à la diffusion de la publicité. *Ouest-France*, France-Inter, TF 1 sont des supports.

Variations sur des petites annonces parues dans un journal de quartier.

Ph. L.L.

Cherche nourrice *caniche nain la journée lundi au vendredi quartier alésia 25 F la journée* . Tél. : XXXX-XX-XX

28 a., Ingénieur. De la présence, mince, racé, l'oeil intelligent, le regard furieux et vif. Je suis sûre que Philippe vous plaira. Garçon aux milles passions : arts, sports, voyages etc... Il ne lui reste plus qu'à réaliser son rêve : fonder une famille. **Il sera un conjont présent et un père protecteur** . Réf. : W

Seras-tu le mari doux et aimant auquel j'aspire ? **35a**, je suis maman célibataire d'un petit garçon de 5 ans. **Mon métier ? Agent de service.** On me dit plaisante. Je crois au grand Amour et **je souhaite une vie saine.** Pourquoi pas avec agriculteur ? J'adore la campagne, les animaux. Je saurai t'aimer de tout mon coeur. Vas-tu être sensible à mon appel ? Réf. : WX

RÉCLAME ET CONQUÊTE DES ÉLECTEURS

SOCIÉTÉ
la publicité et ses secrets

La plupart des organisations sociales, désormais, ont recours aux techniques de la persuasion : pour vendre les produits qu'elles fabriquent, pour obtenir une réputation plus

Slogans et publicités électorales

Retrouvez des publicités électorales. Relevez les slogans favoris de chaque parti ou de chaque candidat. En quoi les photos et les textes se rapprochent-ils de publicités commerciales classiques ? Quelles sont les couleurs les plus souvent utilisées ? Les slogans sont-ils très politiques ou pourraient-ils être repris pour un produit « ordinaire » ? Tentez de détourner un de ces slogans.

Ph. Peyrat et Associés S.A.

Ph. Peyrat et Associés S.A.

Utilisation humoristique du vocabulaire politique par les publicitaires (campagne de novembre 1985). Affiche de l'agence de publicité Peyrat et Associés S.A. pour IKEA (équipement de la maison).

LA PRESSE INFLUENCE-T-ELLE L'OPINION ?

« D'une manière générale, si l'on s'en tient à l'influence à court terme, la presse paraît susceptible d'influencer des hésitants, d'opérer des modifications partielles et passagères ; elle n'apparaît pas capable de retourner une opinion. En ce sens, il est faux d'attribuer à la presse, comme on a souvent tendance à le faire, la responsabilité d'un événement quelconque : il lui est possible de cristalliser une tendance, de donner une expression à ce qui restait encore vague et informulé, d'utiliser la puissance des mots et des images pour sensibiliser brusquement des masses hétérogènes. »

Pierre LEPAPE, *la Presse,* © Denoël.

favorable dans l'opinion, pour conquérir un plus grand nombre de voix aux élections. À tout instant, nous sommes invités à croire ou à faire quelque chose, dans la rue ou à notre domicile, par des images ou par des discours, par des slogans ou par des arguments. Assurément, l'une des principales caractéristiques de la société moderne, dite société d'information ou de communication, réside dans cette généralisation de l'emploi des techniques de persuasion.

PENDANT LA SECONDE GUERRE MONDIALE, alors qu'il dirigeait le département information et éducation des forces armées américaines, le sociologue Carl Hovland dut répondre à la question de savoir s'il valait mieux, pour accréditer l'idée d'une guerre longue, utiliser les seuls arguments favorables à cette thèse ou bien, à l'inverse, joindre à ceux-ci des arguments de sens contraire. Depuis cette date, les études de psychologie sociale se sont multipliées qui permettent l'identification des procédés divers de la persuasion. Désormais, ces études concernent trois domaines : les attributs de l'émetteur, le contenu des messages et les éléments de la « crédulité » du public. À quelles conditions un émetteur, un organe d'information est-il crédible et, partant, capable de persuader ? Dans quel ordre et de quelle façon convient-il de présenter les arguments pour emporter l'adhésion ? Enfin, comment déterminer la communication persuasive en fonction des attributs particuliers à chacun de ses destinataires ?

Pendant longtemps, l'activité commerciale fut la seule à bénéficier des résultats de ces études sur la persuasion : après le temps de la réclame advenait l'âge de la publicité. Aujourd'hui, aucun secteur de l'activité sociale ni aucune organisation particulière ne peut renoncer longtemps à l'emploi des techniques de la publicité. Mais le fait nouveau réside moins, à cet égard, dans la recherche obsessionnelle des recettes pour persuader que dans la généralisation de l'emploi de celles-ci.

Dans les sociétés occidentales, c'est assurément la publicité électorale qui, le plus souvent, retient l'attention des observateurs politiques. Dans une époque où les élections se disputent à quelques centaines de milliers de voix, il n'est certes pas indifférent d'évaluer son efficacité auprès des électeurs « flottants ». Il serait même essentiel de savoir dans quelle mesure l'application des techniques de la publicité à des fins politiques modifie tout à la fois le débat démocratique, la culture politique, et le fonctionnement des mécanismes présidant à la désignation des gouvernants. L'art des hommes politiques ne consiste-t-il pas, à la veille d'une consultation importante, à parler pour ne rien dire, afin de ne pas froisser les derniers indécis, qui sont aussi les plus indifférents aux affaires politiques.

POUR EN SAVOIR PLUS

« Les limites de l'influence politique de la presse peuvent être en régime libéral assez exactement mesurées au moment des élections. Les études consacrées à ce sujet montrent bien que, si les journaux restent concurremment avec la télévision un indispensable moyen d'information politique, ils n'influencent plus directement le vote de leurs lecteurs-électeurs, sauf peut-être en période d'instabilité politique. Aux États-Unis, où les quotidiens sont en majorité favorables aux candidats républicains, John Kennedy fut élu, en 1960, avec l'appui de 16 p. 100 seulement des quotidiens contre 57 p. 100 à son adversaire Richard Nixon.
En France, la faiblesse générale des journaux partisans est sans rapport avec l'influence électorale des partis qui les inspirent. Les succès du Parti socialiste (et de l'ancienne S.F.I.O.) sont sans commune mesure avec les tirages des journaux (...). Ce n'est sans doute pas sa presse, ni les journaux de grande information, nationaux ou provinciaux, qui, neutres en principe, étaient dans la très grande majorité de leurs titres et de leurs contenus progouvernementaux qui ont assuré la victoire électorale du P.S. en mai 1981... »

Pierre ALBERT, *la Presse*, © P.U.F., Que sais-je ? n° 414.

MOTS-CLÉS

électeurs flottants : électeurs indécis, qui, jusqu'au jour du vote, peuvent être influencés dans leur choix.

persuasion n.f. : le terme persuasion désigne l'action entreprise en vue d'amener un individu ou un groupe d'individus à croire en l'exactitude du message diffusé ; ce terme désigne aussi le résultat de cette action, dont les modalités et les techniques utilisées sont au demeurant diverses.

réclame n.f. : le mot réclame a la même signification que le terme plus moderne de publicité. Il désigne l'ensemble des messages, émis par signes, par sons, par images, destiné à un public déterminé afin d'influencer son choix en faveur d'un produit, d'une idée, d'un candidat à une élection.

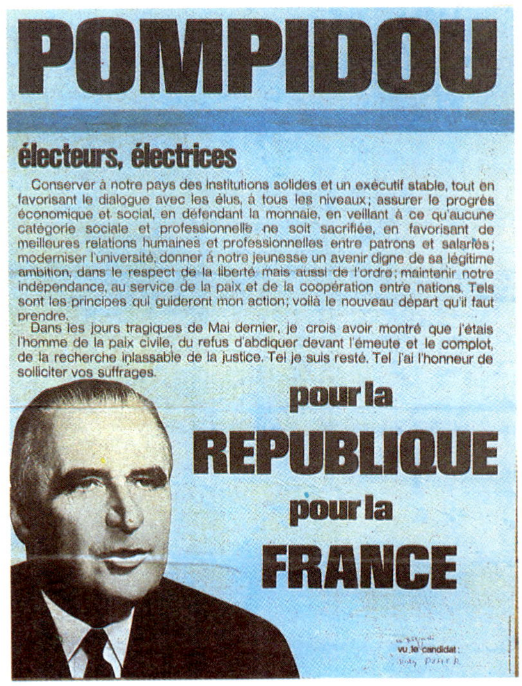

Ph. Larousse

Élections présidentielles de 1969 : affiches de Georges Pompidou. L'affichage politique a considérablement évolué.

LA VITESSE

SOCIÉTÉ
la sécurité en question

Presque un siècle s'est écoulé entre la construction par Karl Benz d'un tricycle doté d'un moteur à pétrole à quatre temps qui cahotait à la vitesse de 16 km/h et le record officiel détenu depuis le 23 octobre 1970 par Gary Gabelich au volant de la *Blue Flame* qui atteignit la vitesse de 1 014,513 km/h.

Ph. Publicité Citroën

Une incitation publicitaire à l'excès de vitesse ? Campagne publicitaire 1985 pour la CX GTI avec Grace Jones.

Les constructeurs automobiles mettent en avant dans leur publicité le fait que leurs voitures roulent à des vitesses très rapides et de loin supérieures à celles autorisées. Quel peut être l'intérêt de construire des voitures dont la vitesse est supérieure à celle autorisée ? Doit-on utiliser la vitesse comme argument publicitaire ?

La distance d'arrêt total (distance de réaction plus distance de freinage) peut être évaluée en multipliant par lui-même le chiffre de la vitesse et en divisant le résultat par 100. Sur route mouillée, il faut majorer cette distance de 50 p. 100. Déterminez la distance d'arrêt total à 90, 110 et 130 km/h sur route mouillée.

LA CAMPAGNE SENT BON

La MG 1100 aborde à 140 le large virage du lieu-dit La Providence. Le profil de la route autorise cette vitesse. (...) La campagne sent bon. À cette allure, les quelque deux cents mètres du virage seront avalés en l'espace d'un instant. Le conducteur n'a pas le temps d'effacer son sourire [...]. Aux deux tiers du virage, une route secondaire coupe la N. 13. Un panneau STOP enjoint aux usagers de marquer l'arrêt avant la traversée dangereuse. Une camionnette du type bétaillère immobilise son chargement de porcs à la limite de la nationale. (...) Le conducteur de la bétaillère décide qu'il a le temps de traverser. Il passe sa première et démarre.

Paul Guimard, *les Choses de la vie,* © Denoël.

Les véhicules qui circulent sur nos routes depuis cinquante ans ont, eux aussi, suivi cette course à la vitesse. Dans les années 50, *le cent à l'heure* relevait de la performance ; aujourd'hui, il faut prêter attention à ne pas dépasser la vitesse autorisée. Dans le même temps, le nombre et la gravité des accidents de la route n'ont cessé de s'accroître jusqu'en 1972, *année noire* qui a connu le triste record de 16 621 tués et 388 139 blessés sur les routes de France.

« Auto macho, auto bobo ! » C'est le slogan (1) de la campagne de la Prévention routière. Cette association ne peut accepter que 270 personnes meurent en France chaque semaine ; elle s'est donné comme objectif de faire changer les comportements des automobilistes. Plus d'un quart des accidents mortels étant dus à une vitesse excessive, c'est bien là que doit porter l'effort de chacun. Les partisans de la vitesse en liberté n'ont qu'un seul argument présentable : en obligeant les agressifs à respecter des limitations de vitesse, ceux-ci seraient moins vigilants et donc causeraient des accidents. Affirmation gratuite, car aucun chiffre n'est avancé, alors que les données statistiques la réfutent. La limitation de la vitesse sur autoroute a fait diminuer le nombre de morts. Ainsi, avant que la vitesse ne soit limitée sur autoroute, il y avait 3,6 morts pour 100 millions de kilomètres parcourus ; ce taux de mortalité a été ramené à 1,5 lorsque la vitesse a été limitée à 120 km/h de décembre 1972 à mars 1973 ; il s'est à nouveau élevé lorsque la vitesse autorisée a été portée à 130 km/h. Enfin, les autoroutes ne sont qu'une partie du réseau routier : un peu plus de 6 000 km d'autoroutes pour un réseau total de 800 000 km environ, et les excès de vitesse ne se rencontrent hélas ! pas seulement sur le réseau autoroutier. Durant l'année 1984, les services de police ont constaté une augmentation de 33 p. 100 du nombre de conducteurs se permettant de conduire à plus de 100 km/h... dans Paris. Plusieurs d'entre eux dépassaient les 150 km/h. Le record de l'inconscience appartient certainement à cet automobiliste qui circulait à plus de 220 km/h sur le périphérique. Or la distance d'arrêt total croît plus vite que la vitesse, car il faut tenir compte à la fois de la distance parcourue durant le temps de réaction, puis de celle nécessaire au freinage. À 60 km/h, il faut 36 m pour s'arrêter sur route sèche et 54 m sur route mouillée. Et ces chiffres ne sont exacts que pour un conducteur en excellente condition physique et attentif. Dans le meilleur des cas, il faut 225 m pour s'arrêter à 150 km/h et, par route humide, plus de 330 m (la hauteur de la tour Eiffel est de 312,27 m). Alors, avec la Prévention routière, tournons le pouce vers le bas comme cela se faisait dans les arènes romaines lorsque nous rencontrons un de ces *fous du volant ;* une façon de leur rappeler qu'ils courent à leur perte et à celle des autres.

(1) Slogan n.m. : phrase publicitaire, formule de propagande. Essayez d'analyser et d'expliquer le slogan de la Prévention routière.

BOUCLEZ VOTRE CEINTURE

• « Bouclez-la ! » Ce n'est pas une invitation à vous taire mais seulement à attacher votre ceinture de sécurité, que vous circuliez en rase campagne ou en agglomération, de jour comme de nuit. Le port obligatoire de la ceinture de sécurité est certes une contrainte qui n'empêche pas l'accident de se produire ; mais la ceinture de sécurité réduit la gravité des accidents. Pensez qu'un homme de 75 kg circulant à 50 km/h pèse en réalité 3 tonnes au moment du choc. Toutes les études statistiques montrent qu'il y a de deux à trois fois plus de morts parmi les personnes non ceinturées que parmi celles qui l'avaient bouclée. L'appui-tête est utile puisque, dans les collisions à vitesse modérée (jusqu'à 35 km/h), il peut éviter un traumatisme des vertèbres cervicales (coup du lapin).

MOTS-CLÉS

aquaplanage n.m. : francisation d'un faux anglicisme (aquaplaning) ; pour rester en contact avec la chaussée lorsqu'il pleut, les pneumatiques présentent sur la bande de roulement des sculptures qui évacuent l'eau et la boue vers l'arrière. Si la vitesse est excessive, les pneus ne peuvent plus évacuer l'eau ; il se forme un bourrelet d'eau sur l'avant du pneu qui finit par le soulever. Il n'y a plus d'adhérence et le conducteur perd le contrôle du véhicule.

distance de sécurité : c'est l'intervalle qui doit séparer deux véhicules qui se suivent ; il doit être au moins égal à la distance parcourue durant le temps de réaction (une seconde environ) ; un calcul approximatif permet de la déterminer en multipliant la vitesse par 3/10. Le marquage au sol permet d'évaluer les distances : la ligne discontinue qui sépare les voies sur la chaussée est faite de traits de 3 m avec des intervalles de 10 m ; sur autoroute, la bande d'arrêt d'urgence est constituée de traits de 20 m avec des intervalles de 6 m.

limitation de vitesse : en agglomération, la vitesse est limitée à 60 km/h ; la vitesse maximale est de 130 km/h sur autoroute, 110 km/h sur une route dont la chaussée est séparée par un terre-plein et 90 km/h sur les autres voies. Si les conditions atmosphériques rendent nécessaire l'usage des essuie-glaces, la vitesse autorisée est réduite respectivement à 110, 100 et 80 km/h.

Un « clic » qui sauve...

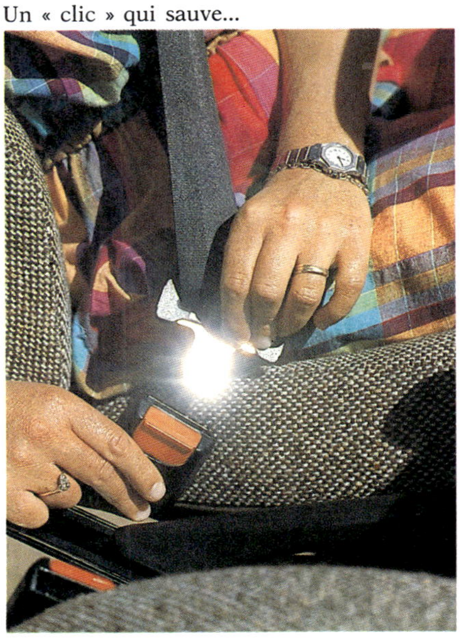

Ph. Auto-moto

LE PARADOXE AUTOMOBILE

Plus de 2 millions de personnes vivent directement ou indirectement de l'automobile. Au 1er janvier 1985, 72,8 p. 100 des 20 millions de ménages vivant en France possédaient au moins une automobile. À cette même date, il y avait plus de 20 millions de voitures particulières en

SOCIÉTÉ
la sécurité en question

Il y avait plus de 16 000 morts sur la route en 1972 ; en 1985, 10 432 personnes sont encore décédées des suites d'un accident de la circulation. Entre le 1er janvier 1976 et le 31 décembre 1985, plus de 120 000 vies ont été brutalement interrompues. Parmi les villes que vous connaissez, cherchez celles qui ont 10 000, 16 000 et 120 000 habitants et imaginez qu'elles soient soudainement rayées de la carte.

Ph. Sittler – REA

Un accident ▷

Sortie des usines Renault (1929).

Ph. N.Y.T.

POUR EN SAVOIR PLUS

• Vivre sur la route ou dans la rue, c'est vivre ensemble. Au-delà des règles du Code de la route, deux principes devraient régir nos comportements : la courtoisie et le respect des autres. Un conducteur novice et timoré, une personne âgée qui prend son temps pour traverser une rue, un enfant qui hésite ou qui fait preuve d'une dangereuse inattention méritent, chacun, d'être pris en compte autrement que par des injures. L'agressivité de chacun est en rapport avec la frustration : une colère enfantine sera la réponse agressive au refus d'une friandise. Mais l'être humain en devenant adulte gagne en complexité ; ses manifestations d'agressivité apparaîtront à l'occasion d'événements qui ne seront que des prétextes : hélas, la circulation routière en est souvent un ! Souvenez-vous, un conducteur agressif est très souvent un homme frustré ! Et dangereusement ridicule...

circulation. Pour l'année 1985, les 190 000 accidents recensés ont tué 10 432 personnes et blessé près de 270 000 personnes. Le chiffre d'affaires de l'industrie automobile serait supérieur à 160 milliards de francs. Le coût des accidents de la circulation aurait été en 1983 de 8 milliards de francs pour la Sécurité sociale, de 40 milliards pour les compagnies d'assurances, de 80 milliards pour la collectivité. L'automobile est donc à la fois une richesse et une catastrophe.

Le paradoxe automobile est dans ces chiffres et quelques autres. Symbole de la liberté individuelle, l'automobile est adulée par les uns ; grand satan des temps modernes, elle est condamnée par les ayatollahs de l'écologie en une formule définitive : « L'auto, ça pue, ça tue et ça pollue ». De toute façon, l'automobile passionne. Au point que, lorsque l'on évoque la sécurité routière, piétons, cyclistes et autres usagers des voies publiques sont le plus souvent oubliés. Et pourtant, dans le tribut humain payé à la circulation routière, chacun a sa quote-part. En 1984, sur les 11 684 tués, 900 étaient des piétons, 311 des cyclistes, 550 des cyclomotoristes, 369 des motards, 2 068 des personnes transportées par des automobilistes et 525 des passagers de véhicules utilitaires et de poids lourds. Chacun est donc concerné par la sécurité routière.

Pour mettre fin à ce massacre, cela fait des années que les responsables de la sécurité routière scrutent les causes d'accident. La principale accusée est la vitesse : plus d'un accident sur quatre est dû à une vitesse excessive : ou bien elle est supérieure à la vitesse autorisée, ou bien les circonstances, notamment atmosphériques ou d'encombrement, commandent de ralentir. Plus de 13 p. 100 des accidents sont dus à des refus de priorités, tandis que ceux qui ont choisi de boire **et** de conduire sont mis en cause dans près de 9 p. 100 des accidents. Parmi les autres causes significatives d'accident sur la route, on note ceux qui ne tiennent pas leur droite, ceux qui changent soudainement de direction et ceux qui effectuent des dépassements intempestifs. Par ailleurs, l'état de fatigue ou de maladie du conducteur n'intervient que pour moins de 2 p. 100 des accidents et le mauvais état du véhicule pour seulement 0,9 p. 100. Pour la plupart des accidents, il y a bien à l'origine un acte volontaire de l'homme ; bien entendu, les conséquences ne sont pas voulues ; mais prendre la route après un repas un peu trop alcoolisé ou circuler à 170 km/h sont bien des actes délibérés : l'accident ne peut plus être considéré comme une fatalité, le résultat dramatique d'une simple maladresse. Prévenir les accidents de la circulation, c'est donc d'abord convaincre chacun, qu'il soit automobiliste ou piéton, qu'il y a des règles à respecter : elles sont réunies dans le Code de la route.

MOTS-CLÉS

chaussée n.f. : c'est la partie d'une voie réservée à la circulation des véhicules, les piétons étant priés par le Code de la route de rester si possible sur les trottoirs.

courtoisie n.f. : alors que la politesse n'est que le respect des règles de bienséance en usage, la courtoisie est la pratique de la politesse avec raffinement, par élégance et générosité. Elle manifeste souvent une intention de plaire aux autres. D'ailleurs, l'origine du mot se trouve dans l'amour courtois et la littérature courtoise (poésies et romans du XIIe au XIVe siècle).

respect n.m. : a pour origine le mot latin *respectus,* qui désignait l'attitude consistant à se retourner sur une personne qui méritait d'être considérée ; respecter quelqu'un, c'est d'abord le reconnaître dans son existence et dans ce qu'il est, c'est faire preuve de tolérance à son égard.

voie n.f. : c'est tout ce qui mène d'un endroit à un autre sur terre, sur l'eau ou dans les airs, mais aussi le mode de transport (voie des airs, voie postale). La plus ancienne voie pavée est romaine et reliait Rome à Capoue ; la via Appia doit son nom au censeur Appius Claudius qui fit commencer les travaux en 312 av. J.-C. L'ensemble des voies routières constitue la voirie (du latin *via*).

Ph. Ch. Sappa

La France est le quatrième pays par le nombre d'automobiles construites, derrière le Japon, les États-Unis et la République fédérale allemande : stock de véhicules ◁ neufs.

SIGNALISATION ROUTIÈRE

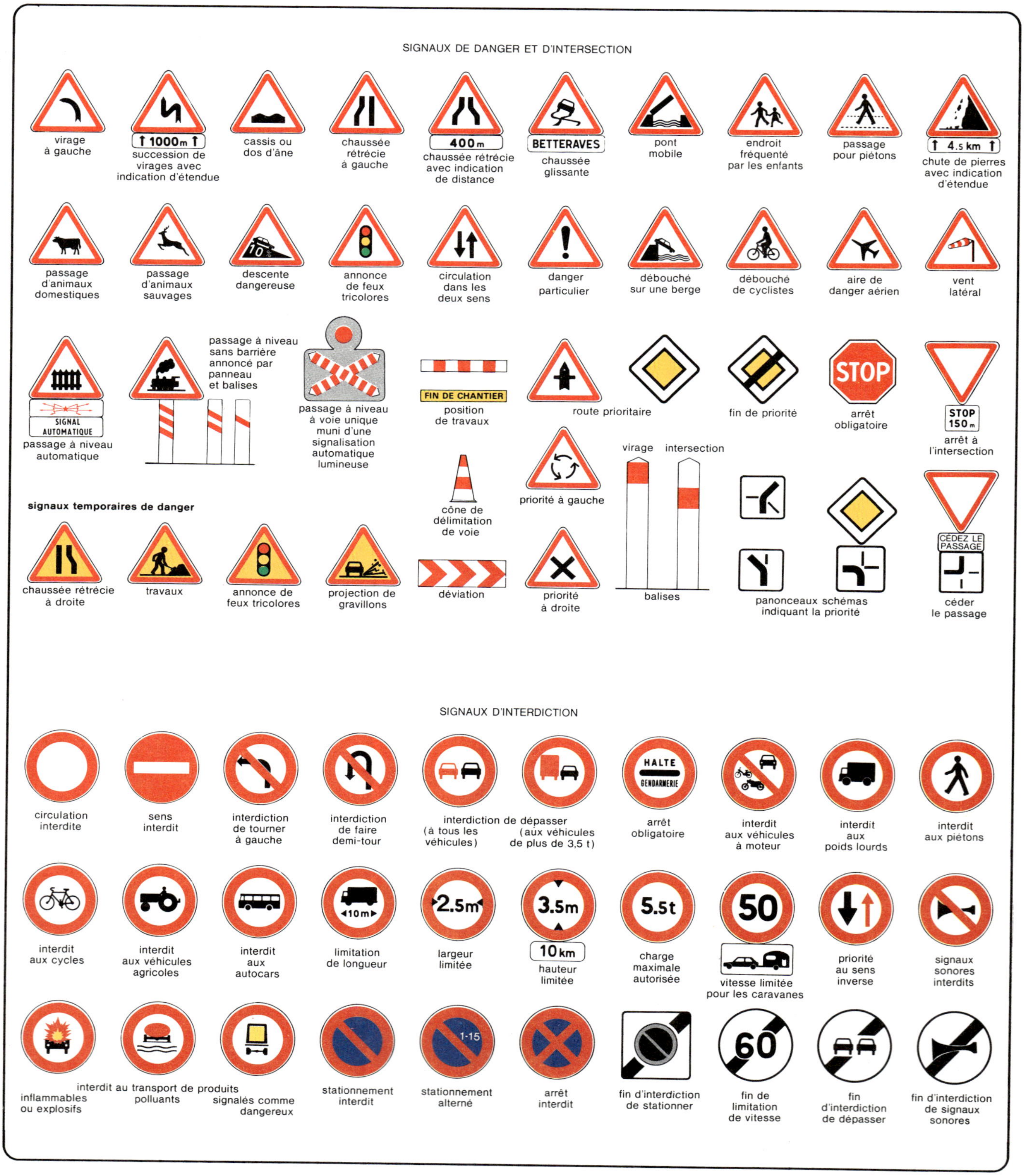

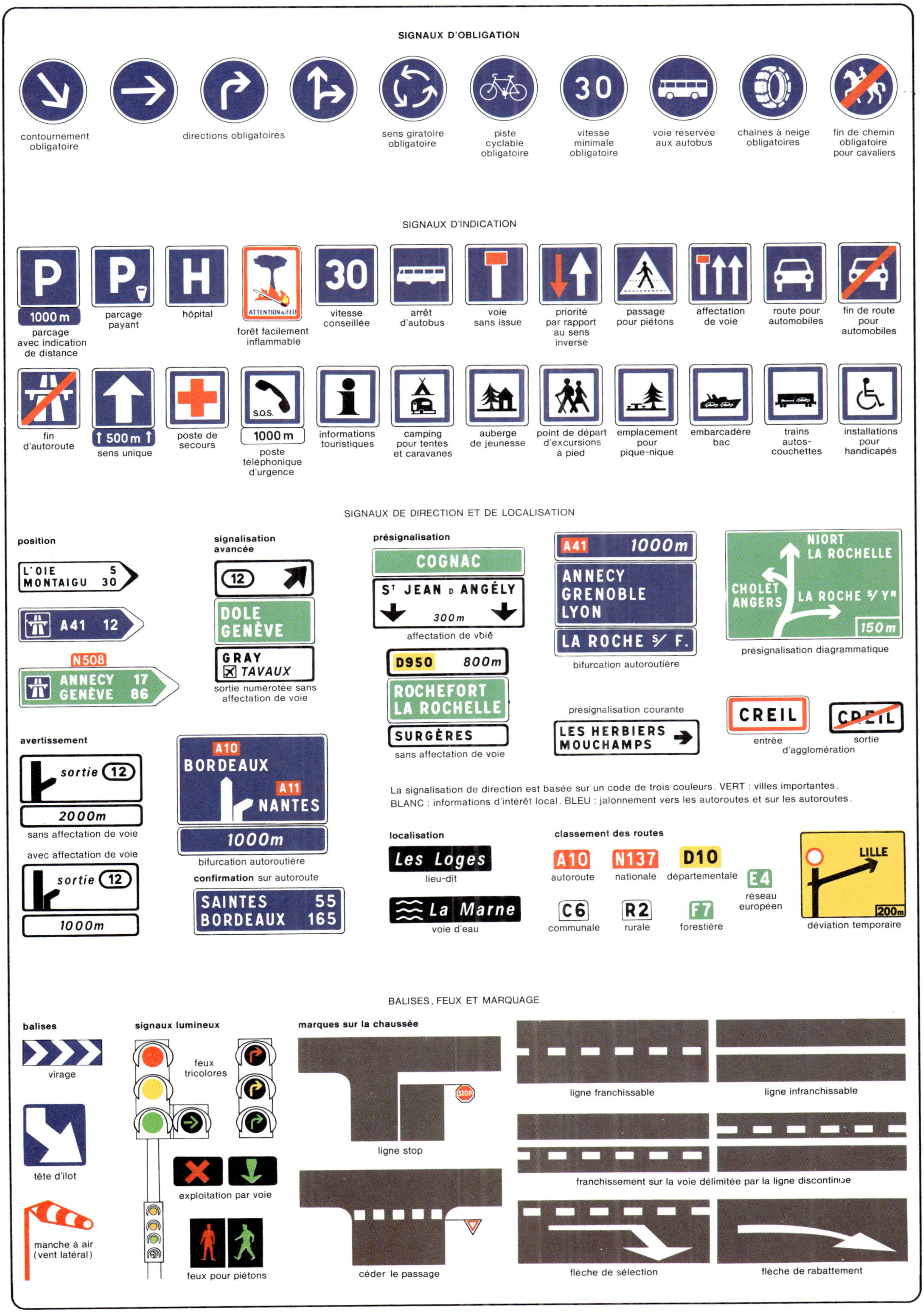
SIGNAUX D'OBLIGATION
contournement obligatoire
directions obligatoires
sens giratoire obligatoire
piste cyclable obligatoire
30
vitesse minimale obligatoire
voie réservée aux autobus
chaines à neige obligatoires
fin de chemin obligatoire pour cavaliers
SIGNAUX D'INDICATION
P
1000 m
parcage avec indication de distance
P
parcage payant
H
hôpital
ATTENTION AU FEU
forêt facilement inflammable
30
vitesse conseillée
arrêt d'autobus
voie sans issue
priorité par rapport au sens inverse
passage pour piétons
affectation de voie
route pour automobiles
fin de route pour automobiles
fin d'autoroute
500 m
sens unique
poste de secours
S.O.S.
1000 m
poste téléphonique d'urgence
informations touristiques
camping pour tentes et caravanes
auberge de jeunesse
point de départ d'excursions à pied
emplacement pour pique-nique
embarcadère bac
trains autos-couchettes
installations pour handicapés
SIGNAUX DE DIRECTION ET DE LOCALISATION
position
L'OIE 5
MONTAIGU 30
A41 12
N508
ANNECY 17
GENÈVE 86
signalisation avancée
12
DOLE
GENÈVE
GRAY
TAVAUX
sortie numérotée sans affectation de voie
présignalisation
COGNAC
S^T JEAN D ANGÉLY
300 m
affectation de voie
D950 800 m
ROCHEFORT
LA ROCHELLE
SURGÈRES
sans affectation de voie
A41 1000 m
ANNECY
GRENOBLE
LYON
LA ROCHE S/ F.
bifurcation autoroutière
NIORT
LA ROCHELLE
CHOLET
ANGERS
LA ROCHE S/ YN
150 m
présignalisation diagrammatique
présignalisation courante
LES HERBIERS
MOUCHAMPS
CREIL
CREIL
entrée
sortie
d'agglomération
avertissement
sortie 12
2000 m
sans affectation de voie
avec affectation de voie
sortie 12
1000 m
A10
BORDEAUX
A11
NANTES
1000 m
bifurcation autoroutière
confirmation sur autoroute
SAINTES 55
BORDEAUX 165
La signalisation de direction est basée sur un code de trois couleurs. VERT : villes importantes.
BLANC : informations d'intérêt local. BLEU : jalonnement vers les autoroutes et sur les autoroutes.
localisation
Les Loges
lieu-dit
La Marne
voie d'eau
classement des routes
A10
autoroute
N137
nationale
D10
départementale
E4
réseau européen
C6
communale
R2
rurale
F7
forestière
LILLE
200 m
déviation temporaire
BALISES, FEUX ET MARQUAGE
balises
virage
tête d'ilot
manche à air (vent latéral)
signaux lumineux
feux tricolores
exploitation par voie
feux pour piétons
marques sur la chaussée
STOP
ligne stop
céder le passage
ligne franchissable
ligne infranchissable
franchissement sur la voie délimitée par la ligne discontinue
flèche de sélection
flèche de rabattement

LE TERRITOIRE

SOCIÉTÉ
cadre de vie

Les hommes vivent en société. Village ou ville, la commune est aujourd'hui le cadre de la vie sociale. Les habitants de la commune désignent des représentants qu'ils chargent d'assurer le bon fonctionnement de la vie locale. La

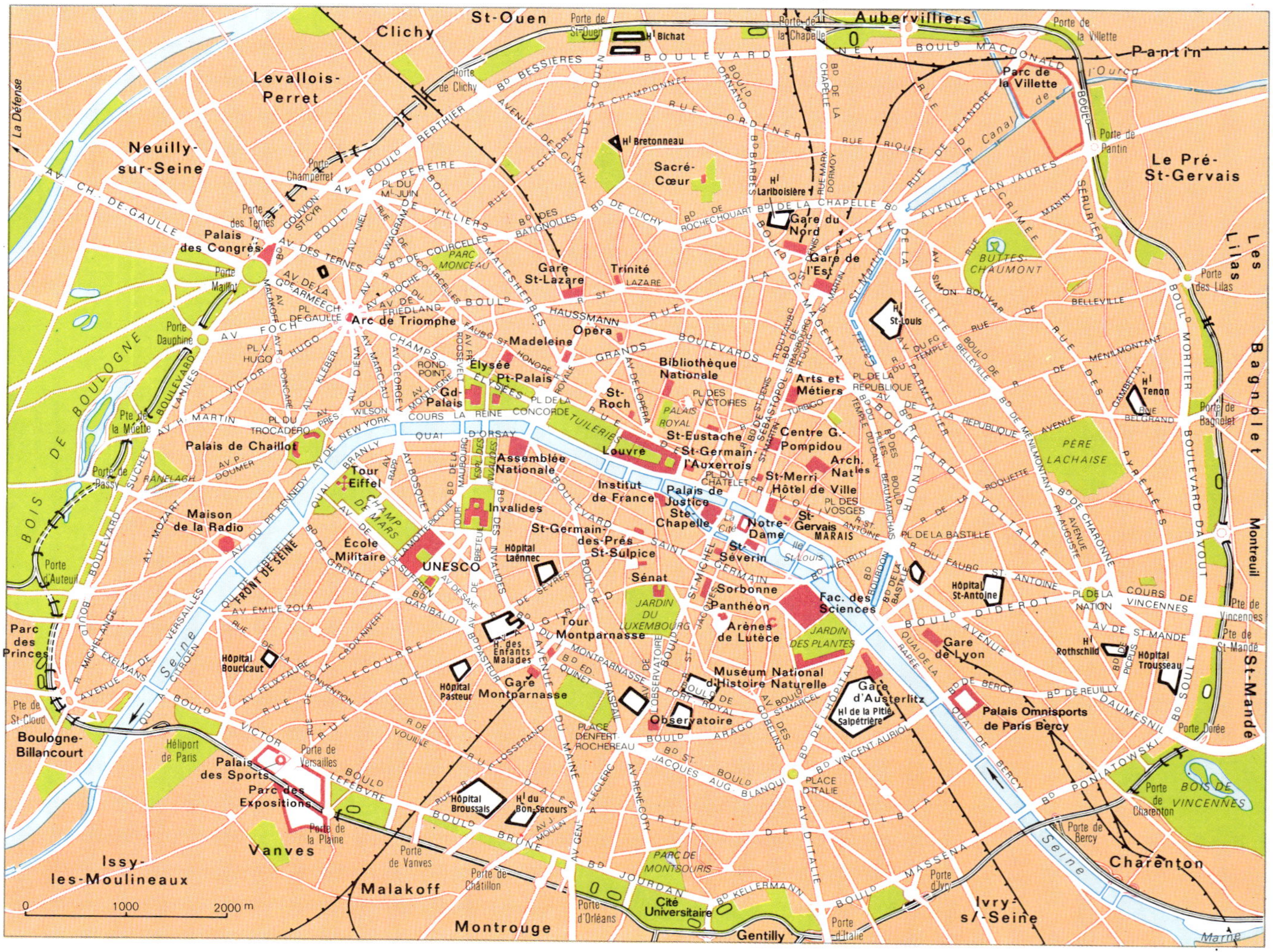

Les plans des villes attirent volontiers l'attention sur leur patrimoine monumental. Montrez-le par quelques exemples. Les rues des villes portent souvent le nom d'hommes célèbres (chefs militaires, hommes d'État, écrivains, artistes, musiciens...). Relevez-en quelques exemples sur le plan de Paris.

LE RESPECT DU SITE

« Il y a toujours eu des routes, des ponts, des moulins et aussi des villages et des hameaux... Plus tard, on a planté, le long des chemins, des poteaux de bois et de ciment pour y tirer les fils du téléphone et de l'électricité. Aujourd'hui, on installe des engins de remontée mécanique, on plante de nouveaux poteaux, on tire de nouveaux fils, on agrandit le village, on bâtit de nouvelles maisons... Pour éviter le désordre dans l'implantation des nouveaux bâtiments et ces fantaisies architecturales qui injurient le paysage, un plan d'occupation des sols a été établi, complété par un cahier des charges qui limite les dimensions des constructions, définit les formes des toitures et des ouvertures, l'usage du bois, la couleur des enduits. Chaque demande de permis est soumise à l'avis préalable de l'architecte des bâtiments de France. Une brochure de permis remise à chaque demandeur explique l'esprit de l'architecture traditionnelle et, par des croquis très lisibles, montre ce qu'il faut faire et ce qu'il faut éviter. »

Philippe LAMOUR, *le Cadran solaire,* © R. Laffont.

commune est d'abord un espace : un territoire exploité, cultivé, bâti. Ce territoire fait l'objet de partages entre les habitants (propriétés foncières, propriétés immobilières), partages modifiés sans cesse par les ventes, les décès et les successions. Mais la communauté tout entière est aussi associée à ce partage, parfois depuis les origines de la commune (biens communaux). La première tâche des élus de la commune est d'assurer la sauvegarde des biens privés et de veiller à la conservation et au bon usage de la propriété publique.

Le territoire communal est d'abord identifié. La commune porte un nom : il sert à ses habitants à se désigner, à se situer. L'étude du nom de la commune permet généralement de supposer son origine (village gaulois, villa gallo-romaine ou carolingienne, domaine franc, création médiévale). Les différentes parties de son territoire sont aussi nommées : les lieux-dits facilitent la localisation rapide du site d'un champ, d'une ferme. En ville, les quartiers sont un héritage de cette ancienne division de l'espace communal, et les rues qui les desservent portent toutes un nom, rappel d'un lieu-dit ou évocation commémorative. Préciser qu'on habite telle rue, tel quartier, telle localité peut indiquer une appartenance à un groupe social : on dit une rue « commerçante », un quartier « chic », une banlieue « ouvrière » ou, encore, « résidentielle ».

L'attribution d'un nom aux chemins et aux rues facilite l'inventaire du territoire communal. Celui-ci est mesuré et représenté. D'abord pour les besoins de la fiscalité. Le « plan terrier » des seigneuries ecclésiastiques (abbayes) ou laïques recensait les parcelles sur lesquelles pesaient les droits féodaux. Le cadastre sert, aujourd'hui, d'assiette à l'impôt foncier perçu par l'administration des contributions directes. Le « plan », surtout dans la ville, a d'autres fonctions : il permet de repérer très rapidement le lieu d'une destination et l'itinéraire qui y conduit. Utile au voyageur étranger à la cité, le plan l'est aussi au médecin, au livreur, aux pompiers.

Le territoire de la commune fait l'objet d'une appropriation. Des particuliers possèdent pour leur usage et pour leur profit des bois, des prés, des champs, des jardins, des maisons, des ateliers, des usines... Mais il existe aussi, depuis les origines, des biens collectifs : des bois, des prés, des terrains, des chemins, des immeubles communaux. Ces biens communaux sont gérés par les élus municipaux ; ils sont exploités ou entretenus sous leur surveillance. Cette exploitation ou cet entretien sont réglementés. Par exemple, dans les villes, la circulation et le stationnement des véhicules font l'objet d'aménagements précis décidés par les conseils municipaux (sens uniques, zone bleue, parcs de stationnement payant ou gratuit, rue piétonne).

Longtemps tenue à l'écart de la préparation des décisions, la population des communes est aujourd'hui consultée lors de l'élaboration des *plans d'occupation des sols* (P.O.S.). La prévision des aménagements futurs de la commune et de l'extension possible de l'espace bâti est maintenant l'affaire de tous.

MOTS-CLÉS

cadastre n.m. : ensemble de documents (plan cadastral, registre des états de section, matrice cadastrale) qui permet de déterminer les propriétés foncières d'un territoire, la nature de leur utilisation et l'estimation de leur revenu. Il facilite l'établissement de l'impôt foncier que doit acquitter chaque propriétaire. Le premier cadastre français fut réalisé de 1802 à 1849. Le cadastre peut être consulté à la mairie de chaque commune.

P.O.S. : la réalisation des « plans d'occupation des sols » a été entreprise à partir de 1970. Les P.O.S. sont des documents qui permettent aux maires d'autoriser ou d'interdire des constructions sur le territoire de leur commune. Ils sont établis par une commission présidée par le maire et comprenant des élus locaux, des représentants de l'État et d'organismes professionnels. Une fois réalisé et approuvé, le P.O.S. se trouve en mairie où il peut être consulté par les habitants.

propriété foncière : terre ou terrain possédé par un particulier, par une société ou par une collectivité territoriale (commune, département). Sur cette propriété est perçu un impôt : l'impôt foncier.

propriété immobilière : construction à usage d'habitation (immeuble, villa, appartement), commercial ou industriel, possédée par un particulier, une société ou une collectivité territoriale. Des taxes différentes pèsent sur cette propriété et sur son usage.

LE P.O.S.

L'utilisation de l'espace communal. À partir des plans cadastraux et au moyen d'un calque, notez :

– en campagne, la répartition espace bâti/espace agricole, le type d'utilisation de l'espace agricole, l'évolution récente de ce dernier, l'origine géographique des propriétaires fonciers ;

– en ville, la répartition de l'espace bâti (logements, commerces, autres services), des espaces verts et des activités industrielles.

Ph. G. Sicea – C.E.D.R.I.

Un village et l'organisation de son territoire.

APPROVISIONNER

SOCIÉTÉ
cadre de vie

Si la campagne et le village se sont longtemps suffi à eux-mêmes, le bourg et la grande ville, qui rassemblent des populations plus nombreuses, doivent faire face aux pro-

Ph. F. Lochon – Gamma

Rungis : le Marché d'intérêt national.

Le Marché d'intérêt national de Rungis, qui a remplacé les vieilles Halles de Paris, s'étend sur une superficie de 600 hectares et comprend 300 000 m² de bâtiments couverts, des parkings pouvant accueillir 12 000 véhicules, une gare de marchandises et une gare routière. Chaque jour ouvrable, plusieurs millions de tonnes de fruits et légumes, de viande, plusieurs centaines de tonnes de produits laitiers et de poissons transitent par ces installations qui assurent plus des quatre cinquièmes de l'approvisionnement de Paris et de la Région parisienne.

Existe-t-il un marché forain dans votre commune ou dans votre quartier ? Quel jour ? Quels commerces s'y tiennent ? D'où viennent les commerçants ? Quels sont, selon les personnes que vous interrogerez, les avantages de ce marché ? Recherchez dans les archives municipales la date de création de ce marché et sa réglementation.

LES FOURNEAUX ÉCONOMIQUES, À BEAUVAIS, EN 1914

Les fourneaux économiques, qui existaient depuis le mois de novembre 1910, avaient pour but de procurer aux travailleurs nécessiteux un repas chaud durant la saison d'hiver moyennant la modique somme de 50 centimes... Ils étaient rattachés à l'institution des cantines scolaires qui étaient ouvertes chaque année de novembre à mars et leur fonctionnement avait la même durée.

Dès le premier jour de la mobilisation, la municipalité décida de les réouvrir et de leur donner une grande extension. Pour parvenir à ce résultat, il fallait agrandir la cuisine, augmenter le matériel, monter des agencements plus considérables et recruter un personnel plus important. La municipalité trouva ce personnel dans les femmes de service des écoles maternelles...

Le total des portions délivrées par l'Œuvre des fourneaux économiques atteignit, pour la période du 10 au 31 août, le chiffre approximatif de 5 500 rations de viande et de 11 000 portions de légumes.

F. LÉVÊQUE, *la Vie municipale à Beauvais pendant la guerre, août-septembre 1914,* Beauvais, 1919.

blèmes que pose leur ravitaillement. Vital, l'approvisionnement en denrées alimentaires et en eau potable ; indispensable, la fourniture de vêtements, d'outils, d'ustensiles divers. Mais les besoins se sont accrus et diversifiés ; les fournisseurs aussi.

La vie moderne entraîne la consommation de produits nouveaux, souvent très différents des objets de la consommation traditionnelle.

MOTS-CLÉS

hypermarché n.m. supermarché présentant une surface consacrée à la vente supérieure à 2500 m².

marché forain : marché ayant lieu en plein air ou sous une halle à jour(s) fixe(s) dans une partie d'une agglomération (quartier, place, rue) et accueillant des commerçants généralement étrangers à la commune.

supérette n.f. : magasin d'alimentation appliquant les méthodes des supermarchés, mais de dimensions bien moindres.

supermarché n.m. : magasin de grande surface vendant tous les produits, alimentaires et autres, en libre-service.

LES TEMPS ONT CHANGÉ : les campagnes se sont vidées et ne s'animent plus guère qu'en fin de semaine et pendant les vacances. Notre société est aujourd'hui une société surtout urbaine. Petite ou grande, bourgade ou métropole, la ville doit être approvisionnée sans cesse : il faut permettre aux personnes qui y vivent et qui y travaillent de se nourrir, de se vêtir, de se chauffer, de s'éclairer, de circuler commodément...

Dans les campagnes, où les populations produisent beaucoup moins pour leur propre consommation, le commerce s'est étiolé, limité souvent à des « tournées » de commerçants (boulanger, boucher, épicier). Dans la ville contemporaine, l'approvisionnement a pris des formes multiples. À la boutique et au marché forain se sont ajoutés le magasin à succursales, le magasin à grande surface (supermarché, hypermarché). Le réseau très serré des banques soutient cette activité marchande. L'approvisionnement se fait par des voies variées : par le train, par le camion, par l'avion parfois. La collectivité intervient peu dans cette activité, sinon pour veiller à l'application de la réglementation en vigueur. Elle intervient pourtant à l'occasion : en cas de rupture des courants commerciaux du fait d'une crise grave ou de la guerre. Les municipalités s'efforcent alors de contrôler l'approvisionnement pour assurer une juste répartition des produits disponibles et pour organiser leur distribution à des prix abordables.

Mais l'approvisionnement ne se limite plus aujourd'hui aux seules subsistances. L'individu attend de la collectivité qu'elle lui fournisse tous les services devenus inséparables de notre vie quotidienne. C'est, par exemple, la fourniture d'eau potable à domicile, ou encore le branchement sur les différents réseaux : réseau électrique, réseau de distribution de gaz, réseau du téléphone, réseaux d'ordinateurs... Ici, c'est la commune qui est responsable de cet équipement, là, c'est une entreprise.

Une grève prolongée, un accident grave, une catastrophe météorologique : le problème est moins de subvenir aux besoins alimentaires que de rétablir, dans les plus brefs délais, le bon fonctionnement de ces réseaux qui nous fournissent lumière, combustible, informations, bref, qui nous relient au reste du monde.

L'eau dans la commune. D'où vient-elle ? Qui la fournit ? Qui finance l'adduction d'eau ? Quel(s) traitement(s) subit-elle avant et après consommation ? Comment évolue la consommation d'eau de la commune depuis quelques années ?

Fontaine publique à Saint-Paul-de-Vence

Ph. Cl. Rives – C.E.D.R.I.

LA CONSTRUCTION DES HALLES DE PARIS

• « Dites donc, s'il y a longtemps que vous êtes absent de Paris, vous ne connaissez peut-être pas les nouvelles halles ? Voici cinq ans au plus que c'est bâti... Là, tenez, le pavillon qui est à côté de nous, c'est le pavillon aux fruits et aux fleurs ; plus loin, la marée, la volaille, et, derrière, les gros légumes, le beurre, le fromage... Il y a six pavillons de ce côté-là ; puis, de l'autre côté, en face, il y en a encore quatre [...]. C'est très grand, mais il y fait rudement froid, l'hiver. On dit qu'on bâtira encore deux pavillons, en démolissant les maisons, autour de la halle au blé. Est-ce que vous connaissiez tout ça ? »

Émile ZOLA, *le Ventre de Paris*.

DE LA FÊTE AUX LOISIRS

Les hommes s'efforcent d'échapper, périodiquement, à leurs soucis et à leurs tâches. Religieuse d'abord, la fête était, et reste, un élément marquant de la vie sociale. Des dates et des lieux lui sont réservés. Elle a son cérémonial.

SOCIÉTÉ
cadre de vie

Où se trouve La Grande Motte ? Quelles bases de loisirs apparaissent sur la photo ? Au prix de quelle transformation du paysage ont-elles été créées ?

Ph. Ch. Sappa – C.E.D.R.I.

Le port de plaisance à La Grande-Motte (Hérault).

Observer et noter les différentes activités évoquées par le peintre. Provoquent-elles une transformation du paysage ou sont-elles seulement une utilisation de quelques-uns de ses éléments ?

Georges SEURAT : *Un dimanche d'été à la Grande Jatte* (1886).
Chicago – the Art Institute.

Ph. du Musée

Mais, au-delà de la fête, moment privilégié de distraction, les activités de loisir sont devenues un secteur appréciable de la vie économique. Longtemps réservées à une élite sociale, elles sont offertes à des couches toujours plus larges de la société. Ces activités peuvent être de simple détente, de repos ; elles peuvent présenter un caractère culturel ou sportif. Elles ont provoqué la mise en place, dans les communes, de nombreux équipements dont la gestion est privée ou publique.

L'EXISTENCE DE LA FÊTE est attestée depuis la plus haute antiquité. Souvent rite agraire à ses débuts, liée au calendrier des grands travaux agricoles, elle avait un caractère religieux. Elle s'est diversifiée en se liant à la célébration d'actes politiques (couronnement de rois), de victoires militaires. Aujourd'hui, en France, se célèbrent certaines fêtes commémoratives (le 14 Juillet), religieuses (Noël, Pâques, Pentecôte, Assomption, fêtes « votives » en l'honneur du saint patron de la commune). Pour se dérouler, elle a besoin d'un espace : place publique, mail, avenue. Elle a un cérémonial qui comprend la cessation du travail, la célébration parfois d'actes religieux, le repas collectif, le spectacle (danses, jeux, foire). Fêtes et spectacles ont vu leur contenu se modifier, et ont bénéficié de la diffusion de pratiques étrangères et de techniques nouvelles : feu d'artifice, attractions foraines. Un comité des fêtes, souvent constitué par des élus locaux assistés d'auxiliaires bénévoles, a pour tâche de dresser le calendrier des fêtes annuelles, de solliciter les artistes, les troupes, les orchestres, les commerçants forains nécessaires à leur animation, et de définir toutes les mesures à prendre pour leur organisation.

Dès la seconde moitié du XIXe siècle, les loisirs ont cessé d'être considérés comme le privilège d'une élite fortunée. La réduction du temps de travail a dégagé des temps libres dans la semaine et dans l'année. Ces périodes sont employées à la détente (promenade, lecture, spectacle) ou à la pratique de sports. L'initiative privée est à l'origine de l'ouverture de librairies, de salles de théâtre, de cinémas, et de la fondation de clubs sportifs. Elle est relayée par les réalisations communales : bibliothèques de prêt, musées, maisons des jeunes et de la culture, équipements sportifs (gymnases, stades, piscines). Les communes subventionnent les nombreuses organisations qui participent à l'animation des loisirs. Certaines communes sont devenues des centres spécialisés de loisirs : stations de sports d'hiver, stations balnéaires ; elles ont alors à gérer des équipements complexes et coûteux : ports de plaisance, pistes de ski et remontées mécaniques. Mais beaucoup de communes exploitent plus modestement certains attraits de leur site (bord de mer, rivière, lac, montagne) pour favoriser l'implantation de terrains de camping ou parfois pour les créer et les entretenir elles-mêmes. La gestion de ces équipements est rendue difficile par le caractère saisonnier des activités de plein air : aussi certaines communes utilisent-elles plus complètement leur équipement hôtelier en accueillant des congrès et des festivals (musique, cinéma).

TOURISME ET ENVIRONNEMENT

• « Le tourisme doit être permanent. Il faut s'équiper pour l'hiver et pour l'été ; pour l'hiver par l'implantation d'un ensemble, si modeste soit-il, d'engins de remontée mécanique ; pour l'été, par le balisage d'itinéraires pédestres et la création d'un réseau de refuges et de gîtes gardés... Restent les moyens. La commune n'a pas le sou. Elle devra cependant réorganiser le réseau de distribution des eaux et le réseau d'assainissement, améliorer la voirie, moderniser l'éclairage, adapter les services publics à l'accroissement saisonnier de la population. Le tourisme, qui profite à la population, ruine la collectivité. »

Philippe LAMOUR : *le Cadran solaire,* © R. Laffont.

MOTS-CLÉS

festival n.m. : série de manifestations artistiques ayant un caractère exceptionnel par leur périodicité (généralement annuelle), le cadre où elles se déroulent, le nombre ou la qualité des participants, la nature des œuvres inscrites au programme. Le premier festival de théâtre fut créé en France en 1869 dans le théâtre antique d'Orange. Le festival de musique d'Aix-en-Provence (créé en 1948) est consacré à l'œuvre de Mozart. Le premier festival du cinéma fut celui de Venise, créé en 1932.

industrie touristique : ensemble des activités et des métiers qui exploitent, en vue du profit, les ressources offertes pour le loisir et la culture par des climats, des sites naturels, des lieux et des patrimoines historiques, et répondent ainsi à la demande créée par l'allongement des périodes de congé ou l'abaissement de l'âge de la retraite, créée également par une élévation du niveau de vie.

port de plaisance : port destiné à accueillir des bateaux qui naviguent, au moteur ou à la voile, pour l'agrément.

Interrogez une personne âgée sur ses loisirs et ses distractions quand elle avait votre âge : temps de loisir, jeux, jouets, fêtes, soirées, vacances ? Comparez avec ceux qui peuvent être mis à votre disposition dans votre commune... ou que vous souhaiteriez avoir à votre disposition.

À quelle altitude se trouvent le village et la station ? Demandez à l'office du tourisme d'Avoriaz l'envoi d'une documentation sur la station (situation, site, équipements, moyens d'accès, autres équipements de loisirs) : à partir de là, recenser les modifications apportées au paysage, à l'environnement et au mode de vie montagnard. Avoriaz est aussi le lieu d'une manifestation d'une industrie du spectacle : laquelle ? quand ? pourquoi ?

Station de sports d'hiver : Avoriaz (Haute-Savoie).

Ph. Ch. Sappa – C.E.D.R.I.

LE QUATRIÈME POUVOIR

ART ET CULTURE
la presse d'hier à aujourd'hui

L'information et le journalisme modernes sont nés avec les grands journaux quotidiens, au milieu du XIXe siècle. En même temps que la civilisation industrielle et que les élections au suffrage universel. Depuis cette date, d'autres moyens

Ph. L'Aurore

Cinq Centimes

ERNEST VAUGHAN

L'AURORE

Littéraire, Artistique, Sociale

J'Accuse...!

LETTRE AU PRÉSIDENT DE LA RÉPUBLIQUE

Par ÉMILE ZOLA

LETTRE A M. FÉLIX FAURE

Président de la République

Ph. L. L.-l'Illustration

Les obsèques de Salengro à Lille, *L'Illustration* du 28-11-1936.

Citez des exemples d'événements politiques dans lesquels les médias ont joué un rôle important.

L'Aurore du jeudi 13 janvier 1898 : « J'accuse », la célèbre lettre d'Émile Zola pendant l'affaire Dreyfus.

LE POUVOIR DES MÉDIAS

La presse est un pouvoir, car elle peut dire ce que l'on souhaite cacher à l'opinion. La formule « quatrième pouvoir » a été employée pour la première fois par le philosophe anglais Edmund Burke (1729-1797).

« La presse "quatrième pouvoir"... La presse qui "fait et défait les ministères"... Le suicide avant-guerre d'un homme politique, Roger Salengro (1), par suite d'une haineuse campagne de presse... Autant de thèmes et de souvenirs qui maintiennent dans une assez large partie du public la conviction que la presse (écrite ou radiotélévisée) détient un formidable pouvoir de pression. Au reste, "c'est vrai parce que c'est publié dans le journal" ou sur les ondes demeure un préjugé vivace, préjugé qui corrobore la précédente conviction (...).

La presse contemporaine peut-elle prétendre exercer un pouvoir direct de presse politique ?

Un précédent notoire doit être ici rappelé : le 10 mai 1968, Cecil King, magnat tout-puissant (croyait-on) de la presse anglaise, prenait violemment à partie M. Wilson dans un grand éditorial publié à la fois dans le Daily Mirror *et dans le* Sun *(tirant respectivement à 5 millions et 1 million d'exemplaires) [...]. Il réclamait le départ du premier ministre et son remplacement par un autre dirigeant travailliste (...) : "M. Wilson et son gouvernement ont perdu toute crédibilité, toute autorité..." Vingt jours plus tard, le conseil d'administration de l'International Publishing Corporation évinçait Cecil King (...).*

Faut-il en conclure que la presse a perdu la force d'impact qu'elle détenait dans les sociétés moins "avancées" du XIXe siècle et de la première moitié du XXe siècle ? Il faut à coup sûr revoir la question du "pouvoir" de la presse, à supposer que le terme "pouvoir" demeure bien approprié. »

Jules Gritti, *la Croix*, 29 octobre 1974.

(1) Roger Salengro, ministre de l'Intérieur en 1936, s'est suicidé à la suite d'une campagne de *l'Action française* et de *Gringoire*. Ces deux journaux l'accusaient d'avoir déserté pendant la Première Guerre mondiale.

d'information sont apparus et se sont développés, dans la plupart des pays du monde : d'abord la radio, ensuite et surtout la télévision.

Fin 1960, John Kennedy a peut-être été élu président des États-Unis grâce à la télévision. En 1973, harcelé par un quotidien prestigieux, le *Washington Post,* le président Nixon a dû remettre sa démission.

La presse, la radio et la télévision sont-elles devenues le « quatrième pouvoir » ?

MOTS-CLÉS

mythifier v.i : mythifier des personnages ou des faits réels consiste à les représenter d'une manière déformée ou amplifiée par l'imagination collective, à leur donner le caractère de mythe.
Le mythe est un récit populaire ou littéraire mettant en scène des êtres surhumains ou des actions imaginaires dans lesquels sont transposés des aspects de la condition humaine. Mythifier ne doit pas être confondu avec mystifier, qui consiste à abuser de la confiance, de la crédulité de quelqu'un en lui donnant de la réalité une idée séduisante mais fausse.

quatrième pouvoir : on parle de quatrième pouvoir de la presse par référence aux trois pouvoirs que l'on distingue classiquement : le pouvoir législatif, le pouvoir exécutif, le pouvoir judiciaire. La presse est un pouvoir dans la mesure où elle peut éventuellement conditionner les opinions. Opinions qui, à leur tour, jouent sur les choix politiques et la direction de l'État.

L'INFLUENCE DES MÉDIAS EST VARIABLE. Elle dépend, en dernier ressort, du rôle que l'on souhaite leur faire jouer au sein d'une société donnée. Chaque société organise la communication d'une certaine façon en réglementant la propriété des moyens d'information, l'accès à l'information, le droit de l'information.

La liberté d'expression est un des piliers des démocraties occidentales. Mais l'influence que l'on prête aux médias dans le domaine culturel, politique et économique est telle que le contrôle d'un ou de plusieurs moyens d'information peut susciter autant d'intérêt et de polémiques qu'une élection (par exemple le rachat de *France-Soir* par Robert Hersant ou l'apparition de la « 5 » à la télévision).

Dans certains pays, l'analyse du pouvoir de l'information conduit les gouvernants à la réglementer rigoureusement, quitte à masquer ces contraintes par les nécessités de mettre les médias au service de l'« éducation » du peuple (on considère qu'ils doivent façonner les hommes en tant que citoyens ou en tant que personnes). On retrouve cette conception dans les pays dits « socialistes », dans certains pays en voie de développement ou dans des pays autoritaires comme le Chili... Dans ces pays, les médias se doivent de propager la parole des pouvoirs en place, à l'exclusion de toute parole « dissidente ». Ils sont tenus de sauvegarder l'ordre établi.

Dans d'autres pays (Europe occidentale, Amérique du Nord, Australie, Japon et de nombreux pays en voie de développement), on considère que les médias doivent avant toute autre chose favoriser la liberté d'expression, sans dénier leur rôle dans la diffusion des connaissances ou dans l'éducation des hommes : en cela ils aident l'école et les parents à assurer leurs missions.

Mais tout n'est pas si simple. Dans les pays où l'information est dominée par le pouvoir politique, elle perd une grosse part de son influence, car on ne croit guère à cette information officielle. Une contre-information parvient souvent à circuler par des réseaux parallèles, mais qui ne touchent cependant qu'un nombre limité d'individus.

De la même façon, dans les démocraties où la liberté d'expression est affirmée subsistent bien des obstacles. Le lancement d'un journal et, plus encore, d'une chaîne de télévision nécessite beaucoup d'argent. L'information court donc le risque d'être orientée en fonction d'intérêts privés. La meilleure garantie réside toujours dans la volonté d'indépendance des journalistes.

Les Hommes du Président, avec Robert Redford et Dustin Hoffman (1976). Un film à succès de A.-J. Pakula sur « l'affaire du Watergate ».

Ph. Kipa

APPRENDRE À COMPRENDRE L'INFORMATION

Notre époque a mythifié l'information en l'identifiant à un pouvoir : « quatrième pouvoir », « contre-pouvoir », « antipouvoir ». Au fil des années, une idée juste s'est durcie en dogme. Elle est devenue un slogan dangereux. Il est vrai, certes, que les organes d'information exercent une influence sur les opinions et les comportements de tous et de chacun. Il est vrai que l'information est infiniment plus abondante et peut-être plus complète aujourd'hui qu'hier, et qu'elle circule mieux et plus vite, grâce à un réseau plus divers et plus étendu que jamais. Mais le constat, heureux, se heurte à un autre constat, banal, que nos sociétés, qui se veulent démocratiques, oublient trop souvent : quels que soient son objet ou sa finalité, l'information ne vaut que pour celui qui a appris à la comprendre.

LES ORIGINES DE LA PRESSE FRANÇAISE

Depuis toujours, la simple curiosité a poussé les hommes à s'intéresser à ce qui est inattendu. Ce désir de connaître répond aussi à un besoin plus précis : pour gouverner, pour

ART ET CULTURE
la presse d'hier à aujourd'hui

Gazette, page de la gazette de Théphraste Renaudot (1er juillet 1632), Paris, Bibliothèque Nationale.

Ph. L.L.

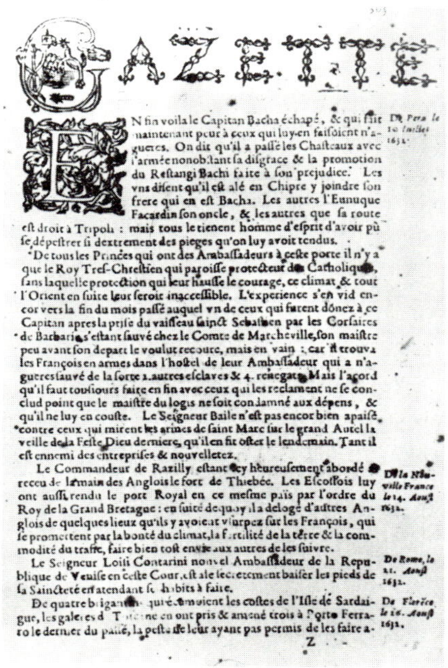

GAZETTE

EN fin voila le Capitan Bacha échapé, & qui fait maintenant peur à ceux qui luy en faisoient n'aguetes. On dit qu'il a passé les Chasteaux avec l'armée nonobstant sa disgrace & la promotion du Restangi Bachi faite à son prejudice. Les vns disent qu'il est alé en Chipre y joindre son frere qui en est Bacha. Les autres l'Eunuque Facardin son oncle, & les autres que sa route est droit à Tripoli : mais tous le tienent homme d'esprit d'avoir pû se dépestrer si dextrement des pieges qu'on luy avoit tendus. — De Pera le 10 Iuillet 1632.

De tous les Princes qui ont des Ambassadeurs à ceste porte il n'y a que le Roy Tres-Chrestien qui paroisse protecteur des Catholiques, sans laquelle protection qui leur hausse le courage, ce climat & tout l'Orient en suite leur seroit inaccessible. L'experience s'en vid encor vers la fin du mois passé auquel vn de ceux qui furent dõnez à ce Capitan apres la prise du vaisseau saint Sebastien par les Corsaires de Barbarie s'estant sauvé chez le Comte de Marcheville, son maistre peu avant son depart le voulut recoure, mais en vain : car il trouva les François en armes dans l'hostel de leur Ambassadeur qui a n'aguetes sauvé de la sorte 2. autres esclaves & 4. renegats. Mais l'acord qu'il faut tousiours faire en fin avec ceux qui les reclament ne se conclud point que le maistre du logis ne soit condamné aux dépens, & qu'il ne luy en couste. Le Seigneur Baile n'est pas encor bien apaisé contre ceux qui mirent les armes de saint Marc sur le grand Autel la veille de la Feste Dieu derniere, qu'il en fit oster le lendemain. Tant il est ennemi des entreprises & nouvelletez.

Le Commandeur de Razilly estant icy heureusement abordé a receu de la main des Anglois le fort de Thiebée. Les Escossois luy ont aussi rendu le port Royal en ce mesme païs par l'ordre du Roy de la Grand Bretagne : en suite dequoy il a delogé d'autres Anglois de quelques lieux qu'ils y avoient vsurpez sur les François, qui se promettent par la bonté du climat, la fertilité de la terre & la commodité du trafic, faire bien tost envie aux autres de les suivre. — De la Nouvelle France le 14. Aoust 1632.

Le Seigneur Loüis Contarini nouvel Ambassadeur de la Republique de Venise en ceste Cour, est alé secretement baiser les pieds de sa Saincteté en atendant ses habits à faire. — De Rome, le 21. Aoust 1632.

De quatre brigantins qui écumoient les costes de l'Isle de Sardaigue, les galeres de Toscane en ont pris & amené trois à Porto Ferraro le dernier du passé, la peste ne leur ayant pas permis de les faire a- — De Florence le 16. Aoust 1632.

Z

L'imprimerie

L'imprimerie a été inventée par les Chinois. Le premier livre imprimé en Chine date de 868. À cette époque, l'ensemble du texte était gravé sur une plaque de bois que l'on encrait et pressait sur une feuille. En 1038, le Chinois Pi Shang imaginera la mobilité des caractères pour composer ces plaques. C'est le début de la typographie : chaque signe (lettres, chiffres, signes de ponctuation) apparaît en relief sur un support.
Gutenberg (1398-1468) mettra au point un alliage remarquable à base de plomb, d'étain et d'antimoine pour réaliser ces caractères. Résistant, cet alliage fond à une température relativement basse. Il imprimera le premier livre européen en 1456 : une Bible en latin.

Ph. Lauros – Giraudon

Mazarinade sur l'exil de Mazarin à Bouillon durant la Fronde. Un des innombrables pamphlets sur cet événement, Paris, Bibliothèque Nationale.

COMMENT S'INFORMER ?

Mauvaise journée pour Loret qui n'apprend rien d'intéressant pour sa princesse. Il en profite pour nous décrire sa tournée habituelle pour s'informer...

Depuis certain nombre de jours,
Je suis allé, deux fois, au Cours,
Puis vers Auteuil, dans les prairies,
Et, quatre fois, aux Tuileries ;
J'y ai parcouru quelques hôtels,
Qui sont plus beaux que des Châtels ;
J'ay fréquenté quelques Notaires,
J'ay visité des Secrétaires,
J'ay vû des Méridionaux,
J'ay vû des Septentrionaux,
Sans avoir, dont je m'en étonne,
Rien appris d'aucune personne.

la Muse historique,
23 août 1659.

agir, mieux vaut être informé et bien informé. Selon Sénèque, les Romains payaient des esclaves pour recueillir les rumeurs et les anecdotes dans la cité et déjouer ainsi d'éventuels complots. Les progrès réalisés dans la technique d'impression au XVe siècle par Gutenberg encourageront d'autres échanges d'informations et permettront la diffusion rapide à grande échelle d'un livre, d'une feuille volante. Toutes les conditions seront alors réunies pour que naisse la presse périodique imprimée...

La Gazette de Renaudot

DÈS LE DÉBUT DU XVIIe SIÈCLE apparaissent en Europe des publications régulières qui traduisent, adaptent, suivant les pays, des nouvelles et récits.

En France, après la tentative d'un libraire de Paris, Louis Vendosme, qui publie le 16 janvier 1631 des *Nouvelles ordinaires de divers endroits,* c'est Théophraste Renaudot qui s'imposera comme le « père de la presse française » avec *la Gazette,* feuille hebdomadaire créée le 30 mai 1631. La concurrence entre les *Nouvelles* de Vendosme et *la Gazette* de Renaudot donnera lieu tout de suite à une bataille de procédure et c'est par un privilège royal que Renaudot obtiendra le droit exclusif de « faire imprimer, vendre et distribuer les dites Gazettes, Relations et Nouvelles, tant de ce royaume que de ses pays étrangers » (11 octobre 1631). Le pouvoir, par l'intermédiaire de Richelieu, s'intéresse donc, de très près, à la presse en accordant un « privilège » d'exclusivité. Ainsi, dès l'origine, *la Gazette* fut un instrument entre les mains du pouvoir, Renaudot ne publiant que les informations de politique intérieure que la chancellerie autorisait. Tirée à environ 1 200 exemplaires, *la Gazette* a des abonnés dans les grandes villes européennes et Renaudot propose vite à ses correspondants de participer à l'élaboration de *la Gazette* en transmettant leurs informations : « Que tous ceux qui sont amoureux comme moi de la vérité, en quelque climat du monde qu'ils soient (...) m'adressent hardiment leurs nouvelles ; je leur témoignerai quelle estime j'en fais par l'adresse réciproque des miennes » (préface de la collection annuelle de *la Gazette* de 1633).

Modèle de typographie, *la Gazette* sortait le vendredi durant les deux premières années, le samedi ensuite. Une journée est alors nécessaire pour tirer les 1 200 exemplaires. Imprimé sur huit pages, le journal comprenait des suppléments mensuels qui deviennent vite des numéros spéciaux. À Paris, les colporteurs attendaient leurs ballots d'exemplaires dans les locaux du journal ; en province, *la Gazette* était distribuée par la poste royale que Richelieu avait contribué à développer, à la fois pour faciliter les communications mais aussi pour agir sur l'opinion à défaut de toujours pouvoir la contrôler.

Des mazarinades à *la Muse historique*

À côté de *la Gazette,* qui répondait à un besoin d'informations officielles, se développent, au XVIIe siècle, d'autres formes de presse qui circulent souvent hors de tout contrôle. Des écrits reproduits en quelques exemplaires qui fleurissent au temps de la Fronde : billets confidentiels, chansons populaires qui attaquent souvent avec grossièreté Mazarin et la régente (mazarinades) composés par des personnes peu scrupuleuses, avides de colporter les rumeurs ou de les provoquer.

Le journalisme littéraire naît aussi à la même époque sous forme d'un hebdomadaire, chronique de l'actualité écrite en vers par Jean Loret, destinée à la duchesse de Nemours, de 1650 à 1655. Les derniers potins de la cour sont ainsi contés en octosyllabes dans 760 numéros intitulés *la Muse historique.* La presse scientifique apparaît en 1665 avec *le Journal des savants,* périodique crée sur l'instigation de Colbert qui connaîtra vite un concurrent, *Le Journal de Trévoux,* publié par les jésuites.

MOTS-CLÉS

canard n.m. : mot familier. Fausse nouvelle lancée dans la presse pour abuser le public ; terme péjoratif pour désigner les journaux et surtout les publications peu sérieuses. C'est à partir de 1529 que sont publiés les premiers canards, petites brochures qui proposent le récit de faits divers, d'événements extraordinaires : crimes, phénomènes célestes, catastrophes, sorcelleries... Ces canards sont vendus à la criée. Ils n'ont pas de périodicité. Leur succès est considérable, leur nombre ira croissant au fil des années et c'est au milieu du XIXe siècle environ que le terme « canard » sera utilisé péjorativement pour tous les journaux.

gazette n.f. : nom du premier journal publié en France à partir de 1631 à l'initiative de Théophraste Renaudot. Par extension, le mot « gazette » désigne dans un style un peu vieillot tout périodique : revue, journal. Dans un langage imagé, une gazette est une personne bavarde, qui aime à colporter des nouvelles (de l'italien *gazzetta,* petite monnaie).

nouvelle imprimée : elle succède à la nouvelle manuscrite après l'invention de l'imprimerie. Feuille occasionnelle, sans périodicité, elle traite en général d'un grand événement. La confection et la diffusion de ces feuilles est assez rapide. Ainsi, la naissance du Dauphin, survenue en France à Amboise le 28 février 1518, est connue à Rome avant le 11 mars, puisque le pape adresse sa bénédiction ce jour-là. La poste fonctionne bien...

privilège d'imprimer : les imprimeurs demandent au roi le « privilège » (le droit) d'imprimer des nouvelles pour pouvoir les diffuser.

Colporteur de livres. Bois gravé du XVIe siècle, Paris, Musée Carnavalet.

Ph. J.-L. Charmet

LA LIBERTÉ PROCLAMÉE

ART ET CULTURE
la presse d'hier à aujourd'hui

Dans le domaine de l'information, la Révolution française constitue aussi une date. L'article 11 de la Déclaration des droits de l'homme et du citoyen de 1789 consacre en effet

Ph. Lauros – Giraudon

« La Liberté de la presse » et les vendeurs de journaux. Estampe populaire 1797, Paris, Bibliothèque nationale.

LES ORDONNANCES DE POLIGNAC

La première des quatre ordonnances de Polignac suspend la liberté de paraître, pour la presse, « sans une autorisation toujours révocable, à renouveler tous les trois mois ». Dans le rapport qui précède cette décision, on lit ce jugement suivant sur la presse :
« Habile à exploiter tous les mécontentements et à soulever toutes les haines, elle fomente un esprit de défiance et d'hostilité envers le pouvoir et cherche à semer partout des germes de trouble et de guerre civile.
Il faut bien le reconnaître, ces agitations qui ne peuvent s'accroître sans de grands périls sont presque exclusivement produites par la liberté de la presse...
À toutes ses époques, la presse n'a été et il est dans sa nature de n'être qu'un instrument de désordre et de sédition... »
La première ordonnance de Polignac est publiée le 26 juillet 1830. Les jours qui suivent seront fatals au régime de Charles X, qui n'a pas su mesurer la force de la presse qui animera le combat contre le pouvoir.
Comment expliquer la violence des réflexions de Polignac sur la presse ? Quels arguments peut-on opposer à un tel discours ?

la liberté d'expression. Qui a inspiré ces textes fondamentaux ? Des philosophes, comme Montesquieu et Voltaire, qui prônaient plus de tolérance et l'organisation des libertés publiques ; Rousseau et Diderot, très engagés contre l'ancien système, mais aussi des écrivains moins célèbres, des hommes politiques, comme le comte de Mirabeau qui écrivait en 1788 : « Que la première de vos lois consacre à jamais la liberté de la presse... »

De la Révolution à 1830

DE 1789 À 1792, ON ASSISTE À UNE FLORAISON EXCEPTIONNELLE de titres de toutes tendances. Feuilles révolutionnaires comme *les Révolutions de France et de Brabant,* de Camille Desmoulins, ou contre-révolutionnaires comme *l'Ami du roi,* de l'abbé Royou. Variables en nombre de pages et en formats, écrits par une seule personne ou par toute une équipe, ces journaux témoignent de la liberté illimitée de la presse, jusqu'au 10 août 1792, où le gouvernement révolutionnaire supprima la presse royaliste. S'ouvre alors une période de terreur où tous les journalistes suspects sont exécutés (Desmoulins, Brissot, Fabre d'Églantine...). Cette lutte du pouvoir politique contre les journaux ne cessera plus. Le 17 janvier 1800, un décret de Bonaparte limitera à treize le nombre des journaux autorisés. Même autorisés, ces journaux restent fragiles puisqu'ils peuvent être supprimés s'ils insèrent « des articles contraires au respect du pacte social, à la souveraineté du peuple et à la gloire des armées ». La presse de province subira la même mise au pas.

Napoléon, conscient de l'importance de la maîtrise de l'information, fera du *Moniteur,* journal officiel depuis 1799, la pièce maîtresse d'une stratégie de propagande : les journaux régionaux ne pouvaient traiter la politique que par les extraits du *Moniteur*...

Toutefois, c'est à cette époque que naît véritablement la presse locale et régionale : en effet, l'obligation prescrite par le Code civil de publier les annonces des actes judiciaires et des ventes d'immeuble fait apparaître le journal comme un support indispensable pour ce type de communications. Une amélioration non négligeable dans les rapports du pouvoir à la presse se manifeste sous Louis XVIII avec l'assouplissement des contraintes comme, par exemple, la suppression de l'autorisation préalable de publication (lois de Serre, 1819).

Le règne de Charles X marque un durcissement du régime monarchique. Cependant, quelques mois de libéralisme sous le ministère Martignac (1828-1829) favorisent la naissance des journaux d'opposition, comme *le National,* de Thiers et Carrel. Mais les ordonnances de Polignac prévoient la suppression de toutes les tolérances accordées aux journaux.

Cette volonté de contrôle absolu de la presse provoquera en partie l'insurrection populaire de 1830 et la chute de Charles X.

POUR EN SAVOIR PLUS

- Les grands principes de la liberté de la presse sont définis dans la Déclaration des droits de l'homme du 26 août 1789. « ARTICLE 11 : "La libre communication de la pensée et des opinions est un des droits les plus précieux de l'homme : tout citoyen peut donc parler, écrire, imprimer librement, sauf à répondre de l'abus de cette liberté dans les cas déterminés par la loi." »
- Cette proclamation aura un retentissement considérable. Il ne sera plus possible d'aborder par la suite une réflexion sur l'information sans se référer à ce célèbre article 11.

MOTS-CLÉS

acte judiciaire : écrit qui émane le plus souvent d'un huissier de justice et qui permet notamment d'engager un procès.

Code civil : ouvrage élaboré en 1804 rassemblant les règles de droit civil. Le Code civil a unifié le droit, à partir de sa parution les règles sont les mêmes pour tous sur le territoire français. Avant la Révolution de 1789, la France était partagée en deux par une ligne allant des Charentes à la Bourgogne. Le Midi obéissait au droit écrit qui provenait du droit romain. Le Nord obéissait au droit coutumier qui provenait du droit germain et qui comportait de très nombreuses coutumes différentes. Par la suite, d'autres codes ont été élaborés : Code du commerce, Code pénal, Code du travail... Les lois contenues dans ces codes peuvent toujours être modifiées par des lois postérieures.

droit n.m. : ensemble des règles auxquelles sont soumises les personnes vivant dans une société donnée. Le droit désigne aussi un pouvoir dont peut se prévaloir une personne : droit de voter, d'acheter le journal de son choix... Ces pouvoirs sont organisés par le droit au sens large. Le droit comprend de très nombreuses règles de natures diverses. Aussi est-il nécessaire d'opérer des classifications : le *droit civil* est l'ensemble des règles qui régissent les rapports des individus entre eux, le *droit pénal* précise les sanctions (amendes, emprisonnement) que les juges peuvent prononcer contre un individu qui a manqué au respect d'une règle de droit. La règle de droit peut être élaborée par le pouvoir législatif (lois) ou par le pouvoir exécutif (ordonnances, règlements administratifs).

ordonnance n.f. : règle de droit prise par le pouvoir exécutif (roi, président de la République) dans une matière normalement réservée à l'intervention du pouvoir législatif.

Le Père Duchesne, journal révolutionnaire. « La grande colère du Père Duchesne », extrait publié par Hébert en 1793. Paris, musée Carnavalet.

Ph. Lauros – Giraudon

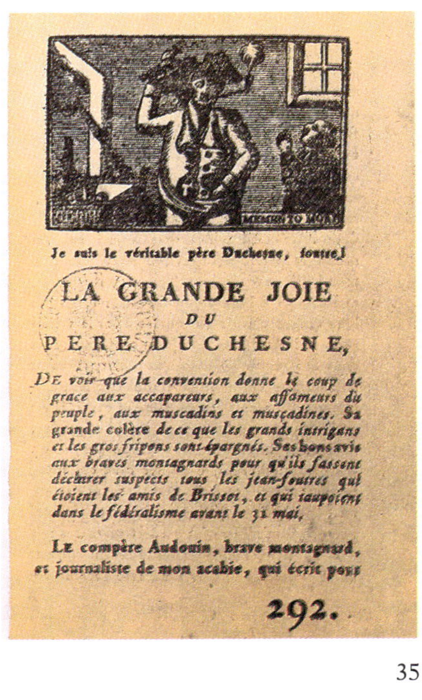
Je suis le véritable père Duchesne, foutre!

LA GRANDE JOIE DU PERE DUCHESNE,

DE voir que la convention donne le coup de grace aux accapareurs, aux affameurs du peuple, aux muscadins et muscadines. Sa grande colère de ce que les grands intrigans et les gros fripons sont épargnés. Ses bons avis aux braves montagnards pour qu'ils fassent déclarer suspects tous les jean-foutres qui étoient les amis de Brissot, et qui taupoient dans le fédéralisme avant le 31 mai,

LE compère Audouin, brave montagnard, et journaliste de mon acabie, qui écrit pour

292.

MISE EN FORME ET MISE EN SCÈNE

Informer, dit le dictionnaire, c'est donner une forme, une structure, une signification à des faits disparates. Ainsi le journaliste est-il une sorte d'architecte ou de metteur en scène de l'information. Son travail s'ordonne autour d'une idée-force :

ph. L.L.

TEMPS DE TRAVAIL
LA FLEXIBILITE EST MAL PARTIE
PAGE 11

le quotidien de Paris
JEUDI 21 NOVEMBRE 1985

LES CLUBS ORGANISENT LA RESISTANCE AUX PARTIS
PAGE 9

LA TELE DU PARRAIN

En secret et dans l'arbitraire le plus total, le président de la République vient de livrer la cinquième chaîne de télévision à une association d'intérêts franco-italiens.
• Le contrat est assorti de conditions dérogatoires exorbitantes, notamment en matière de programmation et de recettes publicitaires
• Tollé de protestations parmi les professionnels du spectacle et dans l'opposition
PAGES 2 à 5

Philippe TESSON

LE QUOTIDIEN A 4,50 F
Nos tarifs d'abonnement restent provisoirement inchangés.

MITTERRAND
S'ENGAGE CET APRES-MIDI DANS LA CAMPAGNE ELECTORALE
PAGE 6

Prix 1985 de la « une » décerné au journal *Le Quotidien*.

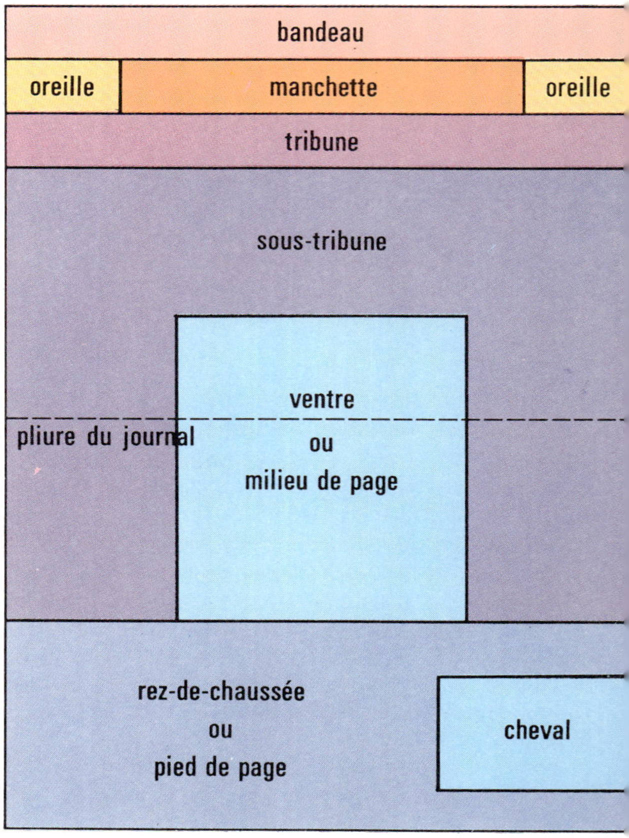

Retrouvez, à partir de la « une » proposée, les éléments cités sur le schéma. Vous pouvez prolonger ce travail à partir de journaux différents de tailles variées.

LE SECRÉTAIRE DE RÉDACTION

« Autrefois, au temps des journaux à faible tirage (...), on ne s'ingéniait guère à mâcher la besogne au lecteur pour qu'il absorbe plus facilement sa pitance quotidienne d'informations générales ou politiques. On ne cherchait pas à résumer l'article en quelques lignes ou à mettre en valeur un détail émouvant ou pittoresque. Les débats parlementaires les plus mouvementés n'étaient coiffés, la plupart du temps, que des seuls mots : À la Chambre.

L'allure des journaux s'est considérablement modifiée depuis cette phase « artisanale ». La presse a changé de visage lorsque, passant sur le plan industriel, elle transforma ses méthodes commerciales. Pour attirer la clientèle et développer les annonces – car un journal ne vit pas seulement de sa vente mais aussi de sa publicité –, elle s'est efforcée de rendre la lecture de ses pages plus facile, plus attrayante. Les nouvelles, elle les a éclairées par des éléments photographiques, des dessins, des cartes, des graphiques qui situent les lieux où il s'est passé quelque chose, reproduisent les traits des acteurs en présence, facilitent la compréhension des textes. Le journal est devenu visuel. L'homme moderne, avide de spectacles, a l'impression, en dépliant la feuille imprimée, qu'un metteur en scène habile n'a pas négligé le plaisir des yeux...

Ce metteur en scène, c'est le secrétaire de rédaction. »

Louis GUÉRY, *Pratique du secrétariat de rédaction*, © C.F.P.J.

attirer et retenir le plus large public. Car l'information est un produit marchand (que l'on vend) : un journal ne peut vivre sans lecteurs, pas plus qu'une chaîne de radio ou de télévision sans auditeurs ou téléspectateurs. Mais il y a heureusement différentes manières de séduire : de même que les architectes ou les metteurs en scène ne construisent pas des maisons ou des films identiques, de même les journaux et les journalistes, tout en s'appuyant sur un certain nombre de règles communes, offrent des produits qui ont chacun leur personnalité.

La « une » ouvre le journal

« Qu'est-ce qu'on met à la "une" ? » « Par quoi allons-nous "ouvrir" le journal ? » Dans la presse écrite quotidienne comme à la radio et à la télévision, c'est par cette question que commencent chaque jour les réunions de rédaction.

Les réponses varient selon la nature du journal et ce qu'il croit être les attentes de son public. Différents critères de choix peuvent être retenus : donner la priorité à l'information la plus « fraîche » (la plus récente), à une information exclusive (que les autres journaux ne connaissent pas), à un événement particulièrement dramatique ou spectaculaire, à une décision qui entraîne des conséquences directes sur la vie quotidienne du public.

Le titre de page une a une importance capitale : il doit accrocher l'attention du lecteur et lui donner envie de lire l'article, d'écouter ou de regarder le reportage qui va suivre. Il est soit informatif (« Sabine et Balavoine se tuent en hélicoptère »), soit incitatif, c'est-à-dire qu'il attire l'attention par une formule énigmatique, un jeu de mots ou une évocation dramatique (« la mort frappe en plein désert »).

Dans un quotidien, l'illustration (photo, dessin), la couleur sont des éléments d'accroche complémentaires au titre. La page une du journal est sa vitrine. À la télévision, c'est bien sûr la qualité, l'originalité de l'image vivante qui priment ; il n'est pas rare qu'on relègue en fin de journal télévisé un sujet intéressant ou important mais sur lequel on n'a pas de reportage filmé.

La mise en page

La « une » faite, il faut organiser la mise en page du journal : les articles ou les reportages sont classés par thèmes, chaque rubrique (l'étranger, l'économie, le cinéma, la vie locale, etc.) ayant toujours la même place dans le journal afin que le lecteur puisse s'y retrouver aisément. Dans chaque page, une hiérarchie est définie : les informations que l'on veut valoriser sont mises en tête, des photos, des encadrés, des variations dans le choix des caractères doivent donner à l'ensemble une allure harmonieuse, agréable à l'œil.

Chaque article a aussi sa construction propre : un titre et parfois des sous-titres explicatifs, un « chapeau » qui résume en quelques lignes pour le lecteur pressé l'essentiel de l'information, une « attaque », c'est-à-dire une première phrase ou un premier paragraphe qui doit surprendre, accrocher l'attention, donner envie de lire la suite, des **intertitres** qui, en cours d'article, doivent relancer l'intérêt du lecteur, une **chute,** c'est-à-dire une conclusion.

Le mode de construction varie bien sûr selon la nature du sujet : un compte rendu de conseil des ministres ne s'écrit pas de la même façon qu'un reportage sur un match de rugby. Mais la règle de base reste la même : mettre en scène l'information de façon à donner l'envie d'acheter le journal.

MOTS-CLÉS

bandeau n.m. : au-dessus du titre du journal, courte phrase destinée à intriguer le lecteur, à l'accrocher.

cheval n.m. : article commençant en bas de page de la « une » (rez-de-chaussée ou pied-de-page), à droite, et se poursuivant en page intérieure. Le lecteur est amené à sauter en page intérieure ! D'où ce nom.

manchette n.f. : zone supérieure de la page une où figurent le titre du journal ainsi que les diverses mentions qui reviennent chaque jour (date, numéro, prix...). Plus blanche que le reste de la page, cette partie évoque, en effet, lorsque le journal est plié, une manchette de chemise dépassant d'une veste sombre.
Ce vocabulaire peut subir quelques variations. Au Québec, par exemple, la manchette désigne le titre le plus important, qui est composé des plus gros caractères et qui est placé sous le titre du journal dans la zone qui porte en fait le nom de *tribune.*

oreille n.f. : emplacement situé à droite ou à gauche du titre du journal, dans la manchette, généralement occupé par un message publicitaire.

sous-tribune n.f. : sous la tribune, emplacement situé au milieu, à droite et à gauche de la page et occupé par des débuts d'article, des illustrations.

tribune n.f. : zone située immédiatement sous la manchette et qui contient les gros titres d'information.

Lecture de *l'Aurore* sur le marché.

Ph. Frank-Magnum

LES JOURNALISTES

ART ET CULTURE
la presse d'hier à aujourd'hui

Métier fascinant que celui de journaliste. Grand reporter qui court le monde, un jour à Beyrouth où il risque sa vie au milieu de la guerre civile, le lendemain dans la liesse populaire à Haïti ou aux Philippines, vedette parmi les

Ph. P. Charniot

Carte d'identité de journaliste professionnel.

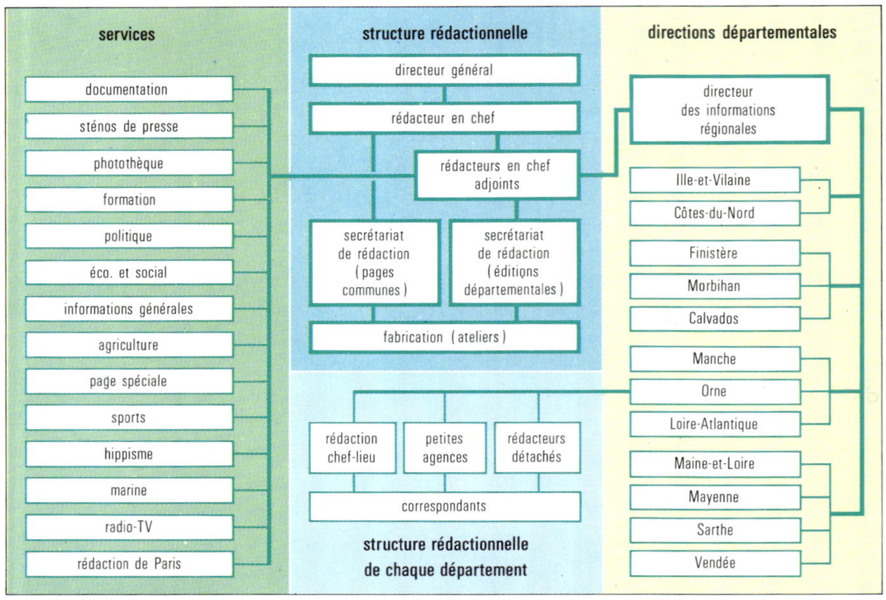

Organigramme de *Ouest-France.*

LES DIX COMMANDEMENTS DU JOURNALISTE

Expliquez un à un à quoi correspondent ces dix commandements en s'appuyant si possible sur des exemples concrets. Ces dix commandements vous semblent-ils être généralement appliqués ?

Les représentants de la plupart des syndicats de journalistes d'Europe occidentale ont adopté, le 24 novembre 1970, à Munich, une déclaration des droits et des devoirs des journalistes. Cette charte définit « les devoirs essentiels du journaliste dans la recherche, la rédaction et le commentaire des événements », en quelque sorte les dix commandements de la profession.

1. – Respecter la vérité, quelles qu'en puissent être les conséquences pour lui-même, et ce, en raison du droit que le public a de connaître la vérité.

2. – Défendre la liberté de l'information, du commentaire et de la critique.

3. – Publier seulement les informations dont l'origine est connue ou, dans le cas contraire, les accompagner des réserves nécessaires ; ne pas supprimer les informations essentielles et ne pas altérer les textes et documents.

4. – Ne pas user de méthodes déloyales pour obtenir des informations, des photographies et des documents.

5. – S'obliger à respecter la vie privée des personnes.

6. – Rectifier toute information publiée qui se révèle inexacte.

7. – Garder le secret professionnel et ne pas divulguer la source des informations obtenues confidentiellement.

8. – S'interdire le plagiat, la calomnie, la diffamation et les accusations sans fondement, ainsi que de recevoir un quelconque avantage en raison de la publication ou de la suppression d'une information.

9. – Ne jamais confondre le métier de journaliste avec celui du publicitaire ou du propagandiste ; n'accepter aucune consigne, directe ou indirecte, des annonceurs.

10. – Refuser toute pression et n'accepter de directive rédactionnelle que des responsables de la rédaction.

vedettes installée dans la loge de Michel Berger ou de Julien Clerc avant leur récital, superdétective révélant les dessous d'un scandale ou d'une affaire d'État, ami de la famille entrant chaque soir dans des millions de foyers pour raconter, au moment du dîner, les drames et les joies de ce monde. Cette image n'est pas fausse mais tellement partielle qu'elle ne rend pas compte de la diversité d'un métier souvent passionnant mais moins glorieux qu'on ne se l'imagine.

Les journalistes

VINGT-DEUX MILLE PERSONNES, en grande majorité des hommes (moins de 30 p. 100 de femmes), exercent aujourd'hui, en France, le métier de journaliste. Deux sur trois ont suivi des études universitaires mais à peine plus de un sur dix a été formé dans une école de journalisme. Pourtant, cette situation est en train de changer : chez les moins de 30 ans, les femmes sont désormais plus nombreuses que les hommes et les jeunes n'hésitent plus à acquérir après trois ou quatre ans d'études universitaires une véritable formation professionnelle en école.

Car le journalisme est de plus en plus un métier qui exige des qualités propres (esprit de curiosité, capacité d'observation, rapidité d'analyse et de synthèse), mais fait aussi appel à des techniques d'enquête, d'écriture, d'expression qui s'acquièrent. Un métier aux multiples facettes bien plus divers que l'image qu'en donnent souvent le cinéma et la télévision. On peut établir différentes distinctions parmi les journalistes.

Les rédacteurs et les autres

Dans la presse écrite, un certain nombre de journalistes n'écrivent pas d'articles : relecteurs, réviseurs (ils relisent ou corrigent les articles d'autres journalistes), secrétaires de rédaction, maquettistes (ils mettent en page les textes, font les titres, choisissent les illustrations), sténos de presse (ils prennent sous la dictée au téléphone les articles des envoyés spéciaux), dessinateurs, reporters photos, reporters d'images.

Les journalistes polyvalents et les journalistes spécialisés

Les premiers sont amenés à rendre compte d'événements de toute nature (c'est notamment le cas des rédacteurs localiers dans la presse de province qui suivent toute l'actualité dans une petite ville) ou à faire des enquêtes sur des sujets variés (reporters), les seconds suivent un secteur précis de l'actualité : la politique française, l'économie, la science, etc. ; on les trouve surtout dans la presse quotidienne ou hebdomadaire nationale, dans les grandes stations de radio et de télévision.

Les journalistes de quotidiens et les journalistes de périodiques

Un peu plus de la moitié des journalistes travaillent dans des quotidiens (surtout en province), dans des agences de presse, dans des stations de radio et de télévision, ils suivent des sujets d'actualité immédiate. Mais plus de 40 p. 100 des journalistes sont employés dans des magazines, des périodiques spécialisés, professionnels ou de loisirs.

Les salariés et les pigistes

Un journaliste est en général salarié à plein temps dans une entreprise de presse, mais il lui arrive de faire des articles, soit régulièrement, soit épisodiquement, pour une autre publication ; il est alors payé à la *pige*, c'est-à-dire selon la longueur ou la qualité de l'article fourni. C'est le cas de rédacteurs spécialisés de quotidiens parisiens qui écrivent aussi pour un journal de province ou, inversement, de journalistes de province qui sont correspondants de quotidiens parisiens. En outre, certains journalistes dits indépendants n'ont pas de salaire à plein temps mais travaillent comme pigistes pour plusieurs journaux.

MOTS-CLÉS

journalisme n.m. : profession de ceux qui écrivent dans les journaux, participent à la rédaction d'un journal parlé ou télévisé.

journaliste n.m. et f. : collaborateur de la rédaction d'un organe de presse. Journaliste professionnel : « celle ou celui qui a pour occupation principale, régulière et rétribuée, l'exercice de sa profession dans une publication périodique éditée en France ou dans une agence française d'information, et qui en tire le principal des ressources nécessaires à son existence » (loi du 29 mars 1935, article 30 *a*).

localier n.m. : journaliste chargé de la rubrique locale, c'est-à-dire rubrique particulière à une commune, à une ville.

pige n.f. : mode de rémunération d'un journaliste. Les articles sont payés à l'unité, en fonction de leur dimension. Pige forfaitaire : somme versée chaque mois à un collaborateur régulier que l'on ne peut, ou ne veut, engager comme salarié à temps plein.

pigiste n.m. et f. : journaliste qui fait des articles à la pige, soit en plus de son travail régulier, soit d'une manière habituelle. Les journalistes indépendants qui vivent uniquement de leurs piges constituent les pigistes proprement dits. On les appelait autrefois des passants.

– Le reporter : « Aucun autre fait important » ?
– L'étoile : « Ah ! Vous pouvez annoncer mon premier divorce de la saison ».

Dessin de Hulcher (D.R.) extrait du journal *Excelsior* du jeudi 9 avril 1925.

Ph. L. L.

LA REVUE DE PRESSE, LE DOSSIER DE PRESSE

ART ET CULTURE
la presse d'hier à aujourd'hui

Revue de presse de France-Inter, d'Europe n°1, d'une radio locale... Au journal télévisé, le présentateur s'interroge : que disent nos confrères de la presse écrite ? Quel que soit

La revue de presse

Répartissez-vous une dizaine de journaux du jour par petits groupes (trois au maximum). Pour chaque journal, relevez tour à tour précisément les titres de la « une », repérez les informations développées dans les pages intérieures. Quand tous les journaux ont été vus par l'ensemble des groupes, dégagez quelles sont les informations les plus fréquemment citées. Notez comment leur traitement diffère selon les journaux. Présentez cet ensemble en réalisant une synthèse vivante (juxtaposition de deux titres totalement opposés, mise en valeur d'une présentation humoristique...). Vous pouvez également en faire une synthèse orale. L'idéal est alors de trouver un fil conducteur reposant sur une information du jour qui pourra être reprise tout au long du compte rendu. Pensez à vous ménager des transitions, des rebondissements pour passer d'un sujet à l'autre. Vous limiterez le temps de présentation de votre synthèse orale à cinq minutes au maximum.

Le dossier de presse

Après avoir sélectionné un événement précis, constituez un dossier de presse en dépouillant un ensemble de journaux et de magazines pendant une semaine. Pour chacun des articles retenus, notez bien la source (nom du journal et date précise).

Ph. L.L.

Signé Maradona — Le bon look anglais — Danois revanchards

MERCREDI 18 JUIN 1986 — 4,50 F

L'ÉQUIPE

LE QUOTIDIEN DU SPORT ET DE L'AUTOMOBILE

TV — En direct sur TF 1 (19 h 55) ANGLETERRE-PARAGUAY — En direct sur TF 1 (23 h 55) DANEMARK-ESPAGNE

LES ENCHANTEURS DE MEXICO

Jamais sans doute une équipe de France n'avait autant dominé une équipe d'Italie, surtout dans une grande compétition. En battant sans l'ombre d'une discussion, hier à Mexico, la Squadra Azzurra (2-0) grâce à deux buts signés Platini et Stopyra, les Tricolores ont

Ph. L.L.

La Gazzetta dello Sport

Mercoledì 18 giugno 1986

Platini rimanda a casa una povera «Italietta»

Eravamo campioni

Ora siamo fantasmi!

Quart de finale de la Coupe du monde de football 1986 à Mexico :
- *L'Équipe* du 18 juin 1986.
- La *Gazzetta dello Sport* du 18 juin 1986.

ÉVITER UN JUGEMENT HÂTIF

L'intérêt du dossier de presse ? Éviter aussi un jugement hâtif sur un numéro d'un journal.
« Le lecteur ne doit pas juger sur un seul numéro, sur un article qui lui paraîtrait "vite fait" et incomplet. Alors que, s'il le lit en continuité, il s'aperçoit que les éléments qui manquent ont pu être publiés les jours précédents. L'affaire des otages américains en Iran, qui a duré 444 jours jusqu'en 1981, était racontée en deux ou trois lignes – ou sans informations – certains jours. En plus d'un an, l'accumulation des articles publiés sur les otages constitue pourtant dans les archives des journaux un dossier de cinq centimètres d'épaisseur ! »

J.-P. Spirlet, *l'Enfant et la Presse*, © Casterman.

l'événement traité (politique, économique, sportif...), il est enrichissant de confronter les comptes rendus de différents journaux. Les rassembler, les classer permet déjà de comparer les programmes des candidats.

La menace des marées noires et de la pollution de la mer est-elle abordée de la même façon dans les journaux des régions littorales ou continentales ? Le compte rendu sportif du dernier match de rugby France-Angleterre est-il identique dans les journaux londoniens et parisiens ?

MOTS-CLÉS

dossier de presse : le dossier de presse se propose de rassembler, de classer, de comparer les articles que les différents journaux ont consacrés à un même événement ou à un même thème.

revue de presse : le matin, autour de 8 h, les radios s'adonnent pendant une dizaine de minutes à un genre brillant, apprécié des passionnés de l'information, c'est la revue de presse. Cette expression désigne la synthèse rapide des informations présentées dans les journaux du jour. Le journaliste qui passe la presse en revue jongle avec les titres, souligne habilement les contradictions, cite avec humour tel ou tel de ses confrères. C'est un morceau de bravoure riche d'enseignements sur le pluralisme des points de vue.

Vous êtes décidé à traiter un thème : la conquête de l'espace, le racisme, la musique..., cherchez dans un premier temps à rassembler toutes les publications sans exclusive qui abordent ces sujets. Un article très bien documenté existe peut-être à portée de main dans un journal peu connu. Mettez en commun toutes ces publications en notant soigneusement les dates de parution.

Quelle méthode adopter ?

Après avoir feuilleté les journaux, vous sélectionnez vos articles en distinguant les commentaires, les opinions émises. Suivant l'usage que vous prévoyez pour votre revue de presse, vous pouvez imaginer de constituer un dossier de l'ensemble de votre travail, éventuellement le publier sous forme de polycopié, dès l'instant où vous savez qu'il répond à un besoin. Imaginons, par exemple, que dans votre ville se prépare une exposition sur « les jeunes et l'emploi » ou « les ressources de la région ». Une revue de presse très complète dont les articles aborderaient les différentes facettes de ces deux thèmes serait sans aucun doute très demandée. L'inverse est tout aussi possible : un dossier de presse sur le tabagisme par exemple peut se prolonger par une exposition. La plupart du temps, le dossier de presse a surtout l'ambition d'actualiser les connaissances et de faciliter des confrontations de points de vue. Il est nécessaire de classer les textes pour les mettre en valeur, de ne conserver parfois qu'un paragraphe révélateur en n'omettant pas les références du journal, la date, les indications de coupure par trois points entre parenthèses [(...)] afin de permettre à un lecteur assidu de retrouver – s'il le souhaite – tous les éléments d'information complémentaires.

La présentation générale des coupures demande un fil conducteur, une structure, si possible un index pour tirer tout le bénéfice du travail accompli et faciliter l'accès au document.

Dès l'instant où vous prendrez l'habitude de constituer ainsi des dossiers, il faudra aussi réfléchir à leur mode de classement. En effet, tenir un dossier de presse devient vite un jeu et il sera utile d'inventer des sections, des sous-sections, de numéroter les classeurs et les chemises en mentionnant toujours les indications indispensables comme les sources et la date.

Une mise à jour nécessaire

Pour reprendre l'exemple de l'exposition « les jeunes et l'emploi », on sera sans doute amené à envisager les différents secteurs d'activités, les études appropriées, les prévisions d'emplois, etc. Surtout, il devient vite nécessaire de mettre à jour régulièrement l'ensemble du dossier suivant un calendrier établi (par exemple tous les mois). Cette mise à jour ne signifie pas seulement l'ajout de nouveaux articles, mais peut-être la restructuration du dossier, un nouveau classement.

Travail formateur, le dossier de presse effectué par petits groupes suivant les centres d'intérêt de la classe est un moyen de découvrir les débats d'idées, les argumentations, il facilite la compréhension en profondeur et la formation du jugement.

Préparation d'une revue de presse à Radio Express.

Ph. Keler – Sygma

LES RUBRIQUES D'UN JOURNAL

ART ET CULTURE
la presse d'hier à aujourd'hui

Un quotidien d'information s'adresse à un public varié : des femmes, des hommes, des jeunes, des retraités, des cadres, des ouvriers. Chacun n'y cherche pas la même chose. Comme un bon restaurant, le journal doit offrir une carte très variée

Les rubriques

Trouvez les différentes rubriques qui composent un quotidien (elles sont la plupart du temps indiquées en haut de page). Quelle est leur importance (évaluée en nombre de colonnes) ? Par exemple : étranger, politique intérieure, économique et sociale, Bourse, finances, religion, culture, justice, médias, éducation, faits divers, société, petites annonces, carnet (naissances, mariages, décès), jeux, télévision... Évaluez en pourcentages l'importance de chaque rubrique par rapport à la surface totale des rubriques. Inscrivez les résultats dans un tableau. Puis représentez ces résultats sous la forme d'un diagramme circulaire (« fromage »). Réalisez le même diagramme avec plusieurs journaux différents. Attention ! Des rubriques proches peuvent porter des noms différents en fonction des journaux.

Y a-t-il au sein du journal télévisé une sorte de rubriquage ? Indiquez lequel (informations politiques, étrangères, économiques, sociales, culturelles, sportives, scientifiques, faits divers, météo...).

L'univers des petites annonces

« Le lecteur achète souvent un journal pour ses petites annonces. Certains quotidiens ou hebdomadaires ont réussi à se spécialiser dans certaines catégories d'annonces où ils sont parfois en situation dominante. Ainsi *le Figaro* pour l'immobilier à Paris, *le Monde* pour les emplois de cadres, *France-Soir* pour les postes d'ouvriers et d'employés, *Libération, le Chasseur français* ou *le Nouvel Observateur* pour les rencontres et relations, etc. On trouve dans les quotidiens et hebdomadaires régionaux des petites annonces locales et dans les journaux spécialisés une quantité de petites annonces correspondant à leurs domaines d'activité particuliers. Cet univers à lui seul est passionnant et pourrait faire l'objet de nombreuses études. »

Y. AGNÈS et J.-M. CROISSANDEAU, *Lire le journal,* © FP Lobies.

Couverture : *gravure de Gavarni, collection Roger Viollet*

ACTUALITÉ

LETTRES / ARTS / SPECTACLES

QUELLE ÉPOQUE !

Ph. L.L.

Variations sur des sommaires : *le Monde, l'Événement du jeudi, Paris-Match.*

Ph. L.L.

N 1934/20 JUIN 1986/10 F

P. 3 à 18. Photos : Studio Limot, Keystone, M. Riboud (Magnum), Doisreau (Rapho), T. Esch, L. Monier, J.-P. Lepers, P. Slade, Préau (Sygma), J. Lange. P. 36 à 39. Photos : J.-C. Deutsch, J. Lange, V. Merlin. P. P. 40 et 41. Photos : J. Lanage, J.-C. Deutsch, L. Veres, Stils. P. 42 et 43. Photos : F. Prouvost. P. 44 et 45. Photos : J. Lange. P. 48 et 49. Photos : T. Graham (Sygma), Alpha London (Angeli). P. 52 à 57. Photos : C. Azoulay. P. 58 à 63. Photos : J. Garofalo. P. 68 et 69. Photo : Fraser (Sipa). P. 80 à 87. Photos : G. Dal Magro (Impact Press/Bunte). P. 88 à 93. Photos : R. Jeannelle, I. Penn, F. Meylan (Sygma), B. Bachelet, G. Schachmes (Sygma), R. Picherie. P. 94 à 97. Photos : Novosti (Gamma), M. Peyrard. P. 102 à 113. Photos : Galerie I. Brachot, L. Ducasse (Fine Arts, N.Y.), D. Bellon, H. Fanthomme, Musée G. Pompidou.

CE NUMERO A ETE TIRE A 1 050 000 EX.

ENCARTS PARIS 12 PAGES, ALSACE, VAL DE LOIRE, MIDI-PYRENEES, 8 PAGES ENTRE LES PAGES 2/3 et 146/147. ENCARTS BELGE 12 PAGES ENTRE LES PAGES 2/3 ET 90/91, 16 PAGES ENTRE LES PAGE 10/11 ET 82/83.

MATCH DE PARIS

DOCUMENTS

LES GENS

Caroline et Andrea.

L'ACTUALITE

Mikael Pernfors.

VOUS

MOTS CROISES

CARTE BLANCHE

avec des plats solides, d'autres plus légers, certains très simples, d'autres plus cuisinés et puis, autour, des amuse-gueule, des desserts plantureux et des sorbets qui glissent tout seuls. Personne ne reprocherait au restaurateur d'avoir une carte trop étendue en s'exclamant : « Je ne pourrai jamais manger tout cela. » C'est un peu la même chose pour un journal : le lecteur ne l'achète pas pour tout consommer ; il va faire un choix selon son appétit, ses goûts, et le temps dont il dispose.

MOTS-CLÉS

rubriquard n.m. : journaliste spécialisé dans un domaine particulier de l'information : éducation, politique étrangère..., par opposition au journaliste polyvalent qui couvre plusieurs types d'informations.

rubrique n.f. : titre qui, dans les livres de droit, était autrefois marqué en rouge. Article(s) paraissant régulièrement dans un domaine précis : rubrique politique, rubrique économique, rubrique gastronomique... Les rubriques d'un journal ne sont pas immuables, certaines se créent, d'autres disparaissent en fonction de l'évolution des préoccupations des lecteurs. (Du latin *rubrica,* terre rouge puis titre en rouge.)

Les rubriques d'un journal

LES RUBRIQUES D'UN QUOTIDIEN À L'AUTRE sont d'importance très variable. *Le Monde,* comme son nom l'indique, accorde une large place à l'information sur les pays étrangers. *Ouest-France,* qui diffuse sur toute la Bretagne, donne chaque jour des nouvelles sur la pêche et les mouvements de bateaux dans les ports. *Le Progrès* de Lyon a une rubrique régulière sur les concours de boule. Mais, au-delà de ces spécificités, on trouve plus ou moins développées dans tous les quotidiens quelques grandes catégories journalistiques.

- **L'information générale.** Elle peut être traitée en information sèche de quelques lignes (« la brève ») ; en compte rendu d'une assemblée, d'une conférence de presse, d'une rencontre sportive, en reportage où le journaliste fait vivre un événement, un lieu, un groupe de personnes ; en enquête, travail déjà plus élaboré qui vise à présenter tous les éléments d'une crise, d'un conflit, d'un problème, d'un entretien ou d'un portrait d'une personne qui fait l'actualité. Dans tous ces domaines, le journaliste s'efforce de s'effacer devant l'information, de ne pas porter de jugement.

- **Les commentaires.** Le journaliste expose son point de vue sur un événement à travers un éditorial ou fait état de son humeur dans un billet. La critique d'un film, d'une pièce de théâtre, d'un concert, d'une exposition, d'un livre, d'une émission de télévision relève aussi de cette catégorie d'articles. On trouve aussi dans les journaux des chroniques où un rédacteur, un écrivain s'exprime librement sur l'actualité ou sur le passé.

- **L'information-service.** Elle est extrêmement variée et comporte aussi bien des informations de type rédactionnel : bulletin météorologique, adresses de médecins ou de pharmaciens de garde, horaires de spectacles, programmes de radio et de télévision, cours de Bourse, etc., que des informations de type publicitaire, c'est-à-dire payées par la personne qui en souhaite la publication : carnet d'état civil (annonces de naissances, mariages et décès), annonces d'offres ou de demandes de logement, d'emplois, de ventes de voitures ou d'objets les plus divers.

- **L'expression extérieure.** La plupart des quotidiens ouvrent régulièrement leurs colonnes à des articles de personnalités extérieures au journal qui souhaitent exprimer un point de vue, à des communiqués ou à des déclarations de partis politiques, de syndicats, d'associations et à des lettres de lecteurs rassemblées dans une rubrique « courrier des lecteurs ». Certains aussi donnent les points de vue d'autres journaux sur un événement important sous le titre « revue de presse ».

- **La distraction.** De tout temps, les journaux ont fait une place à la distraction, à l'évasion, notamment en publiant tous les jours sous forme de « feuilleton » des romans. Si cette formule subsiste encore dans quelques quotidiens, on trouve plus souvent des bandes dessinées, une histoire drôle, un horoscope, des jeux et aussi des concours avec des prix à gagner.

Paris et le Maghreb
Alger souhaite un rééquilibrage en sa faveur.
PAGE 4

Élections au Népal
Un système représentatif à la dévotion du roi.
PAGE 6

Le président grec à Paris
Une visite officielle et un pèlerinage.
PAGE 8

Un Tunisien arrêté à Nancy
Il serait l'auteur présumé de plusieurs attentats.
PAGE 48

Cannes 86 : Claude Lelouch Sam Shepard
« Un homme, une femme, vingt ans déjà » et « Fool for love » ont été les deux vedettes du week-end.
PAGE 16

Le Monde
ÉCONOMIE
Partager les sacrifices pour assurer les retraites
Selon un rapport inédit du Plan, les retraités et les actifs devront partager les sacrifices pour faire face à la croissance des charges du régime vieillesse.
La chronique de Paul Fabra
Pages 37 à 40

Débats : Jeunesse (2) ● Etranger (3 à 9) ● Politique (10 à 12) ● Société (14 et 15) ● Cannes 86 (16 et 17) ● Culture (18) ● Communication (15) ● Sports (22) ● Economie (42 à 47)

Programmes des spectacles (19) ● Radio-télévision (20) ● Informations services : Mots croisés (20) ● Météorologie (21) ● Loto (21) ● Carnet (21) ● Annonces classées (23 à 36)

Ph. L. L.

L'ÉCRITURE JOURNALISTIQUE

La rédaction a ses règles. L'écriture journalistique aussi. À la télévision comme à la radio, dans un magazine comme dans un quotidien, le journaliste transmet le maximum d'informations dans le minimum de temps. Si le lecteur n'est

Ph. L.L.

Mise en page de l'écriture journalistique. *le Quotidien de Paris* – 12/13 avril 1986.

Retrouvez dans l'article de la page ci-contre et dans des journaux différents les éléments du découpage présentés sur l'article du quotidien. Essayez de rédiger un texte sur un sujet de votre choix en respectant le découpage présenté ci-dessus. Repérez dans un journal à quel genre appartiennent les articles : brève, reportage, interview, éditorial, enquête... Pour chacun de ces genres, découper un article particulièrement significatif.

L'OBJECTIVITÉ

Comparez ces deux points de vue. Quelles conceptions de l'écriture journalistique illustrent-ils ?

« Non, heureusement non, le journaliste n'est ni objectif ni impartial. Même une dépêche d'agence tant soit peu consistante, un communiqué prudent à la télévision ne sont pas incolores, à plus forte raison un reportage ou une enquête. C'est tant mieux. L'événement certes « existe ». Mais pour devenir information il doit être raconté, donc vécu et assimilé par celui qui raconte. En cherchant à escamoter cet impératif, on ne transmet qu'une information tronquée, pauvre, autant dire pas d'information du tout. »

Jean-François HELD, *l'Information, art de l'imaginaire. Comment va la presse ?*, © centre Georges-Pompidou.

« Entre la propagande et l'information, j'ai toujours choisi et je choisis encore l'information.

Je ne condamne pas les journaux d'opinion. Ils sont nécessaires. Mais ils doivent annoncer la couleur. Il existe trop de faux culs qui jouent les redresseurs de torts. Trop de journalistes qui se présentent comme les défenseurs de l'objectivité et de l'indépendance alors qu'ils sont engagés dans des combats politiques. Et toujours du même côté ! Leurs commentaires lourdement orientés, leur hypocrisie sont une des causes du faible taux de crédibilité de la presse. Appelés à servir la soupe, ils en font un peu trop. Ça ne date pas d'hier. J'insiste. Celui qui s'est donné pour mission d'informer ne doit appartenir à aucun camp. Il doit être capable d'affronter les hommes politiques – y compris celui dont il partage les idées – comme on affronte un adversaire. »

J.-C. GRENIER, *le Journaliste*, © Chotard et associés.

pas « accroché », il changera de chaîne ou de page. Le langage publicitaire a d'ailleurs poussé à son paroxysme la volonté de conserver à tout prix l'attention du lecteur. Faire passer son message, pour un publicitaire, exige souvent de surprendre, d'amuser le lecteur pour le retenir. Prendre conscience de l'efficacité du style journalistique, de la nécessité d'écrire pour son lecteur est un bon moyen pour comprendre les contraintes de la presse. N'est-ce pas aussi indispensable si l'on cherche soi-même à faire passer une information ?

À LA PREMIÈRE PAGE DU JOURNAL, vous lisez d'abord les titres. Le titre attire, donne envie d'aller plus loin. Il intrigue, surprend, hiérarchise l'information. Dans la panoplie des journaux du libraire ou du kiosque, ce sont d'abord les titres qui retiennent l'attention. Ils soutiennent la photo ou le dessin de couverture, suggèrent un sens que l'on saisira pleinement en achetant le journal ou la revue et en lisant l'article.

À la radio, à la télévision on commence les émissions d'information par les « titres » de l'actualité, ce qui est neuf par rapport à hier.

Le lecteur moyen consacre moins de vingt minutes à lire les journaux. Il les survole, il les feuillette avant même de s'arrêter à une rubrique, à un article. La titraille facilite les choix de lecture, elle met en scène le journal.

Les intertitres à l'intérieur de l'article procèdent de la même fonction. Ils aèrent le texte, facilitent le déroulement de la lecture en proposant une structure, des repères, tout en relançant l'intérêt du lecteur.

La photo, le dessin renforcent l'accroche du lecteur. Une légende simple, informative, complémentaire donne en général le ton du papier. Mais attention ! Les photos, suivant les lecteurs, peuvent être lues de plusieurs façons. De plus, il suffit de changer une légende, d'enlever le son d'une émission de télévision et de proposer un autre commentaire pour inverser la signification première des images.

Le chapeau, court paragraphe d'introduction, coiffe le corps de l'article. Il indique le thème, annonce l'essentiel de l'information qui sera développée dans l'article, précise les sources. Vous remarquerez que tout article un peu long est précédé d'un chapeau. Le lecteur connaît ainsi la teneur de l'article, il décide soit de poursuivre sa lecture soit de passer à un autre article.

L'encadré présente le plus souvent dans la page une information concrète, attirante que la disposition graphique met en valeur. Quand vous lisez la presse, tentez de prendre conscience de votre façon d'aborder le journal. Par la première page ou par la dernière ? Vous arrêtez-vous d'abord aux chapeaux ou aux encadrés ?

La longueur de l'article ponctué par le chapeau, les intertitres, parfois un encadré ou une photo, dépend beaucoup de l'intérêt accordé à l'information. L'explosion de la navette spatiale américaine en plein vol demande des explications. Ce sont ces explications que le lecteur cherchera dans le corps de l'article qui, de ce fait, supportera la longueur. Pour le rédacteur en chef, il reste que l'article aujourd'hui attendu par tout le monde sera peut-être déjà démodé demain. Savoir choisir l'information est une constante de l'art journalistique...

POUR EN SAVOIR PLUS

- Dans un journal, les informations ne sont pas toutes présentées de la même façon. Au moment d'écrire un article, le journaliste a le choix, schématiquement, entre trois manières de traiter l'information : soit il la rapporte intégralement et objectivement, soit il la rapporte et il l'explique, soit il l'interprète, la commente.
- Chacune de ces manières peut servir de critère pour distinguer les divers genres journalistiques.
- Si l'information est simplement rapportée, l'article prendra la forme d'une brève (contraction pour désigner une nouvelle brève) ; d'un reportage ; d'un compte rendu ; ou encore d'une interview.
- Si l'information est également expliquée, il s'agira d'une analyse ou d'une enquête.
- Si l'information est commentée, le journaliste écrira, suivant le cas, un commentaire, un éditorial, une critique, un billet ou une chronique.

MOTS-CLÉS

billet n.m. : court article, souvent encadré ou en caractère italique, revenant chaque jour à la même place, qui présente de façon légère, humoristique un événement d'actualité.

brève n.f. : information courte (environ 10 à 15 lignes) et sans titre. Seuls les premiers mots ou les mots significatifs sont imprimés en caractères gras ou en italique. Une succession de brèves sur une colonne d'un journal porte le nom de « rivière ».

chronique n.f. : article paraissant régulièrement, signé généralement par un écrivain ou une personnalité et qui commente l'actualité.

commentaire n.m. : article exprimant un jugement personnel de l'auteur.

critique n.f. : article dans lequel le journaliste expose son opinion personnelle sur un livre, un spectacle, un film, etc.

éditorial n.m. : article, écrit en général par le directeur ou le rédacteur en chef du journal, qui commente un événement important de l'actualité et qui engage la responsabilité morale de l'équipe de rédaction (du mot anglo-américain *editor :* directeur, rédacteur en chef).

Article extrait du journal *l'Humanité* du mercredi 14 mai 1986.

Ph. L.L.

LA POLITIQUE

Producteurs d'œufs en difficulté

LA GRANDE OMELETTE

Avec des prix inférieurs aux coûts de production, de nombreux poulaillers sont menacés de faillite, victimes de la concurrence hollandaise

La plus grande part des 14 milliards d'œufs consommés chaque année sous différentes formes par 55 millions de Français sera-t-elle bientôt importée depuis la Hollande et la Belgique ? La crise vécue depuis quatre ans par les producteurs spécialisés mérite que la question soit posée. Au regard de sa valeur nutritive, l'œuf est devenu un produit bon marché et dans notre pays la production spécialisée a toujours connu des crises cycliques nées de ses propres fluctuations. Chacune de ces crises fut l'occasion d'éliminer les petits poulaillers, les élevages utilisés comme revenu d'appoint par les petits paysans. Pour aboutir chaque fois à de nouvelles concentrations chez les puissants, généralement hostiles à toute organisation de la profession dans la mesure où le malheur des plus faibles devait leur assurer la fortune sinon le bonheur.

Centre de tri automatique à Arpajon. (Photo correspondant.)

Aux pertes subies pendant quelques mois pour éliminer les plus faibles succédaient, pour les puissants, des marges intéressantes sur de plus longues périodes. Ce système dit libéral a surtout fonctionné en Bretagne où sont produits 37 % des œufs conditionnés en France, sans compter de nombreuses ventes directes aux biscuiteries et autres crêperies.

Pendant longtemps les pays du Moyen-Orient furent de gros importateurs d'œufs et de poulets européens. La France et surtout les Pays-Bas étaient leurs principaux fournisseurs. Mais, peu à peu, ces pays ont développé leur production et leurs importations se réduisent comme peau de chagrin.

Du coup les Pays-Bas, qui produisent 10 milliards d'œufs par an pour 14 millions d'habitants, réalisent 85 % de leurs exportations dans les pays de la CEE dont une bonne partie en France. Leur organisation est certes supérieure à celle des producteurs français, mais ils ont surtout été favorisés par les montants compensatoires monétaires (MCM) inventés en 1969 par Giscard d'Estaing et son secrétaire d'Etat au budget Jacques Chirac.

Grâce à leur monnaie forte, les Hollandais payaient les aliments importés beaucoup moins chers que leurs homologues français. La production abondante de gaz naturel leur fournissait une énergie meilleur marché que chez nous. Les MCM positifs jouaient ensuite comme des primes à l'importation à chaque réévaluation du florin. Ils fonctionnent en effet comme une ristourne payée par la caisse communautaire sur chaque œuf vendu par un pays à monnaie forte chez un voisin à monnaie dévaluée.

Inversement en France, les MCM négatifs générés par les dévaluations successives devenaient autant de taxes frappant les exportations d'œufs comme celles des autres produits agricoles vers les pays du marché commun à monnaie forte. Par ce jeu de l'avantage monétaire issu des MCM les éleveurs hollandais ont pu, tous les sept ans, se payer un poulailler neuf de 20.000 pondeuses, contre rien à leurs concurrents français. Forts de cette différence, ils se sont modernisés, ont développé leur production pendant qu'en Bretagne aucun jeune n'était en mesure de s'installer et que les équipements existants vieillissaient. En France, aujourd'hui, le cours moyen de l'œuf à la production est inférieur de 12 à 13 centimes au prix de revient.

Dans ce contexte même, les gros sont, eux aussi, dans le rouge. Si les cours actuels n'évoluent pas en hausse, les producteurs d'œufs bretons risquent d'être acculés à de telles charges financières qu'il leur sera impossible de refaire surface dans la plupart des cas. Un nouveau secteur traditionnellement excédentaire en France sera devenu largement déficitaire.

Reste à savoir si François Guillaume, ministre de l'Agriculture, se contentera d'y voir la « sanction pure et dure du libéralisme économique » comme il l'a préconisée au dernier congrès de la FNSE à propos, des grands ateliers porcins, ou s'il va rechercher des moyens d'éviter la liquidation partielle d'un secteur de production qui doit avoir toute sa place dans notre pays.

Gérard Le Puill

QU'EST-CE QUE LE PLURALISME ?

ART ET CULTURE
la presse d'hier à aujourd'hui

À force d'être fidèle à un journal, on oublie parfois qu'il existe *des* journaux. Mais à quoi bon lire *des* journaux ? Ne disent-ils pas tous la même chose ? Non. Pour s'en convain-

À partir d'un échantillon de quotidiens du même jour : relevez les trois titres de « une » les plus importants ; reportez les résultats sur un tableau. Certains sujets sont sans doute repris par plusieurs journaux : les titres sont-ils proches, contradictoires... ? Déterminez quels sont les sujets privilégiés par chacun des journaux (la hiérarchie des informations n'est pas la même pour tous).

Phot. Pavlovsky – Rapho.

Au ministère de l'Intérieur, le soir des élections présidentielles de 1974 : au fur et à mesure de leur arrivée, les résultats sont communiqués à la presse.

La UNE de quotidiens du 17 mars 1986 avec le résultat des élections.

Ph. L.L.

cre, il suffit par exemple d'acheter un éventail de quotidiens après un jour d'élection. Chacun présente une version de l'événement.
À comparer les titres, les commentaires, les affirmations, on découvre des conceptions différentes de la vie politique, économique, sociale.
Pour se faire sa propre opinion, il est indispensable de prendre connaissance de cette pluralité, de cette diversité.

MOTS-CLÉS

doctrine n.f. : ensemble des notions théoriques à partir desquelles on prétend fournir une interprétation des événements. L'expression « les doctrines ne font plus école » signifie qu'insensiblement le public n'accepte plus les schémas qui ont la prétention de tout expliquer.

orthodoxie politique : doctrine, opinion politique considérée comme seule vraie par ceux qui la soutiennent.

pluralisme n.m. : conception politique, économique, sociale, etc., qui admet la pluralité, la diversité des opinions, des tendances.

Lundi 17 mars 1986

« LES SOCIALISTES DÉSAVOUÉS » titre *le Figaro,* qui souligne « l'effondrement du Parti communiste ». Le Parti communiste français ? « Une force qui comptera » titre *l'Humanité* sur toute la première page. Cependant, *le Matin,* qui souligne que « Mitterrand est maître du jeu », met en avant « le net succès du Parti socialiste ».

Ainsi, à la lecture des « unes » des quotidiens nationaux au lendemain des élections législatives et régionales en France, une première constatation s'impose : les interprétations divergent.

Une analyse moins succincte de la présentation permettra peut-être de mettre en évidence un « style » autant qu'une orientation politique du journal. N'est-il pas surprenant que *le Monde* consacre ce même jour en première page un cheval sur « les conséquences de la chute des prix du pétrole » et une colonne sur « le non des Suisses à l'O.N.U. » ?

Pour tous les autres quotidiens parisiens, l'actualité des élections est perçue comme trop importante pour laisser place à d'autres informations. Pour *le Monde,* la France s'insère dans un contexte international que ce journal estime devoir rappeler.

Un style implique une complicité entre un journal et son lectorat. Quand *Libération* titre : « La victoire en déchantant », on imagine que le lecteur de ce journal a suffisamment de « distance » avec l'événement pour ne pas participer à une interprétation sans réserve d'un camp ou d'un autre. Impression proche à la lecture du *Quotidien de Paris,* où le gros titre « Ric-Rac ! » met l'accent sur l'information plus que sur l'interprétation : pas de « raz de marée » d'un parti, pas de victoire large. Certes, la lecture de la titraille et surtout la lecture des articles eux-mêmes amènent à confirmer ou à corriger ces premières réactions, mais déjà la mise en scène des résultats est révélatrice d'un pluralisme des journaux et des publics.

Étiquetage politique ?

Il faut toutefois se garder d'interpréter rapidement tel ou tel article.

Tentez l'expérience suivante : vous tapez à la machine quelques lignes de chacun de ces journaux sans indiquer le titre du journal. Puis vous faites circuler ces articles en tentant de faire reconnaître les journaux dont ils sont issus. On a toujours des surprises. Tel qui est sûr d'avoir identifié l'article d'un quotidien de gauche découvrira peut-être qu'il sort tout droit d'un quotidien de droite et vice versa. Comment l'expliquer ? Sans doute par une tendance à réduire et à caricaturer la pensée de celui qui ne partage pas notre opinion.

Le pluralisme des idées et des conceptions journalistiques est à la fois une réalité et une nécessité. Mais toute tentative d'étiquetage politique des quotidiens reste aléatoire. Car, plus qu'une orthodoxie politique, ces journaux expriment une sympathie libérale, progressiste ou conservatrice. Leur indépendance politique (à l'exception, bien entendu, des organes officiels de telle ou telle formation) leur permet souvent de réagir librement face aux événements. Cette tendance se développe et un journal comme *Libération* fonde toute sa politique sur une distance critique face à l'événement.

Signe d'un temps où les doctrines figées ne font plus école.

Campagne électorale Giscard-Mitterrand en mai 1974 à R.T.L. 1er tour. Télévision à circuit fermé.

Ph. Burnett - Gamma

LES QUOTIDIENS NATIONAUX

ART ET CULTURE
la presse d'hier à aujourd'hui

Paris est une des rares grandes villes de pays développés qui compte encore plus de dix quotidiens. Réalisés dans la capitale mais imprimés simultanément dans plusieurs villes, ces quotidiens sont diffusés sur tout le territoire national et

Ph. Mingam – Gamma

19 septembre 1977. Un kiosque le jour de la sortie d'un nouveau quotidien, *J'informe*, disparu le 10 décembre 1978.

Les quotidiens nationaux ; la diversité des journaux

Prenez des quotidiens nationaux ; notez sur un tableau : le titre, le prix, le nombre de pages, le format (grand, moyen, tabloïd...) ; comparez les titres.

Quels sont les sujets privilégiés par chacun ? Quelle place occupe le titre principal (en nombre de colonnes et en hauteur de caractères). Quelles sont les photos utilisées ?

Au sein de chaque journal, comparez l'importance prise par chaque rubrique : étranger, événements, politique intérieure, économique et sociale, Bourse, finances, religion, culture, justice, médias, éducation, faits divers, société, petites annonces, infos-services, jeux, télévision... Évaluez en colonnes.

Déterminez ce qui, selon vous, constitue le trait dominant de chaque journal : sérieux de la présentation et du ton, originalité de certaines pages, ton différent, importance de l'économie ou des faits divers.

Après avoir choisi un sujet traité par plusieurs journaux, lisez les différents articles en essayant de voir s'il y a des variations notables de style, de présentation du sujet... Si oui, précisez lesquelles.

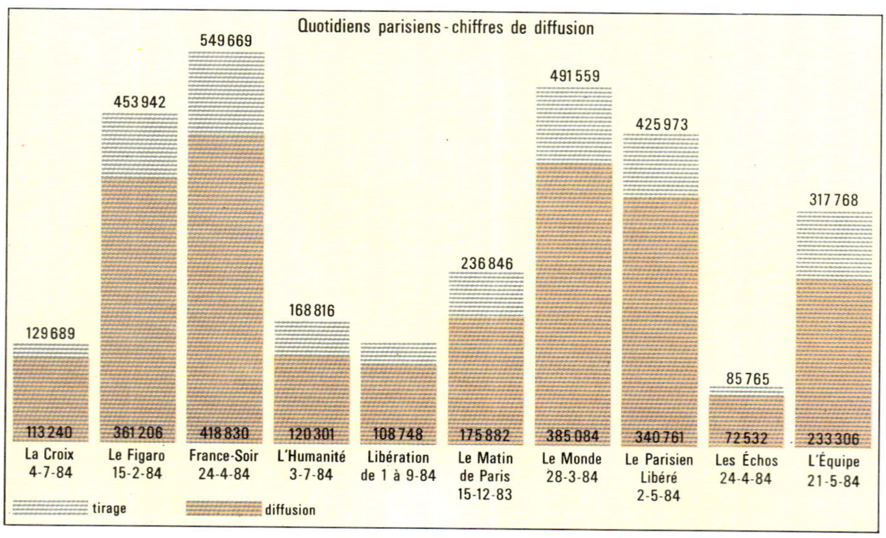

à l'étranger. Par leurs informations, leurs enquêtes, leurs prises de position, ils exercent une réelle influence sur les autres médias (radio, télévision) bien que le nombre de leurs lecteurs ne cesse de diminuer. Confrontés à des difficultés économiques sérieuses, dues notamment à des coûts de fabrication et de diffusion élevés, les quotidiens nationaux cherchent à moderniser leur présentation et leur contenu, pour enrayer la baisse de leur diffusion, et à diversifier leurs activités, pour trouver des recettes supplémentaires.

L'effondrement de la presse populaire

Les deux quotidiens les plus importants par leur diffusion depuis 1945, *France-Soir* et *le Parisien libéré,* ont vu leur audience diminuer de plus de moitié au cours des vingt dernières années. *France-Soir,* qui vendait plus de 1,1 million d'exemplaires au début des années 60, en diffuse à peine plus de 400 000 aujourd'hui ; sa chute a commencé au moment de l'invasion du transistor, l'information instantanée étant de plus en plus fournie par la radio. *Le Parisien libéré,* en choisissant d'être un quotidien régional de l'Île-de-France plutôt qu'un national, avait mieux résisté à la concurrence de la radio. Mais sa diffusion, qui approchait les 800 000 exemplaires en 1973, s'est effondrée à la suite d'une très longue grève (1975-76) des ouvriers de fabrication. Sa vente en 1984 était de l'ordre de 350 000 exemplaires. Les autres tentatives de lancement de journaux populaires à Paris notamment *Vingt-Quatre Heures* en 1965-66 et *Paris-Jour* en 1970-72 ont débouché sur des échecs.

Les difficultés de la presse politique

Depuis la fin de la Seconde Guerre mondiale (1945), la plupart des quotidiens nationaux ont privilégié l'information politique et n'ont pas caché leurs préférences pour tel ou tel courant idéologique. Beaucoup de ceux qui étaient nés clandestinement pendant l'Occupation ont disparu (*l'Aube, Franc-Tireur,* le premier *Libération,* dirigé par d'Astier de la Vigerie, *Combat*) ; d'autres, lancés plus récemment, n'ont vécu que quelques mois (*J'informe* en 1977, *Combat socialiste* en 1981) ou, après un succès de départ, ont vu leur audience s'effondrer : c'est aussi bien le cas du *Quotidien de Paris,* qui a pris des positions très hostiles au gouvernement de la gauche entre 1981 et 1986, que du *Matin de Paris* qui, au contraire, a affiché ses sympathies pour le Parti socialiste. Quant à *l'Humanité,* fondé en 1904 par Jean Jaurès mais devenu ensuite l'organe officiel du Parti communiste français, il a perdu les trois quarts de sa diffusion depuis la guerre (moins de 100 000 exemplaires vendus aujourd'hui contre plus de 400 000 en 1945). Le plus ancien quotidien parisien, *le Figaro,* journal libéral modéré, a été racheté en 1975 par Robert Hersant. Malgré une fusion avec *l'Aurore* en 1979 et le lancement de magazines de week-end qui lui ont apporté des recettes de publicité et de vente supplémentaires, *le Figaro* n'a pas retrouvé le niveau de diffusion des années 60 (430 000 exemplaires en 1969, 360 000 en 1984). Il s'est affiché de plus en plus, notamment entre 1981 et 1986, comme un journal de ferme opposition au gouvernement de la gauche. *Le Monde,* journal indépendant, dont l'actionnaire principal est la société des rédacteurs, a acquis une position d'organe de référence internationale. Mais, après avoir doublé sa diffusion entre 1963 et 1974 (de 200 000 à 401 000 exemplaires), il a connu une récession au début des années 80 ; son redressement n'a été acquis en 1985-86 qu'au prix d'une diminution sévère de ses coûts de fabrication donc d'une diminution des effectifs et d'une modernisation de son contenu. Les journaux qui ont le mieux résisté aux difficultés sont : *la Croix,* fondé en 1883 et dont l'essentiel de la diffusion repose sur des abonnements mais dont l'audience (120 000 exemplaires par jour) et les recettes de publicité demeurent modestes ; *Libération,* né en 1973 et qui grâce à une formule renouvelée de journalisme à partir de 1981 diffuse aujourd'hui plus de 130 000 exemplaires ; des quotidiens spécialisés en économie, comme *les Échos* (70 000 exemplaires), ou en sports, comme *l'Équipe* (230 000 exemplaires) et, à un moindre degré, *Paris-Turf.*

Ph. L.L.

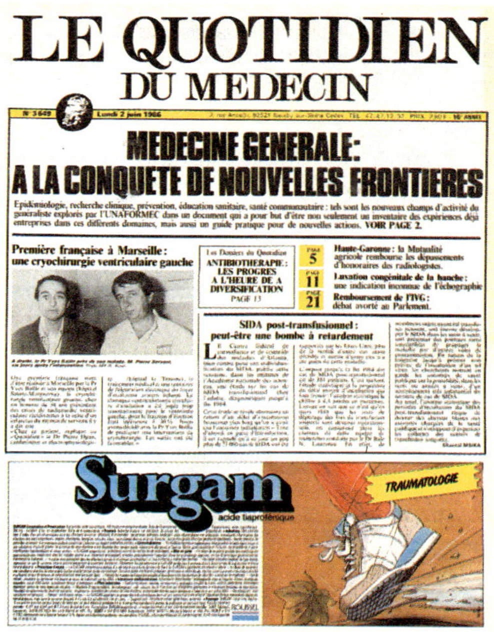
LE QUOTIDIEN DU MEDECIN

N° 3649 Lundi 2 juin 1986

MEDECINE GENERALE: A LA CONQUETE DE NOUVELLES FRONTIERES

Epidémiologie, recherche clinique, prévention, éducation sanitaire, santé communautaire : tels sont les nouveaux champs d'activité du généraliste explorés par l'UNAFORMEC dans un document qui a pour but d'être non seulement un inventaire des expériences déjà entreprises dans ces différents domaines, mais aussi un guide pratique pour de nouvelles actions. VOIR PAGE 2.

Première française à Marseille : une cryochirurgie ventriculaire gauche

Les Dossiers du Quotidien
ANTIBIOTHERAPIE : LES PROGRES A L'HEURE DE A DIVERSIFICATION
PAGE 13

PAGE 5 Haute-Garonne : la Mutualité agricole rembourse les dépassements d'honoraires des radiologistes.

PAGE 11 Luxation congénitale de la hanche : une indication inconnue de l'échographie

PAGE 21 Remboursement de l'IVG : débat avorté au Parlement.

SIDA post-transfusionnel : peut-être une bombe à retardement

Surgam
acide tiaprofénique
TRAUMATOLOGIE

La « une » du *Quotidien du médecin* du lundi 2 juin 1986.

LES QUOTIDIENS RÉGIONAUX

ART ET CULTURE
la presse d'hier à aujourd'hui

La presse régionale est partout. Dans les moindres localités comme dans les métropoles régionales et aussi... à Paris. Qu'on lise *le Berry républicain, la Haute-Marne libérée, Nice-Matin, la Voix du Nord* ou *Sud-Ouest,* ces journaux se présentent d'abord comme reliés à une région bien précise.

Choisissez une dizaine de quotidiens régionaux du même jour. Choisissez les dix plus importants en fonction de leurs ventes ou choisissez des journaux édités dans des régions géographiquement différentes. Préparez un tableau indiquant dans quelle ville se trouve le siège du journal et quelle est sa région de diffusion.
Analysez les titres de la « une » : choix des sujets, sont-ils différents ? Y a-t-il des informations régionales sur la « une » ? Combien ? De quel type (politique, faits divers...) ?
Calculez le rapport entre les pages locales, départementales ou régionales et l'ensemble du journal. Quel type d'information contiennent-elles ? Inscrivez sur un tableau le pourcentage recueilli par chaque rubrique. Comparez les résultats obtenus. Y a-t-il des différences significatives ?

△ Carte de France des quotidiens régionaux.

DES LIENS AFFECTIFS

« Le malaise ressenti par la population lors de la non-parution de Sud-Ouest *du 19 février au 16 mars 1972 a surtout mis en évidence des liens affectifs existant entre le journal régional et ses lecteurs. Ne plus rien savoir sur les décès et autres données de l'état civil de sa commune, la projection de nouveaux films, les horaires d'arrivées de bateaux, les petites annonces relatives à l'immobilier, à l'emploi, ou les opérations publicitaires des commerçants locaux, a considérablement perturbé la vie sociale, économique et culturelle de nombreuses localités couvertes par ce quotidien. Au-delà de la baisse de l'assistance aux enterrements, de la recette des paroisses et des fleuristes, la non-parution du titre de Bordeaux (à la suite d'une grève très dure des travailleurs du livre C.G.T.) a, selon le sondage que la SOFRES a réalisé pour la presse quotidienne régionale, créé un sentiment de rupture avec le monde extérieur et un relâchement de la conscience de groupe. Le malaise social s'est surtout fondé sur la durée de frustration du public en informations régionales et locales, dont les informations-services. Le rite interrompu du rendez-vous quotidien avec le journal a été perçu comme une "trahison" par rapport à son rôle de socialisation. »*

François ARCHAMBAULT et Jean-François LEMOINE, *Quatre Milliards de journaux,* © Alain Moreau.

Et ils sont si bien le reflet de leur région qu'ils bénéficient d'un succès que leurs confrères aux ambitions plus nationales pourraient leur envier. Étrange paradoxe qui fait d'un quotidien régional, *Ouest-France,* le premier des quotidiens français par le nombre d'exemplaires vendus.

C'est au sein des quotidiens régionaux que l'évolution technologique récente s'est faite la première. Informatique, télématique, ils les ont adoptées avant les autres. Mais comment distinguer cette presse de ses confrères parisiens ?

Des caractères propres

LES JOURNAUX RÉGIONAUX APPARAISSENT AU XVIIIe SIÈCLE. Ils publient alors des annonces et quelques nouvelles. En 1870, la presse de province vendait environ 300 000 exemplaires et les journaux parisiens un peu plus d'1 million chaque jour. En 1985, la situation est inversée. Les quotidiens régionaux vendent trois fois plus : environ 7,5 millions de journaux.

Il a fallu un peu plus d'un siècle pour que les quotidiens régionaux deviennent ce qu'ils sont aujourd'hui, une presse qui favorise les informations touchant les lecteurs au plus près de leur vie quotidienne : la vie politique locale, comme le goûter des anciens, les matches de football de division d'honneur, les coupures d'eau, l'économie régionale et les avis d'obsèques. Les éditions départementales et locales se multiplient. Ainsi, *Ouest-France* publie trente-huit éditions différentes (mars 1986).

C'est une presse qui tente de toucher l'ensemble de la population d'une région, aussi doit-elle ne déplaire à personne : hommes et femmes, ruraux et urbains, jeunes et vieux. On a vu ainsi apparaître les pages cuisine ou vie pratique, la rubrique rock, les jeux. Cette volonté d'être le quotidien de tous a fait abandonner à la plupart des régionaux leur engagement politique. Un débat de fond permettra parfois de découvrir que tel titre est proche de la droite alors que tel autre est plutôt de gauche.

Les quinze meilleures ventes de quotidiens régionaux
Diffusion totale
O.J.D. 1984

Ouest-France (Rennes)	721 260
Le Dauphiné libéré (Grenoble)	382 959
La Voix du Nord (Lille)	373 077
Sud-Ouest (Bordeaux)	365 437
Le Progrès (Lyon)	302 474
La Nouvelle République du Centre-Ouest (Tours)	280 672
Nice-Matin (Nice)	263 670
L'Est républicain (Nancy)	262 815
La Montagne (Clermont-Ferrand)	257 390
La Dépêche du Midi (Toulouse)	254 030
Les Dernières Nouvelles d'Alsace (Strasbourg)	219 627
Le Républicain lorrain (Metz)	201 920
Le Midi libre (Montpellier)	194 838
Le Télégramme de Brest (Morlaix)	175 110
Le Provençal (Marseille)	164 385

Le journal du plus grand nombre

Pour être le journal du plus grand nombre, le quotidien régional doit être accessible. Il l'est par le prix : entre 2,80 F et 3,50 F (soit 1 F de moins en moyenne que les quotidiens parisiens). Il l'est aussi par la distribution. On le trouve aisément dans des points de vente variés. Dans les kiosques, certes, mais aussi chez le boulanger qui le vend avec la baguette du matin, sur les marchés le dimanche. Et puis, bien sûr, il y a le facteur qui dessert les isolés et le portage à domicile qui tend à se développer. Les quotidiens alsaciens utilisent cette méthode avec succès et atteignent près de 80 p. 100 des foyers dans les zones rurales.

Accessible, il doit l'être encore par le contenu. On sait que le lecteur consacre en moyenne environ trente-cinq minutes par jour à son quotidien régional. Autant s'efforcer de capter son attention par un article clair et bref qui touche à son environnement géographique, social ou professionnel. Un réseau très dense de correspondants locaux permet au journal de rendre compte des événements petits et grands de chaque commune. *Le Provençal* utilise près de 1 500 correspondants (instituteurs retraités ou secrétaires de mairie) qui collectent articles ou photos...

Le risque, bien entendu, si un quotidien veut toucher toute une région et si sa stratégie est efficace, c'est qu'il n'y ait plus de place pour deux ou trois journaux. Bon an mal an, des titres disparaissent, d'autres se regroupent. Les monopoles régionaux s'étendent. Ils permettent à leurs propriétaires de réaliser des bénéfices et de les investir dans la modernisation de leur entreprise : passage à la couleur, photocomposition, impression offset, informatisation, télématique..., les quotidiens régionaux ont en ces domaines une certaine avance qui leur permet d'envisager l'avenir avec plus d'atouts que les quotidiens parisiens.

LES PÉRIODIQUES

Dans le monde de la presse, il est d'usage de faire une distinction entre les quotidiens et les périodiques. Les premiers paraissent chaque jour, les seconds toutes les semaines, tous les mois, tous les deux mois, à intervalles

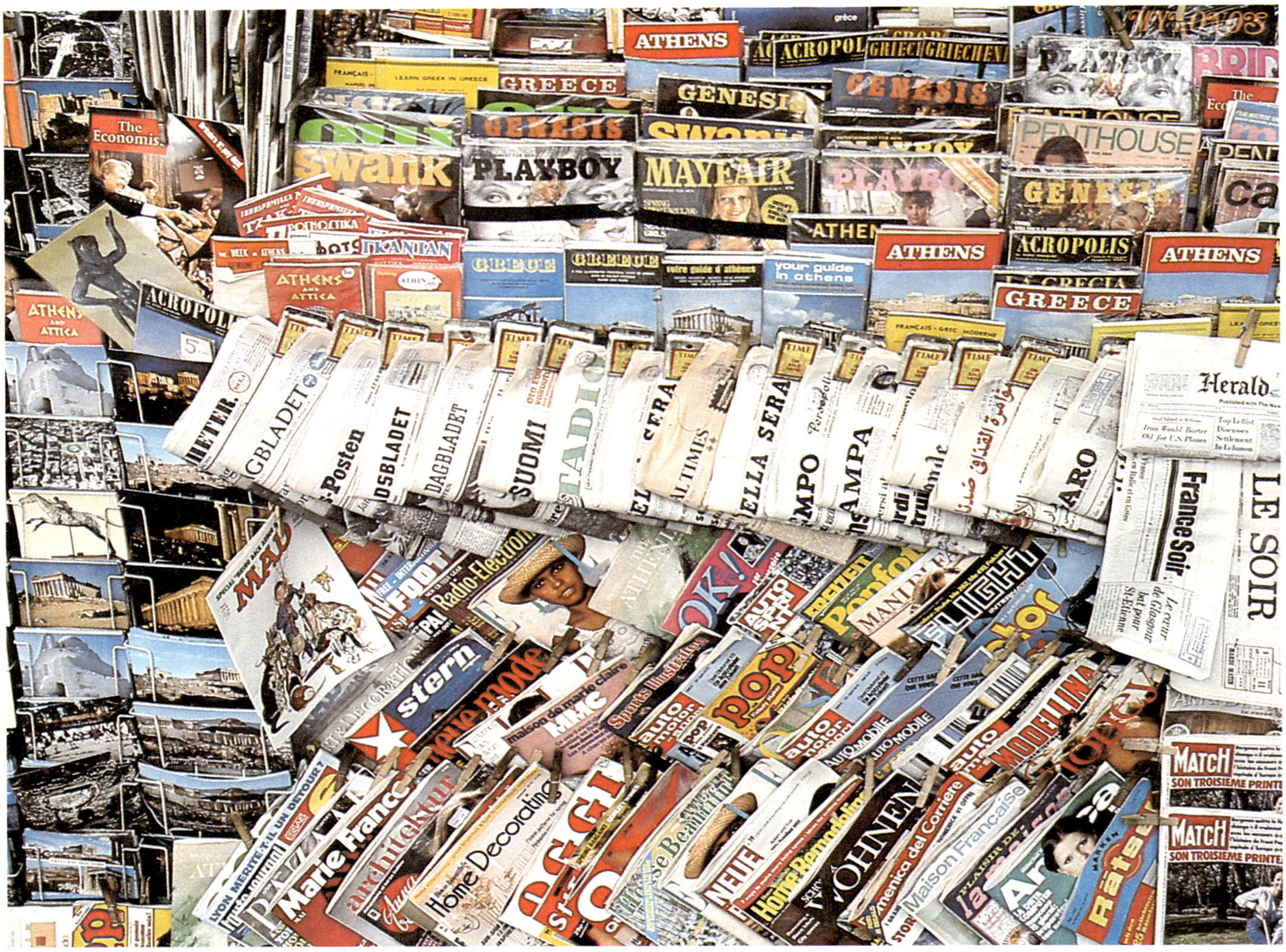

Ph. Costa Manos – Magnum

Kiosque à Athènes.

LES HEBDOMADAIRES POLITIQUES NATIONAUX

• La France a vu, depuis vingt ans, se développer des magazines nationaux d'information. C'est *l'Express* qui a ouvert la voie en 1964 en lançant une formule directement inspirée du magazine américain *Time. Le Nouvel Observateur, le Point, Valeurs actuelles* et, plus récemment, *l'Événement du jeudi* ont, chacun à sa manière, suivi.
• Ces hebdomadaires fournissent à la fois des synthèses sur l'actualité politique, économique, sociale, culturelle de la semaine et des enquêtes sur des sujets d'intérêt général avec le souci d'apporter des conseils pratiques à leurs lectures : comment se loger, que faire après le bac, comment placer son argent, etc.
• À côté de ces magazines, dont le leader reste *l'Express* avec une diffusion supérieure à 500 000 exemplaires par numéro, on trouve une vingtaine d'hebdomadaires politiques nationaux couvrant tout l'éventail idéologique, depuis l'extrême droite (*Minute* avec 160 000 exemplaires) jusqu'à l'extrême gauche. On peut y rattacher un hebdomadaire qui occupe une place originale dans la presse française, *le Canard enchaîné,* journal satirique sans publicité qui existe depuis soixante-dix ans et diffuse chaque semaine près de 500 000 exemplaires.

fixes. Il suffit de jeter un coup d'œil à la devanture d'un kiosque pour être frappé par l'extrême diversité des titres des périodiques. Très nombreux, souvent très lus, ils offrent une grande diversité de formes et de styles. De *Télé 7 Jours,* dont la diffusion frise les trois millions d'exemplaires, à *Confidences* ou *Sciences et Vie,* ils reflètent les goûts de notre époque, notre évolution.

Quelles sont les grandes familles de périodiques ?

On distingue deux grandes familles de périodiques : les périodiques d'information générale, qui, à l'image des quotidiens, tentent d'embrasser tous les sujets et accordent une part importante à l'actualité et à l'actualité politique en particulier, et les périodiques spécialisés, dont le contenu concerne un sujet donné ou une catégorie de lecteurs particulière.

Les périodiques d'information générale

• Les périodiques régionaux. Outre les suppléments du dimanche des grands quotidiens des régions, on découvrira une presse hebdomadaire ou bihebdomadaire qui diffuse des informations très précises sur un canton ou une localité. Ces périodiques existent aussi bien en Normandie que dans la banlieue de Paris ou sur la côte du Languedoc.

• La presse politique. Les titres subsistent mais elle a perdu l'essentiel de ses lecteurs, de *National Hebdo* (Front national) à *Rouge* (trotskiste), en passant par *la Lettre de la nation* (R.P.R.) ou *l'Unité* (socialiste).

• Les magazines d'information ou « news ». Sur le modèle du *Time* (fondé en 1923 aux États-Unis), divers magazines sont apparus à partir des années 50 : *l'Express, le Nouvel Observateur, le Point, Valeurs actuelles* et, très récemment, *l'Événement du jeudi.* On rattache souvent *Paris-Match* à ces magazines d'information, mais la part accordée aux photos « choc » pourrait laisser penser qu'il constitue un genre à lui tout seul.

• L'information politique indiscrète. Deux hebdomadaires se partagent ce marché : *le Canard enchaîné,* véritable institution sans publicité, qui traite de l'actualité politique depuis 1916 sur le mode ironique et impertinent ; *Minute,* qui adopte un ton plus polémique.

Les périodiques spécialisés

• Presse d'une catégorie de public. Femmes, jeunes, parents, personnes âgées, tous ont « leur » presse. Certes, ils lisent bien d'autres choses, mais de nombreux titres leur sont spécifiquement destinés. La presse féminine est de loin le secteur le plus important de la presse magazine (*Femme actuelle, Elle, Marie-Claire, Modes et Travaux, Intimité...*). La presse des jeunes les concerne aujourd'hui de 2 à 18 ans, de *Toupie* à *Rock and Folk,* en passant par *Tintin* et *Okapi.* Les personnes âgées sont l'objet d'un nouveau marché : *Notre Temps...,* de même que les parents (*Parents, 20 sur 20...*).

• Presse des loisirs (ou des « hobbies »). Chaque loisir engendre des magazines. Que vous vous adonniez au sport (*Tennis, Miroir du rugby, l'Action automobile, Moto-Journal...*), à la photo (*Reporter, Zoom...*), au bricolage (*Système D*), aux jeux (*Jeux et Stratégies*), à la gastronomie (*Guide Gault et Millau*), au cinéma (*Pariscope...*) ou à la télévision (*Télé 7 Jours, Télérama*), vous intéressez un éditeur de journaux. Aucun domaine ne reste inexploré et les tirages sont impressionnants.

• Presse économique. Elle s'est développée en accompagnement de l'intérêt nouveau des Français pour l'entreprise (*l'Expansion, l'Usine nouvelle, la France agricole...*).

À cette liste il convient d'ajouter de fort nombreuses catégories : presse des arts ou des sciences, revues d'idées, bandes dessinées, presse à sensation. Il serait bien malaisé de les citer toutes, mais cette typologie témoigne surtout de l'extrême vitalité de la presse périodique française.

Ph. L.L.

Dessin de Soulas extrait de *Comment rire en poussant un cri déchirant tout en restant beau.* © le Cherche-Midi éditeur et Soulas, 1985.

À partir d'un échantillon le plus large possible, comparez les couvertures de la presse périodique : photos (de quel type ?), titres (nombre, de quel type ?), couleurs retenues, contenu des dossiers. Au sein de l'un de ces journaux : repérez les différentes rubriques. Y a-t-il des différences importantes avec la presse quotidienne ?
Analyse de la publicité : essayez de déterminer, à partir des publicités, à quel public chacun de ces journaux s'adresse.

Couverture de A.M.C., revue d'architecture, de décembre 1985.

Ph. L.L.

HISTOIRE DE LA TÉLÉVISION

ART ET CULTURE
télévision et radio

La télévision constitue pour beaucoup de personnes la source essentielle d'information et de distraction. L'image télévisée met en scène le monde entier à domicile : le lointain

Ph. D.R.

Prise de vue au studio de Montrouge, en 1932, avec une caméra à disque de Nipkou. Coll. musée de Radio-France.

Ph. D.R.

Premier reportage sportif : le Tour de France au Parc des Princes, le 26 juillet 1948. Collection musée de Radio-France.

1925	Première transmission télévisée réalisée par John Baird en Grande-Bretagne.	
Décembre 1932	Programme expérimental de une heure par semaine à l'École supérieure d'électricité, à Paris.	
Novembre 1935	Naissance de la télévision au ministère des P.T.T. : premier studio et début d'émissions régulières.	
29/6/1949	Après l'interruption de la guerre, premier journal télévisé.	
1950	Véritable démarrage de la télévision : 1794 téléviseurs en service. Programmes reçus à 50 km autour de Paris. 20 h de programme.	
1959	10 p. 100 des foyers français équipés en téléviseurs (contre 80 p. 100 aux États-Unis).	
18/4/1964	Naissance de la deuxième chaîne de télévision.	
27/6/1964	La R.T.F. devient l'O.R.T.F. (Office de radiodiffusion – télévision française).	
1/10/1967	La couleur apparaît ; deuxième chaîne en couleurs (procédé SECAM).	
1968	Introduction de la publicité de marque, deux minutes par jour en 1970.	
1/3/1973	Débuts de la troisième chaîne en couleurs.	
7/8/1974	Loi pour la réforme de l'O.R.T.F. À compter du 1er janvier 1975, l'Office est divisé en 4 sociétés de programmes { T. F. 1, Antenne 2, F. R. 3, Radio-France ; et en 3 sociétés de services { Télédiffusion de France, Institut national de l'audiovisuel, Société française de production.	
1/1/82	Loi sur la communication audiovisuelle,	apparition des chaînes privées
4/11/1984	Création de Canal Plus. Chaîne cryptée par abonnements.	
20/2/1986	Inauguration de la cinquième chaîne la « 5 », financée par Jérôme Seydoux, Christophe Riboud, Silvio Berlusconi.	
1/3/1986	Débuts de T. V. 6 patronnée par Publicis, N. R. J., Gaumont...	

et le proche, le passé et le présent, le réel et l'imaginaire.

Une simple pression sur une télécommande et chacun devient Merlin l'Enchanteur.

Et, au moment où les images se bousculent, où le satellite abolit le temps et l'espace, où les chaînes se multiplient avec leur strass et leurs clips, il est difficile de réaliser le chemin parcouru en l'espace de soixante ans.

LES PREMIÈRES EXPÉRIENCES de télévision se déroulent en Grande-Bretagne, aux États-Unis et en France au cours des années 20. Les recherches pour transmettre des images à distance avaient commencé dès le milieu du XIXe siècle. En France, c'est en décembre 1932 que Paris-Télévision, le premier programme expérimental, est diffusé à raison d'une heure par semaine. Monopoles de l'État, la télévision et la radio sont réunies au sein du même organisme. Ces tentatives, interrompues par la guerre, reprennent lentement. Le budget est léger, les téléspectateurs très peu nombreux, malgré des innovations importantes, comme le premier journal télévisé de Pierre Sabbagh en 1949. En 1950, il y a moins de 2 000 récepteurs en service et les émetteurs n'atteignent que 50 kilomètres autour de Paris.

La société française succombe aux charmes de la télévision au cours des années 60. Les classes moyennes d'abord, puis les catégories sociales plus modestes et enfin les intellectuels longtemps réticents et inquiets. Son succès est considérable : de 400 000 récepteurs en 1957, on passe à 4 millions en 1963, à 11 millions en 1973, dont 8 p. 100 de téléviseurs couleurs. Les programmes se multiplient et se diversifient. La télévision est alors financée par la redevance versée par tout propriétaire d'un récepteur. Le Parlement ne voulant pas voter d'augmentation marquée de cette redevance, la publicité est introduite sur la chaîne, avec prudence d'abord : deux minutes par jour en 1970. Une troisième chaîne naît en janvier 1973 sous le signe de la régionalisation mais sans publicité.

La Radiodiffusion-Télévision française (R.T.F.) devient en 1964 l'Office de radiodiffusion-télévision française (O.R.T.F.). Ce changement donne à la télévision une plus grande indépendance vis-à-vis du pouvoir politique en la plaçant sous le contrôle d'un conseil d'administration. Pourtant, cette organisation, beaucoup trop bureaucratique, ne facilite guère l'activité de conception, de création de films et d'émissions télévisées. Pour y remédier, la loi du 7 août 1974 la divise en sept sociétés publiques autonomes en situation de semi-concurrence. La loi du 24 juillet 1982 sur la communication audiovisuelle ouvre la voie aux chaînes privées. L'État conserve l'attribution des fréquences et l'autorisation des programmes. Ainsi apparaissent tour à tour Canal Plus, chaîne codée financée par les abonnements et par la publicité, la « 5 » puis T.V.6 financées par la publicité. Comme l'écrit Umberto Eco : « Avec la multiplication des chaînes, la privatisation et l'avènement de nouvelles diableries électroniques, nous sommes entrés dans l'époque de la néotélévision. »

MOTS-CLÉS

publicité de produits : publicité qui porte sur une famille de produits sans précision de marques. Par exemple : un slogan comme « c'est normal, c'est normand » visait à l'expansion des produits laitiers normands sans souci d'entreprises particulières. Ces publicités sont souvent financées par des groupements de producteurs.

publicité de marques : telle entreprise décide de faire connaître sa propre production, son propre nom : publicité de Citroën, de Vedette...

redevance n.f. : taxe due par tout possesseur d'un récepteur de radio ou de télévision. Elle est versée à un service spécialisé. Son produit est ensuite réparti entre les différentes sociétés du service public de l'audiovisuel.

service public : service qui est proposé à la collectivité le plus souvent par une administration de l'État et qui apparaît comme indispensable à la vie sociale : transport, éducation, santé...

Madame Suzanne Bridoux, première télé-speakerine française (émission expérimentale, 1931). Coll. musée de Radio-France.

Ph. D.R.

Équipement des ménages français en téléviseurs

Dates	Télévision (en pourcentage)	Télévision en couleurs (en pourcentage)
Décembre 1954	1,0	
Juin 1960	13,6	
Février 1962	22,8	
Novembre 1965	44,3	
Novembre 1968	61,1	
Juin 1971	72,0	2,1
Janvier 1974	79,8	8,8
Novembre 1976	85,7	19,1
Janvier 1983	91,6	58,1

Données sociales de l'I.N.S.E.E., 1984.

Analysez ce tableau. Représentez-le graphiquement en utilisant deux couleurs différentes pour la télévision en général et pour la télévision en couleurs.
Voyez-vous des relations entre les courbes obtenues et le tableau chronologique ci-contre ?
Essayer de raconter rapidement quels sont les repères de votre propre histoire de la télévision : quelles émissions, quels feuilletons, quels présentateurs vous rappelez-vous ?

DEMANDEZ LE PROGRAMME

ART ET CULTURE
télévision et radio

La télévision va bien. Elle n'a jamais conquis autant de téléspectateurs. En janvier-février 1986, elle en comptait 35,5 millions, selon le dernier sondage du Centre d'études

LA GRILLE

• En établissant leur *grille de programmes* (choix et répartition des émissions dans le temps), les chaînes essayent de satisfaire le mieux possible tous les publics. Il y a des téléspectateurs de 2 ans, d'autres de 18 ans, d'autres encore de 70 ans. Certains aiment le sport, d'autres les variétés ; certains les magazines d'information, d'autres des dessins animés.
• Les responsables s'efforcent d'équilibrer leur budget et alternent des émissions coûteuses et des émissions bon marché. Ils répartissent les émissions en fonction des jours de la semaine et de l'heure de la journée, de façon à satisfaire le public visé.
• Ainsi *Récré A 2* et *Vitamine* occupent les tranches du mercredi, le samedi soir est destiné aux enfants qui peuvent se coucher tard sur F.R.3 avec *Disney Channel.* Comme le public aime avoir des habitudes fixes, les grilles se répètent à peu près de semaine en semaine au cours de l'année scolaire (avec des contenus différents bien entendu !).

La mire de la Radio Télévision Française en 1953.

Ph. S.F.P.

Châteauvallon, feuilleton français sur Antenne 2.

Ph. Morell – Kipa

À partir du programme de télévision de la semaine pour l'ensemble des chaînes, dressez un tableau de ce type.

Comptabilisez les temps pour chaque type d'émissions et complétez le tableau ci-dessous.

	T. F. 1	A. 2	F. R. 3	Canal +	la « 5 »	TV6
Informations, journal télévisé, magazines d'actualité, sports						
Films { français étrangers						
Téléfilms, séries, feuilletons { français étrangers						
Documentaires et magazines						
Émissions jeunesse						
Musique						

des supports de publicité (C.E.S.P.). C'est un record. Pour gagner et garder ce public, la télévision dispose de moyens divers, car il y a plusieurs façons de faire de la télévision : réalisations de prestige coûteuses, variétés touchant un large public, information de qualité, feuilletons américains, films... L'apparition des télévisions privées permettra peut-être de réaliser combien il est difficile et coûteux de mettre en œuvre une télévision de qualité.

Le coût de la télévision

LE COÛT MOYEN DES PROGRAMMES d'un vendredi sur Antenne 2 est de 5,5 millions de francs (1). Néanmoins les coûts des différentes séquences d'une journée sont très variables.

Il y a une télévision bon marché.

C'est la chaîne où l'on passerait des séries américaines (en moyenne 50 000 F l'épisode de 55 minutes), des jeux simples (*Des chiffres et des lettres* ne demande que 24 000 F pour 20 minutes d'émission), où l'on rediffuserait régulièrement les documentaires, les feuilletons ou les magazines qu'elle a réalisés (dans ce cas il n'en coûte presque rien) ou de vieux films (leurs prix avoisinent les 200 000 F, c'est très peu !).

Il y a aussi une télévision plus ambitieuse qui coûte cher. Elle laisse une forte part à l'information (TF1 ou Antenne 2 lui consacrent 16 p. 100 de leur budget) bien faite, variée, avec des reportages inédits et qui nécessite un personnel important et devient un produit de luxe. Elle a des productions originales de tous ordres. Voici quelques exemples de coûts horaires de productions (en 1986) : *Téléfoot* 705 000 F ; *Face à la 3* 200 000 F ; *Cocoricocoboy* 1 000 000 F ; *le Grand Échiquier* 540 000 F ; téléfilm 6 000 000 F. Ces chiffres expliquent certains choix de facilité et d'économie.

Publicité et budget

La publicité qui intervient douze ou treize fois par jour sur chaque chaîne assure déjà 60 p. 100 des budgets de T.F.1 et 55 p. 100 de celui d'Antenne 2. La redevance qui complète le financement des télévisions de service public ne rapporte actuellement que 1,50 F par jour et par foyer. L'importance de la publicité explique que les chaînes cherchent à conquérir les audiences à certains moments clés de la journée, notamment ceux qui encadrent le journal télévisé de 20 h., heures où la publicité est la plus coûteuse (342 000 F les 30 secondes sur T.F.1 entre 20 h 30 et 20 h 45 le dimanche). Les chaînes se livrent alors à une véritable guerre pour faire remonter l'audimat en leur faveur avant le journal de 20 h.

Sondages et programmation

Les dates des sondages du Centre d'études des supports de publicité (C.E.S.P.) sont connues. Les grilles des chaînes sont alors changées à la dernière minute sans avertir la Haute Autorité et le téléspectateur se trouve alors face à un choix délicat. La programmation doit concilier la satisfaction de publics variés, la qualité des prestations, et l'équilibre budgétaire. Aujourd'hui, le marché des programmes s'internationalise de plus en plus : les chaînes françaises achètent des feuilletons américains, mais elles peuvent envisager de vendre leurs propres productions à l'occasion de rencontres comme le M.I.P-T.V. (Marché international des programmes de télévision). De la qualité de créations originales dépend aussi l'image de marque des chaînes.

(1) Source : *Télérama* du 29 janvier 1986.

MOTS-CLÉS

cahier des charges : défini par le gouvernement, chaque directeur de chaîne doit le respecter pour composer ses programmes. Par exemple :
- la diffusion de films est interdite du vendredi soir au dimanche après-midi (afin de ne pas trop concurrencer l'industrie du cinéma) ;
- la diffusion de certains programmes est obligatoire : pourcentage d'œuvres européennes et françaises à respecter ;
- cours de radiotélévision scolaire (pour l'enseignement à distance) ;
- émissions de l'Institut national de la consommation *D'accord, pas d'accord* pour informer les consommateurs ;
- le pourcentage entre les productions réalisées par la chaîne et celles qu'elle achète à des entreprises françaises ou étrangères est réglementé ;
- F.R.3, considérée comme la chaîne des régions et du cinéma, ne peut diffuser ni émissions de variétés ni émissions sportives ;
- obligation générale de respecter les bonnes mœurs, le pluralisme, l'objectivité ainsi que la distinction claire entre programmes et publicité.

Mais les cahiers des charges peuvent varier, les chaînes privées, par exemple, ont des dérogations sur certains points.

monteur n.m. : en liaison avec le journaliste ou le réalisateur, il découpe les prises de vues et reconstruit l'émission en assemblant dans un ordre fixé les séquences sélectionnées.

producteur n.m. : celui qui apporte l'idée d'une émission. Lorsque celle-ci est acceptée et financée par la société de programme, il conduit l'émission avec le réalisateur.

réalisateur n.m. : celui qui réalise l'émission. Il met en scène la réalisation et dirige les moyens techniques nécessaires.

Image servant d'indicatif de démarrage des émissions, en 1947 (il y avait en accompagnement sonore l'ouverture du *Carnaval romain* de Berlioz. Collection Musée de Radio-France.

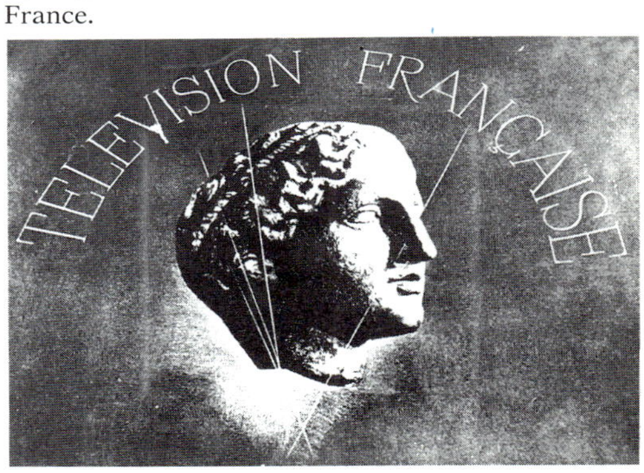

Ph. D.R.

LE JOURNAL TÉLÉVISÉ

La télévision se donne souvent comme missions d'informer, de distraire ou d'éduquer. Mais il est difficile parfois de séparer les programmes d'information des émissions éduca-

Le journal télévisé

Analysez un journal télévisé : quels sont les titres annoncés en début de journal ? Quel a été le choix des informations du jour : combien et lesquelles ? Quel temps leur a-t-on respectivement consacré ? Comment ont-elles été mises en valeur (commentaire du présentateur, séquence filmée, invité sur le plateau...) ? Comment le son intervient-il (commentaires sur images, musique ou non, bruits extérieurs...) ? Quel est le rôle de séquences comme la météo ? Les images sont-elles pertinentes par rapport au sujet traité ? Apportent-elles des informations particulières ?

Faites ce travail à partir des journaux de deux ou trois chaînes et comparez : les titres sont-ils les mêmes ? Y a-t-il des sujets très différents ? Une chaîne privilégie-t-elle l'image ? Une autre le commentaire ?

Ph. Guilloteau – Kipa

Le journal de 20 h. d'Antenne 2 présenté par Claude Sérillon

Ph. Sittler – REA

Plateau du journal télévisé de TF1.

J'AI RATÉ TÉLÉFOOT

Ça f'sait douze bières que j'm'enfilais
Faut dire qu'on était samedi soir
J'étais tranquillement écroulé
D'vant ma télé sur mon plumard
Y'avait Jean-Pierre El Kavada
Qui m'racontait l'Afghanistan
Et la Pologne et le Liban
Le Salvador y connaît pas
L'information pour ces mecs-là
C'est d'effrayer l'prolo l'bourgeois
À coups d'chars russes d'Ayatollah
« Demain faites gaffe y va faire froid'
Et à part ça « eh bien ça va »
S'y s'passe quelque chose on vous l'dira »

Renaud SÉCHAN
J'ai raté téléfoot album *le Retour de Gérard Lambert,* © Nino Music.

tives ou distractives. Bien sûr, on conviendra que l'information traite d'événements d'actualité, le plus souvent, qui se déroulent réellement : faits politiques, phénomènes sociaux, faits divers ou manifestations sportives...

Cependant, la frontière est parfois mouvante entre la réalité et la fiction. Et certains films ou documentaires peuvent être aussi informatifs parfois que des journaux télévisés.

Quelle forme prend l'information à la télévision ?

MOTS-CLÉS

conducteur n.m : ce terme technique propre à la télévision désigne le programme d'une émission en direct. Il indique l'ordre dans lequel vont défiler les séquences, leur origine, leur durée (à la seconde près) ainsi que les noms des réalisateurs.

synopsis n.m. : résumé écrit du scénario de l'émission à réaliser (mot grec signifiant « vue d'ensemble »).

L'information télévisée

L'INFORMATION TÉLÉVISÉE PREND DIFFÉRENTES FORMES : journaux télévisés (de trois à cinq par jour en fonction des chaînes) ; magazines d'information comme *7 sur 7, l'Heure de la vérité* ou *Face à la 3,* ou interventions plus institutionnelles comme les conférences de presse présidentielles ou la retransmission de débats parlementaires. L'information, dont la place est importante dans les télévisions de service public, a ses propres équipes de cadreurs, de preneurs de son, d'éclairagistes et ses propres journalistes qui ne font pas d'autres émissions. L'information bien faite coûte cher. Globalement, T.F.1 ou A.2 lui consacrent 16 p. 100 de leur budget (environ 400 millions de francs). Une journée de journaux télévisés coûte près de 800 000 F sur A.2 et un magazine comme *Résistances* coûte 450 000 F le numéro.

Le journal télévisé

Point culminant de l'information, le journal télévisé est un moment parfaitement organisé. Chaque chaîne a son décor, sa mise en scène et ses présentateurs vedettes, qui donnent le ton de l'information. L'organisation et le déroulement du journal relèvent de la course contre la montre. Tout doit être prévu à la seconde près et s'enchaîne le plus impeccablement possible. Pour préparer les trente secondes de l'édition de 20 h, le compte à rebours commence à la conférence de rédaction de 9 h ; parmi les événements importants repérés dans la presse écrite, les dépêches d'agences de presse, les communiqués de presse ou les informations inédites, la rédaction fait un choix en fonction du contexte éventuel du pays, de l'importance accordée au sujet, de l'opinion publique, du caractère exceptionnel ou spectaculaire de l'événement. Informer, c'est d'abord choisir de quoi on va parler, une des contraintes essentielles étant d'avoir des images.

Le travail se répartit ensuite entre les différentes équipes de reportage disponibles. Certaines séquences peuvent être achetées à d'autres chaînes : pour les reportages en Europe, une Bourse d'échanges se tient tous les jours à 12 h entre tous les pays de l'Eurovision ; Vis News, agence de télévision britannique vend également ses reportages. Les journalistes vont recueillir documentations, témoignages, interviews ou préparer leurs analyses et leurs commentaires sur les sujets du jour.

À 15 h, la seconde conférence de rédaction permet d'intégrer des événements nouveaux et d'établir le conducteur du journal, qui découpe à la seconde près les séquences qui se succèdent et les interventions du présentateur. Le planning doit être scrupuleusement respecté afin que la régie envoie les documents (diapositives, cartes ou documents audiovisuels) sans erreurs et en temps voulu. Les téléspectateurs confondent le journal télévisé et son présentateur, et le travail d'équipe de la rédaction est moins connu. Le déroulement des préparatifs est le même sur T.F.1 et A.2 mais chaque chaîne essaye d'avoir sa propre image de marque et a un public légèrement différent. Le journal de 20 h de T.F.1 serait plus regardé par les agriculteurs, les employés, les ouvriers, les habitants de la Région parisienne et du Nord, celui d'A.2 serait plutôt le journal des cadres, des professions libérales, des personnes plus de 50 ans et des habitants de l'Est.

Le journal télévisé est très regardé et les téléspectateurs lui font généralement confiance, mais on observe que l'émission de 19 h 40 joue souvent le rôle de locomotive : le téléspectateur satisfait ne change pas de chaîne à 20 h.

Ph. Pimentel – Kipa

Ph. Guilloteau – Kipa

7 sur 7, magazine d'information de TF1.
Conférence de rédaction, Journal télévisé d'antenne 2 avec Claude Sérillon.

AMOURS ET REJETS DE LA TÉLÉVISION

ART ET CULTURE
télévision et radio

On entretient avec les médias des rapports complexes. Nos grands-pères avaient tendance à croire que, parce qu'ils étaient imprimés, les journaux disaient la vérité. Mais ils pensaient aussi, parfois, non sans raison, que tous les

Ph. L.L.

Bande dessinée de Cabu extraite du *Canard enchaîné* du 18 juin 1986.

journaux mentaient. Aujourd'hui, le rapport que nous entretenons avec la télévision est tout aussi contradictoire, sans doute même plus complexe dans la mesure où le téléviseur est omniprésent dans la vie quotidienne de nos sociétés. Comment prendre conscience de ce lien qui nous relie à notre récepteur ? On peut mettre en évidence un certain nombre de croyances dans la télévision, optimistes ou pessimistes. Pouvez-vous retrouver dans votre entourage les appréciations sur la télévision rapportées ci-dessous ?

• « **La télévision est un moyen exceptionnel d'information.** » Dès ses débuts, la télévision a été présentée comme un extraordinaire progrès par rapport à la presse écrite. Il s'en est suivi une croyance que l'on retrouve encore aujourd'hui dans l'universalité de la télévision, dans sa capacité de montrer tout ce qui est important. Ne retrouve-t-on pas cette valorisation de l'invention technique actuellement avec la vidéo et le magnétoscope ?

• « **La télévision est le sommeil de l'esprit. Elle nous habitue à la passivité.** » Tout le monde a vu, un jour ou l'autre, dans un film comique, une famille française moyenne en train de dîner devant le récepteur de télévision. Fasciné par les images qui défilent, un membre de la famille piquera sa fourchette à côté du plat, on versera du vin sur la nappe en croyant viser le verre. Cette habitude quotidienne devient vite une drogue que l'on absorbe en perdant toute attention, et tout esprit critique.

• « **La télévision a chassé les veillées, les jeux de société et le feu de cheminée.** » Ce discours, entendu souvent dans les milieux intellectuels, consiste à montrer à quel point la télévision façonne nos modes de vie, modèle nos comportements, construit nos connaissances. Le sociologue Jean Baudrillard a plaisamment montré comment le meuble de télévision trône, tel un tabernacle, sur la console-autel ornée de dentelles et rassemble autour de lui famille et invités, au détriment de la vie sociale désormais rythmée par les grilles de programme.

• « **Plus on est cultivé moins on parle de la télévision.** » Dois-je regarder ce soir le film à la télévision si je sais que demain mes camarades m'en parleront ? À en croire certains, la fréquentation nocturne des émissions de télévision deviendrait le passage obligé pour trouver des sujets de conversation, pour échanger en groupe, pour cancaner sur les vedettes du journal télévisé. D'où la réaction de rejet de ceux qui considèrent que la culture ne passe pas par la télévision. Elle s'acquiert d'abord par la lecture, la fréquentation des salles d'expositions, de spectacles que l'on choisit en connaissance de cause, par une démarche active de curiosité intellectuelle, qui peut apparaître contraire à certaines formes d'écoute de la télévision. Une autre composante de ce rejet provient moins d'un jugement culturel que de la certitude que la télévision n'est pas à l'avant-garde de la mode. Dès lors, ne pas s'intéresser à la télévision devient un signe de reconnaissance, on fait partie d'une élite qui a d'autres modes de vie que ceux de la grande masse des téléspectateurs assimilés pour l'occasion à des individus sans originalité.

LA CONNAISSANCE DU TÉLÉSPECTATEUR

• La recherche sur la connaissance du téléspectateur s'est beaucoup enrichie depuis que l'on étudie en même temps les effets combinés de l'âge, du sexe, du niveau d'instruction. Les différences d'attitude face à la télévision sont très marquées chez les jeunes adultes, elles vont en s'atténuant sensiblement à l'âge de la retraite. L'attachement à la télévision croît régulièrement avec l'âge et dans chaque groupe d'âge, il est plus marqué chez ceux qui ont un faible niveau d'instruction. L'intérêt pour les informations politiques, économiques et sociales est plus grand chez les hommes que chez les femmes, en général. Mais, si l'écart s'atténue quand les femmes sont instruites, il reste considérable entre hommes et femmes de faible niveau d'instruction. Les émissions proposées, quelle que soit l'heure, ne sont effectivement regardées que si le public intéressé est disponible au moment de la diffusion, à la différence de la presse écrite qui peut être lue à n'importe quel moment. On a de très nombreux exemples qui montrent que les programmes spécifiques (rock, jeux) ne sont pas regardés par un public spécifique, mais par les « gros consommateurs » qui regardent tout, tout le temps. À l'inverse, les programmes d'information sont moins regardés mais ceux qui les regardent les choisissent, les apprécient, les discutent.

On dit

Expliquez chacune des affirmations énoncées dans le texte. Qu'en pensez-vous ? Choisissez celle avec laquelle vous êtes le plus d'accord. Pourquoi ? L'attitude vis-à-vis de la télévision n'évolue-t-elle pas ? Pour chacune de ces affirmations essayez de réaliser un petit dessin humoristique.

IMAGES BROUILLÉES

« Il y a ce que j'appellerai l'interactivité de l'usager : se brancher sur plusieurs téléviseurs allumés en même temps, de sorte que les images s'annulent... Laisser le flot ininterrompu se répandre, comme le font les enfants américains, qui téléphonent en même temps et pianotent sur leur ordinateur... Il y a image de fond comme il y a bruit de fond, avec aussi peu d'effet dans l'un ou l'autre cas... L'écoute de la télévision, l'usage du magnétoscope ou de l'ordinateur, donnent du réel une image quelque peu éloignée, fragmentée et imaginaire. »

Lucien SFEZ, *le Monde*, 21 février 1986.

DE LA T.S.F. À LA RADIO

Qui est le père ? Il serait bien difficile de le dire : le Russe Popov ? Les Français Branly ou Ducretet ? L'Anglais Lodge ? Ou l'Italien Marconi qui sut coordonner toutes les innova

La radio, enjeu politique

C'est au cours des années 30 également que la radio devient un enjeu politique. Franklin Delano Roosevelt inaugure en 1933 ses « causeries au coin du feu » pour expliquer sa politique économique. Gaston Doumergue ou Édouard Daladier en France s'adressent à l'opinion par radio interposée. Les informations de l'ensemble des stations seront contrôlées à partir de 1939. Les discours radiodiffusés de Hitler enflamment l'Allemagne nazie. Radio-Moscou consacre le quart de ses émissions à inciter la population à se mobiliser pour améliorer la production économique du pays (1934). Les dirigeants de tous ces pays prennent la mesure de l'impact de la radio sur les esprits.
Une autre anecdote en porte témoignage. On raconte que, le 30 octobre 1938, les rues de New York sont le théâtre de scènes d'affolement. Une fiction radiophonique, *la Guerre des mondes,* vient de conter aux auditeurs l'invasion de leur ville par les Martiens. Son auteur y gagne la notoriété. Il a 23 ans, il s'appelle Orson Welles.

À quels contextes politiques, économiques correspondent les quatre exemples cités dans le texte. Montrez en quoi la radio a représenté un moyen exceptionnel.

Ph. L.L.

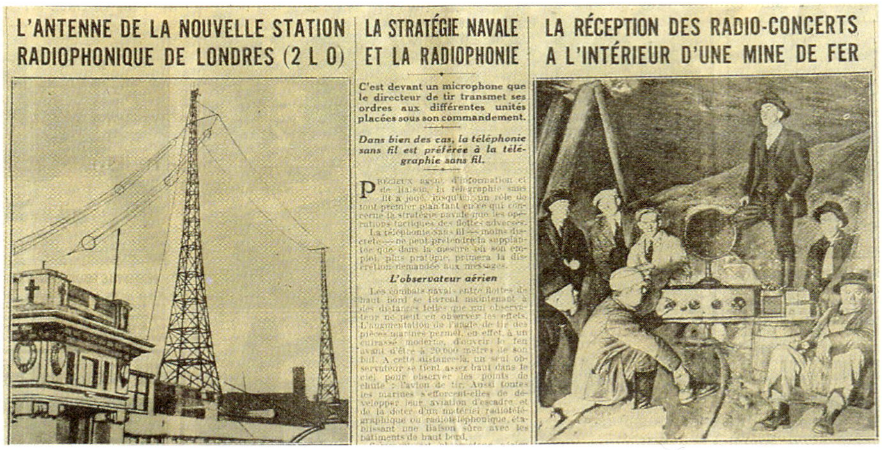

L'ANTENNE DE LA NOUVELLE STATION RADIOPHONIQUE DE LONDRES (2 L O)

LA STRATÉGIE NAVALE ET LA RADIOPHONIE

C'est devant un microphone que le directeur de tir transmet ses ordres aux différentes unités placées sous son commandement.

Dans bien des cas, la téléphonie sans fil est préférée à la télégraphie sans fil.

PRÉCIEUX agent d'information et de liaison, la télégraphie sans fil a joué, jusqu'ici, un rôle de tout premier plan tant en ce qui concerne la stratégie navale que les opérations tactiques des flottes adverses.

La téléphonie sans fil — moins discrète — ne peut prétendre la supplanter que dans la mesure où son emploi, plus pratique, primera la discrétion demandée aux messages.

L'observateur aérien

Les combats navals entre flottes de haut bord se livrent maintenant à des distances telles que nul observateur ne peut en observer les effets. L'augmentation de l'angle de tir des pièces marines permet, en effet, à un cuirassé moderne, d'ouvrir le feu avant d'être à 20.000 mètres de son but. A cette distance-là, un seul observateur se tient assez haut dans le ciel pour observer les points de chute : l'avion de tir. Aussi toutes les marines s'efforcent-elles de développer leur aviation d'escadre et de la doter d'un matériel radiotélégraphique ou radiotéléphonique, établissant une liaison sûre avec les bâtiments de haut bord.

LA RÉCEPTION DES RADIO-CONCERTS A L'INTÉRIEUR D'UNE MINE DE FER

La page de la téléphonie sans fil dans *l'Excelsior* du 26 avril 1925.

Ph. Keystone

Février 1937, le président Roosevelt échange des vœux de « bon voisinage » depuis son appartement de Hyde Park à New York, par radio, avec lord Tweedsmuir, gouverneur général du Canada à Montréal, à l'occasion du 70e anniversaire de la Confédération canadienne.

L'information radiophonique

Écoutez attentivement un bulletin d'information sur la radio de votre choix. Sur une grille préparée à l'avance, indiquez très précisément pour chaque sujet : le thème traité ; sa durée (à la seconde près) ; qui le traite : le journaliste dans le studio, un bobinot préenregistré ; quelle est la durée de ce bulletin. Sur quels sujets a-t-on le plus insisté ? Que pensez-vous de l'expression « journal parlé » ? Est-elle justifiée ?

LES PREMIÈRES DE LA RUE SAINTE-ANNE

De père italien et de mère française, François Cavanna raconte dans *les Ritals,* de façon savoureuse, son enfance à Nogent. Brusquement, les postes de radio font leur apparition dans la rue où il habite. « C'est pour écouter les nouvelles, ça nous économise le journal », dit une voisine à la mère de François qui maugrée face à cette agitation sonore...

« Dans la rue Sainte-Anne, il commence à y avoir des T.S.F. Pas depuis longtemps, mais de plus en plus. Les premières ont dû se pointer dans les années 33-34, en plein chômage, et c'est justement ceux qu'avaient pas de boulot qui s'achetaient le poste avant tout le monde (...). Il y a dans la rue Sainte-Anne trois ou quatre bonnes femmes qui restent chez elles toute la journée – « des feignantes que leurs maris ont les moyens de les entretenir à rien foutre, tant mieux pour elles, elles ont bien de la chance, y a de la veine que pour la vermine », dit maman, « mais qu'elles viennent pas me demander un morceau de pain, je saurais bien quoi leur-z-y répondre, non mais des fois, on a trop de mal à le gagner ! » – et qui font gueuler la T.S.F. à tout berzingue, du matin au soir fenêtres grandes ouvertes, surtout l'été, mais même quand il gèle à crever il y en a toujours au moins une pour lancer aux échos sa foi dans le progrès technique et son amour de la chanson française. »

CAVANNA, *les Ritals,* © Belfond.

tions ? Au fond, peu importe. Tous ont permis que la radio naisse avec le XXe siècle et qu'elle en suive, pas à pas, les grands mouvements.
La période qui précède la Seconde Guerre mondiale est déterminante.
La radio passe alors du stade de simple instrument de transmission à celui de puissant moyen d'information, de divertissement ou de culture.

La téléphonie sans fil

LA RADIO, C'EST D'ABORD LA T.S.F. (téléphonie sans fil) ; un instrument pour les transmissions, maritimes en particulier, elle intéresse l'armée. Gustave Eiffel sauve, en 1905, sa célèbre tour de la démolition en proposant qu'elle devienne un émetteur militaire de T.S.F. La guerre de 1914-1918 survient et la T.S.F. affirme son rôle dans les opérations navales, sous-marines, parfois même dans l'aviation. Elle permet, alors que les câbles transocéaniques sont coupés, de maintenir des relations diplomatiques avec l'Amérique.

À l'issue du conflit, des stations émettrices se créent. Les États-Unis ont, en ce domaine, une avance incontestable. Une des toutes premières stations KDKA à Pittsburgh lance ses premières émissions le 2 novembre 1920 en annonçant la victoire de W.G. Harding aux élections présidentielles plusieurs heures avant les journaux. L'information radiophonique « à chaud » est née. En France, le premier poste privé, Radiola, est inauguré le 6 novembre 1922. Son service d'information collabore dès le début avec l'Agence Havas (future Agence France Presse). Commence alors une période de développement anarchique. Des stations privées émettent avec ou sans autorisation ; le ministère des P.T.T. parraine des stations parisiennes et provinciales dont les programmes sont confiés à des associations d'auditeurs. Dans certaines régions, des conflits éclatent entre postes d'État et postes privés. La France n'est pas seule dans ce cas. Les États-Unis rencontrent le même problème, amplifié, car, si on comptait en 1925 une vingtaine de stations en France, il y en avait 578 aux États-Unis. L'État américain intervient alors pour répartir les fréquences entre des stations très variées : stations liées à de grandes chaînes comme NBC ou CBS, stations commerciales indépendantes ou stations non commerciales d'universités ou d'organisations religieuses... Ce paysage radiophonique déjà très riche explique qu'en 1929, aux États-Unis, le nombre de récepteurs dépassait les 10 millions alors qu'en France il était d'environ 600 000.

Presse écrite et radio

En 1929, le Tour de France est radiodiffusé pour la première fois sur Radio-Cité. Le financement provient de deux journaux, *l'Intransigeant* (le plus grand quotidien parisien du soir) et *Match* (hebdomadaire sportif du même groupe). Cette initiative est intéressante à plus d'un titre. L'audience des stations fait un bond, d'autant que les techniques se perfectionnent et que la puissance des postes augmente considérablement. Elle est intéressante également car elle témoigne d'une collaboration positive entre presse écrite et radio. Ce n'est pas, dans les années 30, la tendance la plus répandue. Bien que certains journaux s'associent à des postes privés, comme *la Dépêche du Midi* avec Radio-Toulouse, l'importance grandissante de la radio indispose de nombreux directeurs de journaux, qui voient en elle une concurrente redoutable pour la diffusion des informations comme pour le drainage de la publicité. Car, si les postes d'État se financent grâce à une redevance depuis 1933, les radios privées sont alimentées par la publicité.

Le lobby de la presse parisienne parvient à imposer en 1937 à la radio une limitation de la publicité et une réduction des informations et des revues de presse. La grande question de la concurrence ou de la complémentarité des médias se pose déjà dans des termes précis.

MOT-CLÉ

lobby n.m. : mot anglo-américain désignant les couloirs de la Chambre des communes ou du Congrès. Le couloir est souvent considéré comme un lieu où se nouent les alliances, où s'exercent des jeux d'influence (d'où l'expression « intrigues de couloirs »). Aujourd'hui, ce terme est employé pour désigner des groupes de pression, c'est-à-dire des organisations qui exercent une influence sur les décideurs (au pluriel lobbies).

Les Aventures de Tintin – le Lotus bleu, © Hergé exclusivité Casterman 1946 et 1974.

Ph. L.L.

POUR UN « JOURNAL PARLÉ »

• En 1922, Maurice Vinot, ingénieur passionné de radio, propose une formule de « journal parlé ». Il fait part de son projet dans une lettre au sous-secrétaire d'État aux P.T.T. et répond par avance aux critiques de la presse écrite.

• « *J'estime (...) que je ne puis être qu'un auxiliaire précieux de la presse actuelle puisque je me limiterai à donner des informations très brèves renvoyant, pour les détails, aux journaux qui voudront bien collaborer avec moi. Mon radiojournal va en effet apporter des modifications profondes dans le mode d'information actuel, à telle enseigne que la presse verra certainement ses tirages augmenter, d'abord parce que les possesseurs d'appareils de T.S.F. voudront connaître le programme de P.I.S.F. (1), publié dans un grand nombre de quotidiens, ensuite parce qu'un radiomessage engagera les radioauditeurs à acheter tel journal où ils trouveront les détails d'une information qui les intéressera plus particulièrement. C'est un peu ce qui se passe dans un autre ordre d'idées avec les romans-cinés.* »

(1) P.I.S.F. : *Paris Informations sans fil.*
René Duval, *Histoire de la radio en France,* © Alain Moreau.

LE PAYSAGE ACTUEL

ART ET CULTURE
télévision et radio

Ph. L.L.

Page de couverture de radio Lucien de Franck Margerin, © 1982, Les Humanoïdes associés.

Dans les salons de la Société Française Radio Électrique (Bd Haussmann, Paris), écoute collective sur récepteur Radiola, en 1923. Collection musée de Radio-France.

Ph. D.R.

LES GRAND-MÈRES DES PIRATES

Marcel Bleustein-Blanchet, président-directeur général de l'agence Publicis, lance Radio-Cité en 1935. Il fait ici le rapprochement entre cette période et l'apparition des radios pirates.

« Lorsque, dans les années 30, poussaient comme des champignons, aux quatre coins de France, des postes privés ou d'État, ils n'étaient pour la plupart que des antennes bricolées par des amateurs émettant depuis leur salle à manger, comme à Radio-Fécamp et à Radio-Béziers, ou jouant eux-mêmes de la flûte ou du violon dans l'orchestre de la station, comme à Bordeaux-la Fayette. Comment ne pas rapprocher cette préhistoire de la période tumultueuse qui, vers la fin des années 70, a vu des fous de radio faire sauter tous les verrous institutionnels et techniques ? »

Le Monde du 27 mars 1986.

De la Seconde Guerre mondiale aux années 1980, la radio fait l'expérience de la maturité. Face à la forte progression de la télévision, elle démontre ses qualités inégalées de souplesse, de simplicité, d'adaptation. Elle est partout grâce au transistor.

L'assouplissement de ses statuts et le développement des radios locales privées lui permettent aujourd'hui de toucher tous les publics.

Monopole de l'État et radios périphériques

En France, à la Libération, la radio est placée sous le monopole de l'État. La R.T.F., en organise les services. Il s'agit d'une radio où culture et informations ont une place de choix mais qui reprend les émissions distrayantes de certaines stations privées d'avant-guerre : les jeux radiophoniques, la parade des chansonniers... Les stations périphériques disposent d'antennes installées aux frontières de la France et diffusent des programmes souvent fort appréciés. Elles tirent leurs ressources de la publicité :

– Radiotélévision Luxembourg (aujourd'hui R.T.L. arrive en tête des sondages d'audience avec une avance marquée dans le nord et l'est de la France) ;

– Europe n° 1, qui adapte ses programmes à son auditoire et à ses variations en fonction des heures de la journée. Une émission comme *Salut les copains,* lancée en 1959 par Daniel Filipacci, touche à 17 h le public des lycées. Dans le même temps, l'invention et la diffusion du transistor vont susciter un boom radiophonique qui profitera à la station ;

Radio-Monte-Carlo (R.M.C.).

Ph. E. Roger – Roger Viollet

Un poste de T.S.F., dans un salon, au début du siècle.

Le transistor

Les années 60 annoncent un nouveau mouvement d'équipement en radios. Le transistor et la miniaturisation rendent la radio mobile. Elle est partout ; sous le bureau des lycéens, dans les ateliers, sur le tracteur, pour les pique-niques à la campagne, dans la salle de bain. Jusque dans la voiture avec l'extension des autoradios. Le son est de bien meilleure qualité, car la modulation de fréquence (F.M.) se répand. Certains finissent même par se plaindre de ne plus trouver le silence nulle part. Ainsi, la radio, qui avait été concurrencée sérieusement par la télévision, regagne des auditeurs. D'autant que, rapide, spontanée, elle correspond à une communication plus personnelle et au ton plus libre. Les années 70 seront les années de la décentralisation radiophonique. Radio-France crée des radios de proximité comme F.I.P. (France-Inter Paris), des stations locales, Radio-Mayenne, Fréquence Nord...

Radios pirates

Ce seront aussi des années de bagarres pour de petites radios pirates afin que soit reconnu leur droit à l'existence sur le territoire français. Interdites par la loi, elles voient leur matériel saisi et leurs animateurs poursuivis en justice quand leurs émissions se prolongent. Autorisées en novembre 1981, elles trouvent un cadre légal dans la loi de juillet 1982 sur la communication audiovisuelle. Les pirates ont donné naissance à plus de 1 000 radios locales privées. La Haute Autorité (de la communication audiovisuelle) leur attribue une fréquence d'émission, car l'espace radiophonique n'est pas extensible à volonté. Certaines difficultés sont apparues avec des émetteurs trop puissants. Ceux-ci envahissent la bande F.M., brouillent les radios de service public et les tours de contrôle de l'aviation civile. Le public, lui, y trouve son compte puisque les R.L.P. (radios locales privées) ont capté un auditoire important, jeune, urbain et plutôt masculin.

LES MÉDIAS ET L'ÉTAT

ART ET CULTURE
télévision et radio

Les rapports entre les médias et l'État semblent animés de mouvements contradictoires. Au nom d'une information libre, pluraliste, peu onéreuse pour l'usager, la presse demande à l'État de prendre des mesures d'aide économique.

Ph. D.R.

Conférence de presse du général de Gaulle (1968).

TENIR SEULE SUR SES PROPRES PIEDS

*« En Grande-Bretagne, l'État intervient fort peu dans les problèmes de la presse. Les journaux refusent, comme une aliénation inacceptable, toute idée d'une aide de l'État, à la mode française, qu'ils assimilent à une perte de leur dignité et de leur indépendance : la presse doit tenir seule sur ses propres pieds ; dans notre domaine comme dans d'autres, les entreprises qui survivront seront celles qui sont prêtes à relever le défi du changement, écrivait récemment l'*économist *(...).*

Cette méfiance vis-à-vis de l'État ne va pas sans de réels avantages. Il est indéniable que la presse anglaise, dans son ensemble, se montre beaucoup plus critique, beaucoup moins révérencieuse vis-à-vis du pouvoir que la presse française ou que la presse belge. La liberté d'expression dont jouit la BBC est enviée par tous les professionnels français de l'information audiovisuelle, et l'on imagine, dans les studios de l'avenue du Président-Kennedy, ce qui se serait passé si, au moment de la guerre d'Algérie, les réalisateurs avaient projeté, malgré les « recommandations » expresses du gouvernement, un reportage sur les maquis algériens et sur la torture, ce que vient précisément de faire la BBC à propos de l'Irlande du Nord. »

Pierre LEPAPE, *la Presse*, © Denoël.

Mais, au nom de la liberté de l'information, elle ne tolère aucune tentative de contrôle plus ou moins directe. Pour préserver la qualité des programmes ou les impératifs éducatifs et culturels, on souhaite maintenir la présence de l'État dans l'audiovisuel. Mais comment conserver alors une indépendance totale vis-à-vis du pouvoir politique ? Les relations entre les deux parties sont donc très subtiles et on comprend fort bien que les professionnels de l'information soient vigilants vis-à-vis d'éventuelles tentatives de contrôle.

L'ÉTAT FIXE LE CADRE JURIDIQUE des différents médias, accorde des aides économiques, investit dans les industries de communication.

Dans le domaine politique, l'influence de l'État se fait surtout sentir pour l'audiovisuel. Il a toujours souhaité des directeurs de l'O.R.T.F. puis des présidents de chaînes proches du pouvoir et suivi de près les contenus de l'information. On connaît la phrase de G. Pompidou : « La télévision, c'est la voix de la France. »

Jusqu'en 1982, le monde des médias était nettement coupé en deux. D'un côté, le domaine de la presse écrite, secteur privé où l'État intervenait par des aides directes ou indirectes aux journaux. Il a été fréquemment appelé au secours par des journaux afin d'endiguer la concentration de la presse ou de garantir l'expression du pluralisme en aidant les petits organes d'information qui drainent peu de publicité (à cette fin, il a fait voter, en 1984, un texte de loi sur la concentration et le pluralisme).

De l'autre côté, l'audiovisuel, où depuis la Libération l'État avait un quasi-monopole, les chaînes de radios et de télévisions appartenant au service public.

Tenant compte de nombreuses critiques et des évolutions sociales, la loi de 1982 sur la communication audiovisuelle a mis fin au monopole de l'État sur les ondes, légalisé les radios locales privées, permis la création de chaînes privées de télévision, de réseaux câblés, de services télématiques. Elle a créé la Haute Autorité de la communication audiovisuelle, qui nomme les présidents de chaîne. Une société d'économie mixte, mi-privée, mi-publique, s'est mise en place dans tous ces domaines avec un service public de la radio et de la télévision confronté à la concurrence du secteur privé (radios locales, chaînes privées...). L'État ne s'est retiré qu'en partie. Il apparaît derrière Canal Plus, dont le promoteur est la société Havas qu'il contrôle à un peu plus de 50 p. 100. Il est également associé aux collectivités locales (notamment les municipalités) et aux entreprises privées dans les sociétés de télévision par câbles. Il contrôle les radios périphériques (par l'intermédiaire d'une société, la SOFIRAD).

Un virage important a été pris, mais ce processus de libéralisation, de constante évolution, suscite un débat de fond.

Pour les uns, il convient que l'État se retire presque complètement du monde des médias (ne conservant par exemple qu'une chaîne de télévision à dominante culturelle ou éducative). Son intervention minimale devient alors synonyme de démocratie.

Pour les autres, il s'agit d'établir une coexistence stimulante entre un secteur public de qualité qui échapperait à la logique publicitaire et un secteur privé dynamique.

LES AIDES DE L'ÉTAT À LA PRESSE

Les gouvernements successifs de la France depuis quarante ans ont toujours considéré que les journaux, bien qu'édités par des entreprises privées, remplissaient un peu un rôle de service public en informant les citoyens. Il leur a donc paru normal de leur accorder des aides qui sont votées chaque année par le Parlement dans le cadre du budget. Ces aides représentent en 1986 une somme importante : 6 milliards de francs.

Il s'agit pour l'essentiel de réductions de tarifs postaux pour l'expédition des journaux aux abonnés (4 milliards de francs) et de tarifs S.N.C.F. pour la vente au numéro (110 millions de francs). Les entreprises de presse paient aussi moins d'impôts que les autres sociétés industrielles et commerciales privées.

Seule une petite somme (15 millions de francs) est accordée sous forme de subvention directe aux petits journaux qui ont peu de ressources publicitaires.

MOTS-CLÉS

démocratie n.f. : doctrine politique d'après laquelle la souveraineté appartient à l'ensemble des citoyens. Aujourd'hui, un pays est dit démocratique lorsque le choix des gouvernants provient d'élections libres. La notion de démocratie est souvent considérée comme synonyme de régime libéral, c'est-à-dire de régime où les citoyens bénéficient des libertés publiques fondamentales : liberté de circuler, liberté d'association, liberté religieuse, liberté de la presse, etc.

État : « Le mot État a deux sens différents. Quand on parle de l'intervention de l'État dans les entreprises privées, quand on critique l'État et qu'on envisage de le réformer, on désigne par là l'ensemble de l'organisation gouvernementale, l'ensemble des gouvernants. Au contraire, quand on dit que la France, l'Italie, la Grande-Bretagne sont des États, on veut dire qu'elles sont des communautés humaines d'un type particulier, des nations souveraines. Sans doute une parenté visible relie ces deux significations : l'État au premier sens (État-gouvernement) désigne l'ensemble des gouvernants d'une nation souveraine, c'est-à-dire d'un État au second sens (État-nation). »

Maurice DUVERGER,
Institutions politiques, © *P.U.F.*

Essayez de regrouper les différents types de relation existant entre les médias et l'État.
Expliquez les différentes conceptions des relations entre l'État et les médias.

Ph. Pimentel – Kipa

Bébête Show sur TF1, le monde politique vu avec humour.

LYON GALLO-ROMAIN

ART ET CULTURE
le patrimoine culturel

Les vestiges monumentaux antérieurs à la conquête romaine sont peu nombreux. Les peuples de la Gaule n'ignoraient pourtant pas l'architecture, mais ils construisaient surtout en bois et en torchis. Ils réservaient la pierre à l'édification du rempart de l'oppidum. C'est le fameux

Observez cette carte de la Gaule. Où se trouvent Lyon et Amiens ? Sur cette carte figurent les noms latins de certaines villes actuelles. Identifiez-les.

limite de province
voie romaine
0 300 km

D'autres cités de l'Antiquité se sont dotées comme Lyon d'un théâtre et d'un odéon ; trouvez deux exemples, l'un en Grèce, l'autre en Italie. Dessinez-en les plans.
L'amphithéâtre de Lyon a disparu au cours des âges. D'autres ont subsisté ; cherchez des exemples et dites les raisons de leur conservation.

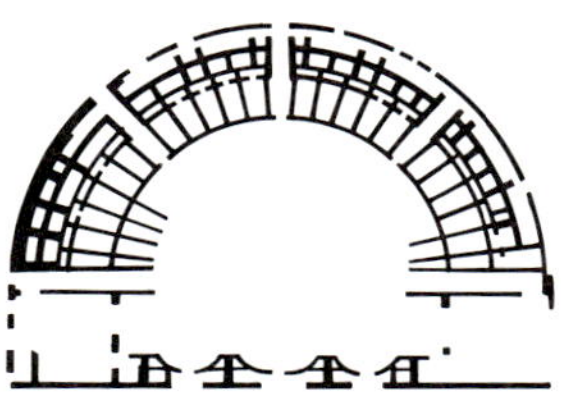

théâtre
(Lyon)

odéon
(Lyon)

FAUT-IL ACHEVER LA CONSTRUCTION D'ÉDIFICES MAL COMMENCÉS ?

À quelle époque vivaient Pline et Trajan ?
Que pensez-vous de la réponse de Trajan ?

E. AUBRION, *Pline le jeune, Lettres,* © Hachette.

Pline à l'empereur Trajan.
Seigneur, le théâtre de Nicée, dont la construction est très avancée, sans être terminée, a déjà englouti, d'après ce que l'on me dit – car le compte n'a pas encore été vérifié –, plus de dix millions de sesterces ; et j'ai peur que la dépense ne serve à rien. En effet, d'énormes fissures le font s'affaisser et s'entrouvrir ; il faut peut-être incriminer le terrain, humide et spongieux, ou bien la pierre elle-même, tendre et friable. La question se pose de savoir s'il faut l'achever, l'abandonner ou même le détruire, car les appuis et les soutènements dont on l'étaie jour après jour me paraissent moins solides que coûteux.
Ce théâtre doit être complété par beaucoup de bâtiments que les particuliers ont promis : des basiliques qui doivent l'entourer, un portique au sommet des gradins... Toutes ces constructions sont maintenant différées puisqu'on a suspendu les travaux qu'il faut achever en premier. [...]

Trajan à Pline.
Toi qui es sur place, tu sauras très bien juger et décider de ce qu'il faut faire au sujet du théâtre commencé à Nicée. Il me suffira de savoir à quel parti tu t'es arrêté. N'oublie pas de réclamer les constructions promises par les particuliers après l'achèvement du théâtre qu'elles doivent entourer.

« murus gallicus » dont parle Jules César. La conquête est très vite suivie par l'installation de colonies et l'assimilation des peuples gaulois à la civilisation romaine. La langue romaine est adoptée. Les villes se dotent d'un plan cadastré et de théâtres, de thermes ou de temples à l'instar des villes romaines. Pourtant les monuments ont parfois en Gaule des caractères spécifiques qui montrent que l'assimilation au monde romain ne s'est pas traduite par un abandon total de la culture antérieure.

La capitale des Gaules

FONDÉ EN 43 AVANT J.-C. par un lieutenant de Jules César, Lyon (Lugdunum) est devenu au IIe siècle après J.-C. la résidence des gouverneurs de la Gaule et compte 500 000 habitants. Ville de garnison, Lugdunum avait aussi une vocation commerciale du fait de sa situation géographique privilégiée. C'est alors une agglomération réunissant trois ensembles urbains : sur l'actuelle colline de Fourvière, Lugdunum, entouré d'une enceinte dont les constructions s'ordonnaient selon un plan régulier à deux axes (le *cardo,* nord-sud et le *decumanus,* ouest-est). C'est là que se trouvent le palais du gouverneur, les deux forums, le sanctuaire de Cybèle, grande mère des dieux de Phrygie. Aujourd'hui, les vestiges d'un théâtre et d'un odéon témoignent de ce passé romain. Au flanc de la colline de la Croix-Rousse, Condate abritait l'amphithéâtre rendu célèbre par le martyre des chrétiens du IIe siècle et le grand sanctuaire dédié à Rome et à Auguste, où se réunissaient tous les ans, le 1er août, les délégués des nations gauloises venues consacrer l'union de Rome et de la Gaule. Dans l'île de Canabae, les grands négociants avaient leurs entrepôts et leurs demeures.

Retrouvailles avec le passé

Jusqu'à une date récente, les lendemains de la Seconde Guerre mondiale, les traces laissées par la cité antique – dont le bimillénaire fut célébré en 1958 – étaient restées très fragmentaires ; par ailleurs, les trouvailles avaient été dispersées dans des collections disparates et peu accessibles au public.

La reconquête d'un prestigieux patrimoine enfoui sous la ville moderne, le rassemblement en un ensemble cohérent des vestiges laissés jusque-là à l'abandon ont été depuis menés à bien avec deux réalisations exemplaires :
– l'achèvement dans les années 50 des travaux entrepris en 1933 pour le dégagement, après une discrète restauration, du théâtre et de l'odéon de Fourvière (où des fouilles plus récentes ont mis au jour les substructions du temple de Cybèle) ;
– l'insertion dans ce site d'un grand musée de la civilisation gallo-romaine, inauguré en 1976.

MOTS-CLÉS

colonie n.f. : cité fondée par l'installation de citoyens romains, souvent des vétérans de l'armée.

forum n.m. : au centre de la ville romaine, place rectangulaire le long de laquelle sont réunis les principaux monuments de la cité : temples, basiliques, bâtiment de la curie ; généralement l'un des côtés du forum est bordé par un marché avec plusieurs étages de petites boutiques.

murus gallicus : c'est la construction caractéristique des remparts d'oppidum. Derrière un parement externe régulier, la masse même du rempart est constituée d'un blocage hétérogène à l'armature de portes enchevêtrées. Il résistait aussi à l'utilisation du bélier et au feu.

nécropole n.f. : cimetière toujours situé à l'extérieur des villes romaines, le plus souvent le long des routes.

oppidum n.m. : c'est, en Gaule, un site de hauteur, fortifié, proche d'une voie de communication où s'est développée une agglomération occupée par des artisans-commerçants. Profitant de la paix romaine, les oppida ont connu une grande période de prospérité dans la seconde moitié du Ier siècle avant Jésus-Christ.

voie (via) n.f. : route terrestre faisant partie, au temps de la prospérité, de l'Empire romain (IIe siècle après J.-C.), d'un réseau de 90 000 km dont 20 000 pour la Gaule. Ces routes sont de qualité : solidité de la construction, tracé rectiligne en plaine, nombre et importance des ouvrages d'art, indication des distances (bornes milliaires), fréquence des gîtes d'étapes et des auberges.

Ph. Lauros – Giraudon

Plan-maquette de Lugdunum.
Lyon au IIe siècle.

POUR EN SAVOIR PLUS

• Amiens, héritier sur le site de Samarobriva de la cité des Ambiani, est à la fin du Ier siècle l'une des grandes villes de la Gaule Belgique, avec ses 15 000 habitants.

Les découvertes archéologiques effectuées à l'occasion de la reconstruction de la ville, dont le centre fut détruit par la Seconde Guerre mondiale, en ont fait l'une des cités les mieux connues de la Gaule romaine : quadrillage urbain, monuments publics – en particulier un amphithéâtre pouvant accueillir 13 000 personnes en plein centre de la ville –, cadre de vie, éléments de l'activité religieuse, nécropoles constituent autant de secteurs peu à peu sauvés de l'oubli et dont les vestiges sont maintenant présentés au musée de Picardie à Amiens dans un cadre digne de la richesse des collections.

AMIENS MÉDIÉVAL

ART ET CULTURE
le patrimoine culturel

Au début du XIVe siècle, Amiens compte 20 000 habitants, ce qui la place au niveau de Bordeaux et de Lille, devant Lyon ou Marseille.

Ph. Trigalou – Pix

Vitrail de la cathédrale d'Amiens (80). Chapelle Ste-Eudésie, tissage.

Ph. Trigalou – Pix

Restauration de la cathédrale d'Amiens.

Décrivez la façade ou la nef d'une église que vous connaissez et dont vous aimez l'architecture et la décoration.

Dessinez l'élévation de la nef d'une cathédrale gothique.

Recherchez des exemples de substitution de copies à des œuvres originales. Quels sont les problèmes posés par la protection de celles-ci ?

L'aménagement des abords de nos grandes cathédrales soulève fréquemment des controverses. Donnez des exemples de solutions retenues ou envisagées.

QUAND LES CATHÉDRALES ÉTAIENT BLANCHES

Dans ce texte, Le Corbusier, architecte du XXe siècle, utilise les cathédrales médiévales comme argumentation de sa théorie sur l'architecture. Quelle est-elle à votre avis ?

« Les cathédrales étaient blanches parce qu'elles étaient neuves. Les villes étaient neuves ; on en construisait de toutes pièces, en ordre, régulières, géométriques, d'après des plans. La pierre de France, fraîche de taille, était éclatante de blancheur, comme avait été blanche et éblouissante l'Acropole d'Athènes, comme avaient été luisantes de granit poli les pyramides d'Égypte. Sur toutes les villes ou les bourgs encerclés de murailles neuves, le gratte-ciel de Dieu dominait la contrée. On l'avait fait aussi haut qu'on avait pu, extraordinairement haut. C'était une disproportion dans l'ensemble. Mais non, c'était un acte d'optimisme, un geste de courage, un signe de fierté, une preuve de maîtrise ! En s'adressant à Dieu, les hommes ne signaient pas leur abdication.
Les cathédrales étaient blanches...
Nos cathédrales à nous ne sont pas encore dressées. Les cathédrales sont celles des autres – des morts –, elles sont noires de suie et rongées par les siècles. Tout est noir de suie et rongé par l'usure : les institutions, l'éducation, les villes, les fermes, nos vies, nos cœurs, nos pensées. Tout pourtant est neuf dans la contingence, frais, en naissance dans le monde. Des yeux détournés des choses mortes déjà regardent en avant. Le vent change ; le vent d'hiver est supplanté par le vent de printemps ; le ciel est noir encore de nuées ; elles sont emportées. »

LE CORBUSIER, *Quand les cathédrales étaient blanches*, © Plon.

Trois ensembles monumentaux témoignent de son essor : l'enceinte dite de Philippe Auguste, le beffroi communal et la cathédrale Notre-Dame édifiée sous le règne de Saint Louis dont les voûtes s'élèvent à plus de 40 m. Celle-ci est la plus vaste de France. C'est un remarquable reflet de l'art gothique rayonnant qui témoigne de l'évolution spirituelle du XIIIe siècle et des réalités économiques et sociales du moment en Picardie et à Amiens.

À PARTIR DE LA DÉCORATION DE LA CATHÉDRALE, il est possible de reconstituer une partie du passé médiéval de la ville d'Amiens. Et d'abord le paysage urbain : au pourtour méridional du chœur l'histoire de saint Firmin, premier évêque de la ville, déroule ses épisodes sur un fond représentant en perspective des quartiers de la ville ; sans atteindre la nouvelle enceinte édifiée au sud pendant la guerre de Cent Ans, les maisons apparaissent serrées les unes contre les autres, avec leurs toits pointus et leur pignon sur rue. De cet ensemble émerge la silhouette massive du beffroi communal qui sert de tour de guet. Une ville aux rues étroites peu différentes de cet Amiens du XVIIe siècle décrit par P. Deyon, « une ville aux murs de "paillotage" souvent lépreux, humide et malsaine dont les canaux servaient souvent d'égouts », mais une ville active, commerçante et manufacturière (vin, blé, épices et textiles).

De cette activité commerciale et artisanale, la cathédrale témoigne, dans deux secteurs essentiels, de la vie économique d'Amiens au Moyen Âge : ceux du textile et du travail du métal. Ainsi voit-on dans l'une des chapelles rayonnantes deux vitraux du XIIIe siècle représenter la préparation du fil et son tissage, tandis qu'à la face sud de la nef deux marchandes de pastel – la guède, qui pousse dans les fonds de vallées humides de l'Amiénois – se sont fait représenter pour commémorer la construction d'une chapelle dédiée à saint Nicolas.

En écho à l'usage croissant d'un matériel en fer aux XIIe et XIIIe siècles, une des quatre feuilles de la façade occidentale met en scène un forgeron que R. Fossier décrit ainsi : « devant un four en briques surmonté d'une hotte hémisphérique et qu'anime un soufflet à deux branches, un homme est debout les reins ceints d'un vêtement long qui peut être un tablier de cuir ; de la main droite, il serre une tenaille ; derrière lui, un autre frappe une enclume de forme cubique reposant sur un billot de bois : il tient un tronçon de fer qu'il martèle ». À quelque distance de là ont tourné pendant tout le Moyen Âge, installés sur les canaux qui font alors d'Amiens une véritable ville de l'eau, des moulins à battre le métal (« Taillefer », « Tappeplomb ») ou à broyer le grain qui entrait dans la ville par la Chaussée au blé. Appartenant au chapitre ou à l'évêque, ils ont procuré les revenus permettant de construire la cathédrale.

POUR EN SAVOIR PLUS

• Eugène Emmanuel Viollet-le-Duc est un architecte français du XIXe siècle. Il a assez peu construit mais, en tant que théoricien, son rôle est capital, comme en témoignent ses nombreux écrits sur l'architecture. Pour lui, la construction et l'architecture sont deux disciplines indissociables : « l'une est le moyen, l'autre le résultat ». La forme d'un édifice n'est pas due au hasard. Elle est dictée par « le respect de certaines règles imposées par le sens, le raisonnement et l'instinct humains ». Elle est aussi fonction de la nature des matériaux. Sa passion pour l'architecture médiévale gothique, qu'il exprime en restaurant de nombreux édifices de cette époque, le conduisit parfois à certaines idéalisations excessives. Mais son regard sur cette période n'est pas celui d'un passéiste (1). Il y puise au contraire des idées novatrices qui seront reprises ensuite en partie par les architectes modernes.

(1) Passéiste : qui est tourné vers le passé.

MOTS-CLÉS

beffroi n.m. : dans les villes médiévales du Nord, tour de guet munie d'une cloche et, à partir du XIVe siècle, d'une horloge.

gothique n.m. : art originaire de l'Île-de-France, appelé aussi art ogival en raison d'un de ses traits architecturaux essentiels, la voûte sur croisée d'ogives.

gothique flamboyant n.m. : se dit de la dernière période du gothique, qui se caractérise par des fenêtres ondoyantes et aiguisées comme des flammes.

gothique rayonnant n.m. : la construction de nombreuses chapelles tout le long de la nef, entre les appuis des arcs-boutants, caractérise les églises ou cathédrales gothiques de ce style aux XIIIe et XIVe siècles.

labyrinthe n.m. : plusieurs grandes cathédrales gothiques, Chartres, Reims, Amiens, présentaient sur le dallage de leur nef le dessin d'un grand labyrinthe, au centre duquel il y avait une inscription commémorant les bâtisseurs.

rationalisme n.m. : système de pensée fondée sur la raison. Dans les arts, ce mot désigne une doctrine selon laquelle la forme et la beauté d'un objet dépendent de son adaptation à sa fonction ou à sa destination.

scolastique n.f. : nom donné à la méthode de raisonnement et d'enseignement en honneur dans les universités médiévales. Elle était caractérisée par la précision du vocabulaire, la rigueur de la démonstration et la référence à l'autorité de l'Église et du philosophe grec Aristote.

La cathédrale idéale dessinée par Viollet-le-Duc.

Ph. Larousse

PARIS SOUS L'ANCIEN RÉGIME

ART ET CULTURE
le patrimoine culturel

La période qui fait suite au Moyen Âge est caractérisée par la redécouverte de l'Antiquité à travers une observation et une étude plus vigilantes des vestiges : textes, monuments,

L'hôtel des Invalides fut édifié de 1671 à 1676 ; peu après fut élevé le dôme de la chapelle Saint-Louis, œuvre de Jules Hardouin-Mansart. Il abrite, outre l'institution nationale des Invalides, le musée de l'Armée et, jusqu'à une date récente, le musée des Plans-Reliefs.

Ph. Larousse

Paris classique : plan-maquette des Invalides. Paris musée de l'Armée.

Ph. Larousse

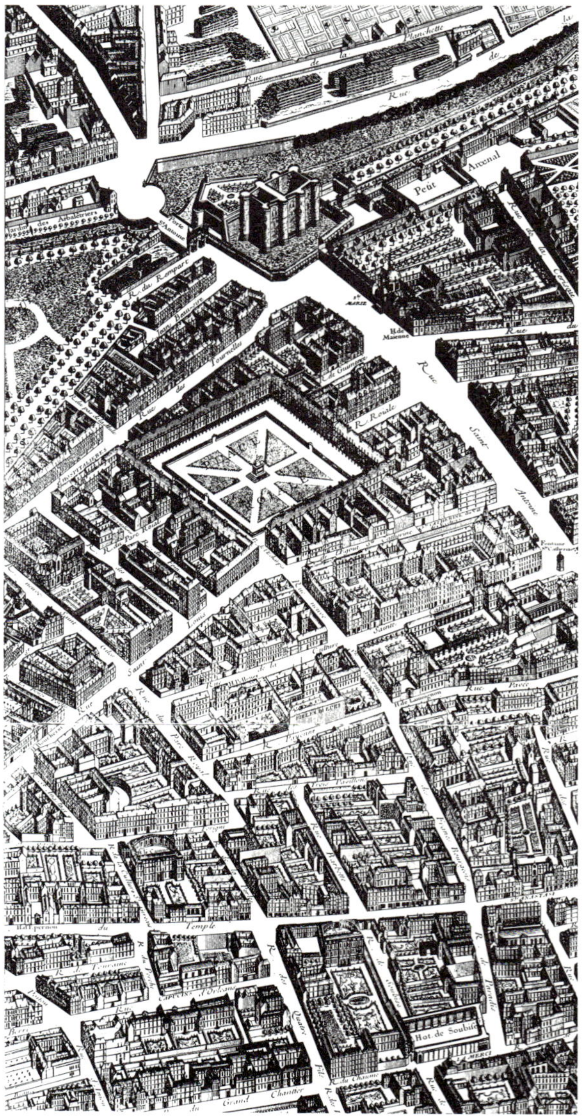

Paris classique : le Marais (plan de Turgot).

PARIS

Sept villes se vantaient d'avoir cerné la Ville :
Auteuil voulait en faire un jardin potager ;
Grenelle en voulait faire un énorme verger ;
Bercy, des entrepôts ; Montmartre, un vaudeville.

Passy faillit en faire un immeuble servile ;
Un caravansérail pour le noble étranger ;
Vaugirard, la Villette à ce peuple léger
Faisaient des abattoirs pour sa guerre civile.

Mais la dame a mangé les sept petites sœurs.
Elle a mis pour toujours la liberté de l'âme,
Et tous ces fourniments et tous ces fournisseurs,

Le négoce, l'amour, et la cendre, et la flamme,
Et tous ces boniments et tous ces bonisseurs,
Et les gouvernements, gendres et successeurs

Sous le commandement des tours de Notre-Dame.

Ch. PÉGUY, *Œuvres poétiques complètes,* Collection la Pléiade, © Gallimard.

produits de fouille. On lui donne pour cette raison le nom de Renaissance. Cette prise en compte du patrimoine de l'Antiquité est l'expression d'une révolution des idées : l'humanisme. Deux acteurs nouveaux apparaissent : *l'architecte,* artiste dessinant l'espace, qui remplace le maître d'œuvre médiéval ; *le mécène,* qui est soit prince, soit riche marchand ou encore prince de l'Église. Le premier par son art remodèle la ville à la gloire du second en conjuguant deux héritages : celui de l'Antiquité et celui du christianisme.

En relation avec le développement économique, l'époque moderne est marquée en Europe par une forte croissance de la population des villes : de 200 000 habitants à l'aube du XVIe siècle, Paris passe ainsi à 650 000 habitants à la veille de 1789. Cette progression s'accompagne de la réalisation de grands projets d'urbanisme qui transforment le paysage et constituent aujourd'hui l'un des aspects essentiels du patrimoine monumental de la cité. Au fil du temps, nombre de ces ensembles architecturaux ont été transformés et souvent altérés par les usages nouveaux qui étaient faits de leurs bâtiments ; parallèlement, ils se voyaient enserrés dans un tissu urbain sans rapport avec l'environnement qui était le leur, au moment de leur édification. Les retrouver dans l'état originel qui sert de référence à bien des opérations de sauvegarde et de mise en valeur, c'est ce que permet la consultation du plan du cartographe Louis Bretez, datant de 1739. C'est à l'instigation de Michel Étienne Turgot, prévôt des marchands de Paris de 1729 à 1740, que fut dessiné et gravé ce plan « à vol d'oiseau », grâce auquel on peut « voir d'un seul coup d'œil tous les édifices et toutes les beautés que cette ville renferme ».

MOTS-CLÉS

avenue n.f. : voie urbaine de largeur importante, le plus souvent plantée d'arbres.

boulevard n.m. : voie spacieuse établie à l'origine sur l'emplacement des anciens remparts.

hôtel n.m. : demeure citadine d'un riche particulier ; mais aussi grand édifice destiné à des établissements publics.

mécène n.m. : personne qui protège les écrivains, les artistes, les savants en les aidant financièrement.

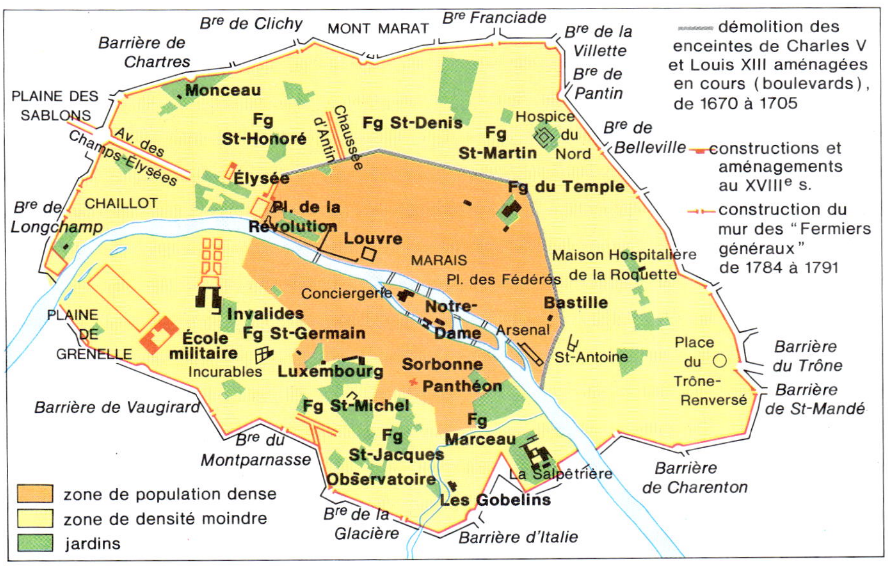

Voici un plan de Paris au début de la Révolution française. Recherchez les dates de construction des monuments signalés et la documentation permettant de les décrire.

Situez les villages cités sur le plan ci-contre. Quand ont-ils été « mangés » par Paris ?

POUR EN SAVOIR PLUS

• À la fin du Moyen Âge, Paris compte 200 000 habitants. Un temps abandonné pour les châteaux de la Loire, il redevient la résidence habituelle du roi et de la cour. La ville ayant débordé l'enceinte de Charles V, une nouvelle enceinte dite des « fossés jaunes » est projetée et en partie réalisée sous le règne de Louis XIII. Pendant ce temps, le Pont-Neuf a été établi à la pointe de l'île de la Cité (1578), tandis que sur la rive droite le quartier résidentiel du Marais se développe autour de la place Royale (actuelle place des Vosges). Sur la rive gauche, la ville poursuit son extension vers l'ouest avec l'installation de Marie de Médicis au Luxembourg, la construction des Invalides et de l'École militaire. Au-delà des boulevards, la place Louis XV (actuelle place de la Concorde) est aménagée par l'architecte J.-A. Gabriel pour la statue du roi (à partir de 1754). Alors que Paris était devenu à la fin du XVIIe siècle une ville ouverte, les murailles laissant place à des cours plantés, son périmètre est borné pour des raisons fiscales (octroi) en 1702 et un nouveau mur dit des « Fermiers généraux » est élevé, muni de pavillons par l'architecte C.N. Ledoux. Paris, divisé en vingt quartiers, a une population de 500 000 habitants à l'aube de la Révolution. Les rues, pourvues d'écriteaux aux carrefours (1728), sont souvent pavées et éclairées. Outre de grandes avenues-promenades, des jardins sont ouverts au public.

LES HÉRITAGES DE L'ÂGE INDUSTRIEL

ART ET CULTURE
le patrimoine culturel

Le système de circulation. Le modèle est ici le programme de transformations accompli à Paris par le préfet Haussmann de 1853 à 1870. La ville devient « un espace réglé, aux cheminements droits, aux édifices dégagés, à l'architecture harmonieuse ». « Désormais, la rue ou le boulevard commandent l'immeuble ; la percée, le dessin des parcelles... »

Et les historiens soulignent l'importance de l'haussmanisation qui a fixé pour un siècle les principes de l'urbanisme dans notre pays. Aucune entreprise urbanistique d'ampleur comparable n'a vu le jour entre l'époque du grand préfet et celle de l'explosion contemporaine des tours et des voies express.

Ph. Lauros - Giraudon

La transformation de Paris : le percement du boulevard de Sébastopol (1859). Musée Carnavalet.

POUR UNE VILLE FONCTIONNELLE

Qui était Proudhon ?
Qui met-il en cause dans ce texte ?

« Les halles centrales ont causé grand scandale dans la gent académique, élèves et maîtres. Là, en effet, pas de colonnes, pas de pilastres, pas de corniches, pas d'attiques ; ni chapiteaux, ni modillons, ni cartouches, ni statues, ni bas-reliefs ; de la pierre dans les fondations, du fer depuis le sol jusqu'à la couverture, une toiture de verre et de zinc : rien de tout cela n'a été prévu par l'Institut et l'École. Aussi les halles sont-elles un monument de la barbarie ; un vol fait aux artistes pour lesquels les travaux de la ville et de l'État sont une propriété ; un détournement de commande au profit des modestes dessinateurs, modeleurs et fondeurs de l'usine de Mazières.

Mais le public s'est rangé du côté des industriels contre les artistes, et il a eu raison. (...) L'ingénieur des halles centrales l'a compris : rien de trop dans son monument ; il n'a cherché que le simple, et il a trouvé le grandiose. Que les académiciens préfèrent un entassement de pierres, plus on moins symétrique, sans air, sans lumière, avec le typhus en permanence, comme dans l'espèce de bastille ou de prison qui subsiste encore en face de l'église Saint-Eustache, ou les autres marchés de Paris clôturés de murs : le public sait maintenant ce que peut et doit être un monument d'utilité publique, et il ne sera pas dupe des charlatans de la forme et de l'idéal, sans conscience et sans idée.

Le but de l'art est de nous apprendre à mêler l'agréable à l'utile dans toutes les choses de notre existence ; d'augmenter ainsi pour nous la commodité des objets, et par là d'ajouter à notre propre dignité. »

P.-J. PROUDHON, *Du principe de l'art et de sa destination sociale.*

Au XIXe siècle, en Europe, une véritable révolution démographique, contemporaine de l'industrialisation, se produit. Elle est à l'origine d'une poussée urbaine particulièrement vive qui s'accompagne d'une transformation des villes.

Les principaux changements concernent le système de circulation, les installations industrielles et l'habitat. Dans ces trois domaines, notre époque a hérité d'un patrimoine dont elle a assuré plus ou moins efficacement la sauvegarde.

LES PREMIÈRES RÉPONSES DONNÉES au problème posé par l'inadaptation de la ville à la société industrielle naissante concernent la rationalisation des voies de communication urbaines et la sectorisation des villes suivant des fonctions spécifiques (quartiers résidentiels périphériques destinés aux classes aisées, quartier des affaires autour de la Bourse). La ville voit surgir de nouveaux édifices : grands magasins, grands hôtels, immeubles de rapport. Deux matériaux nouveaux sont utilisés : l'acier puis le béton armé. L'ingénieur prend le pas sur l'architecte. Celui-ci n'est parfois plus utilisé que comme un décorateur venant plaquer des moulures et des ornements divers sur les structures géantes conçues par l'ingénieur. Néanmoins, un certain nombre d'architectes comme Victor Baltard (les Halles), Henri Labrouste (la Bibliothèque nationale), Frantz Jourdain (magasin la Samaritaine) réalisent des édifices où les formes architecturales héritées du passé se mêlent à celles rendues possibles par les matériaux nouveaux. La ville de l'Ancien Régime éclate et se diffuse hors de ses limites. Le long des nouvelles lignes de chemin de fer se développent des excroissances urbaines (les banlieues), tandis que l'industrie s'implante dans les faubourgs. Face à ce développement parfois chaotique, une nouvelle discipline prend naissance : l'urbanisme. Ses théoriciens ne sont pas en premier lieu des architectes mais des philosophes, des penseurs politiques, des historiens ou des économistes. Ce n'est qu'au début du XXe siècle que les architectes revendiquent cette discipline. Ces premiers théoriciens critiquent la ville industrielle. Leur critique n'aboutit pas toujours aux mêmes conclusions. Les uns proposent des formes urbaines utopiques (phalanstère de Fourier, familistère de Godin à Guise dans l'Aisne), d'autres évoquent avec nostalgie la ville médiévale (Victor Hugo) en la prônant comme modèle, d'autres enfin comme les marxistes critiquent la ville industrielle, expression du nouvel ordre capitaliste qu'ils condamnent et proposent de changer la société avant de changer la ville. Tous sont d'accord pour dénoncer les conditions d'habitation des classes non favorisées. L'architecture ne doit plus être seulement l'art de construire des monuments, mais doit aussi se préoccuper du cadre de vie quotidien et notamment du logement.

UN PATRIMOINE

Occupant une place privilégiée dans le nouveau dispositif urbain, les gares, ces « cathédrale(s) du siècle », sont de nos jours l'objet d'un intérêt préservant leur existence : la prochaine ouverture, dans les bâtiments de la gare d'Orsay à Paris (Victor Laloux, 1899-1900), inaugurée pour l'Exposition universelle de 1900, d'un musée consacré à la production artistique de 1848 à 1914 illustrera avec éclat cette préoccupation. À l'inverse, la dernière décennie a vu la destruction de l'ensemble des pavillons de Baltard, ce « Louvre du peuple », sacrifiés à une vaste et complexe opération de réaménagement du quartier des Halles, à Paris. Dans le domaine des installations industrielles commerciales (entrepôts) s'est produite dans les vingt dernières années une évolution considérable de la notion de patrimoine. Les restaurations d'installations industrielles se multiplient. Elles permettent l'installation de musées de la civilisation industrielle (musée du Textile et de la Vie sociale à Fourmies [Nord] ou se situent dans une perspective de réutilisation des bâtiments autrefois occupés par une activité industrielle (criée aux poissons, à Marseille).

MOTS-CLÉS

banlieue n.f. : ensemble des agglomérations situées autour d'un centre urbain.

baroque adj. : style caractérisé par une liberté des formes et une grande richesse ornementale, qui s'est répandu en Europe du XVIe au XVIIIe siècle, principalement en Italie et dans les pays catholiques.

classique adj. : se dit d'une forme d'art qui appartient à la période s'étendant, en France, du XVIe au XVIIIe siècle et qui s'inspirait plus ou moins de l'Antiquité gréco-latine.

faubourg n.m. : partie d'une ville située à la périphérie (de l'ancien français *fors,* en dehors de, et *bourg,* bourg ; bourg vient du latin *burgus,* château fortifié).

périphérique adj. : se dit de ce qui est situé sur le pourtour (du grec *peripheria,* circonférence).

phalanstère n.m. : vaste exploitation communautaire imaginée par Charles Fourier.

rationalisation n.f. : perfectionnement d'un système en vue d'un meilleur fonctionnement.

Le premier hall
de la gare St-Lazare en 1845.
Peinture anonyme.
Musée Carnavalet.

Ph. Lauros – Giraudon

L'ancienne gare d'Orsay, à Paris, aujourd'hui transformée en musée du XIXe siècle (maquette).

Ph. D.R.

IMAGES DE MONUMENTS

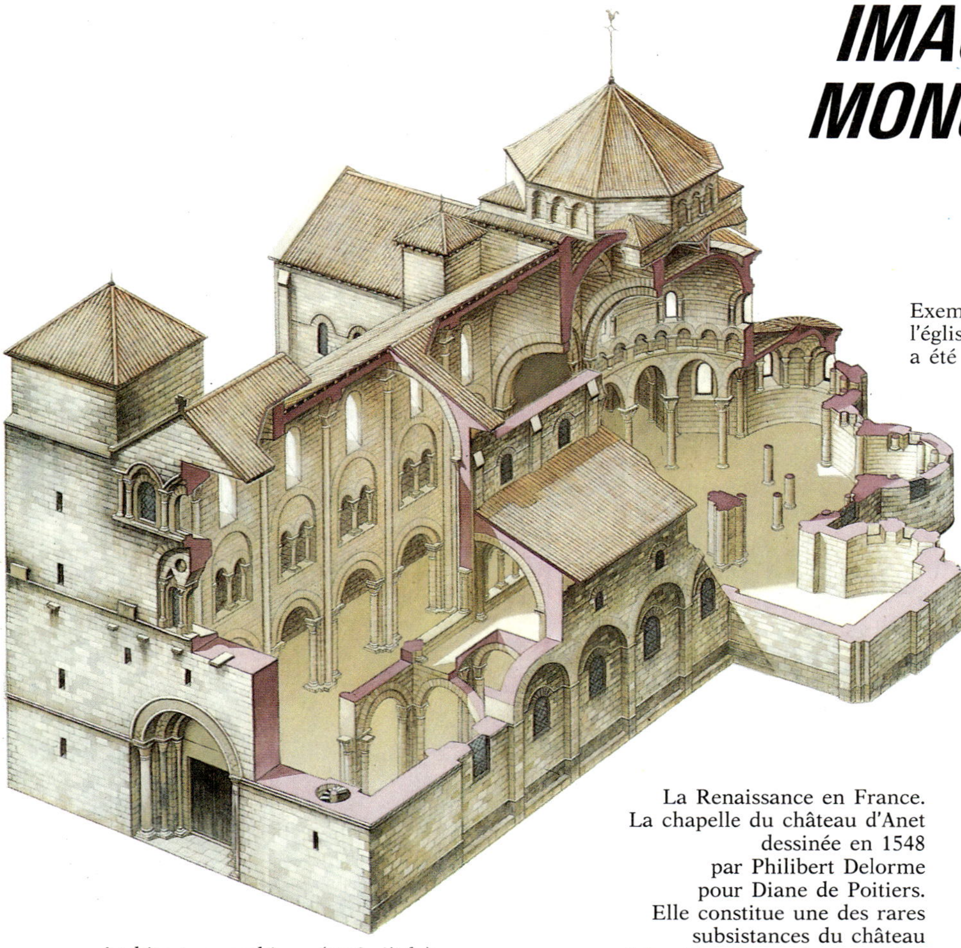

Exemple d'architecture romane,
l'église Saint-Étienne-de-Nevers
a été construite entre 1063 et 1098.

La Renaissance en France.
La chapelle du château d'Anet
dessinée en 1548
par Philibert Delorme
pour Diane de Poitiers.
Elle constitue une des rares
subsistances du château
qui fut dépecé sous le directoire.

Architecture gothique (XIVe siècle) :
le palais des Papes en Avignon
est en fait la juxtaposition
de deux palais :
celui de Benoît XII
et celui de Clément VI.

1. Tour de la Campane
2. Chapelle de Benoit XII
3. Cour du cloitre
4. Tour de Trouillas
5. Tour des latrines, ou de la Glacière
6. Tour des cuisines
7. Aile du Consistoire
   a) rez-de-chaussée : salle du Consistoire
   b) 1er étage : salle des Festins, ou Grand Tinel
8. Tour Saint-Jean
   a) rez-de-chaussée : oratoire Saint-Jean
   b) 1er étage : oratoire Saint-Martial
9. Jardins d'Urbain V
10. Aile du Conclave
11. Aile des Familiers
12. Appartements privés
13. Vestiaire
14. Tour du Pape, ou des Anges
15. Porte des Champeaux (entrée principale)
16. Aile des Grands Dignitaires
17. Porte Notre-Dame
18. Grande cour
19. Tour de la Garde-Robe; au 1er étage : chambre de Clément VI, ou du Cerf
20. Porte de la Peyrolerie
21. Tour Saint-Laurent
22a. Salle de la Grande Audience
22b. Chapelle Clémentine
23. Tour de la Gache; au rez-de-chaussée : salle de la Petite Audience
24. Notre-Dame-des-Doms

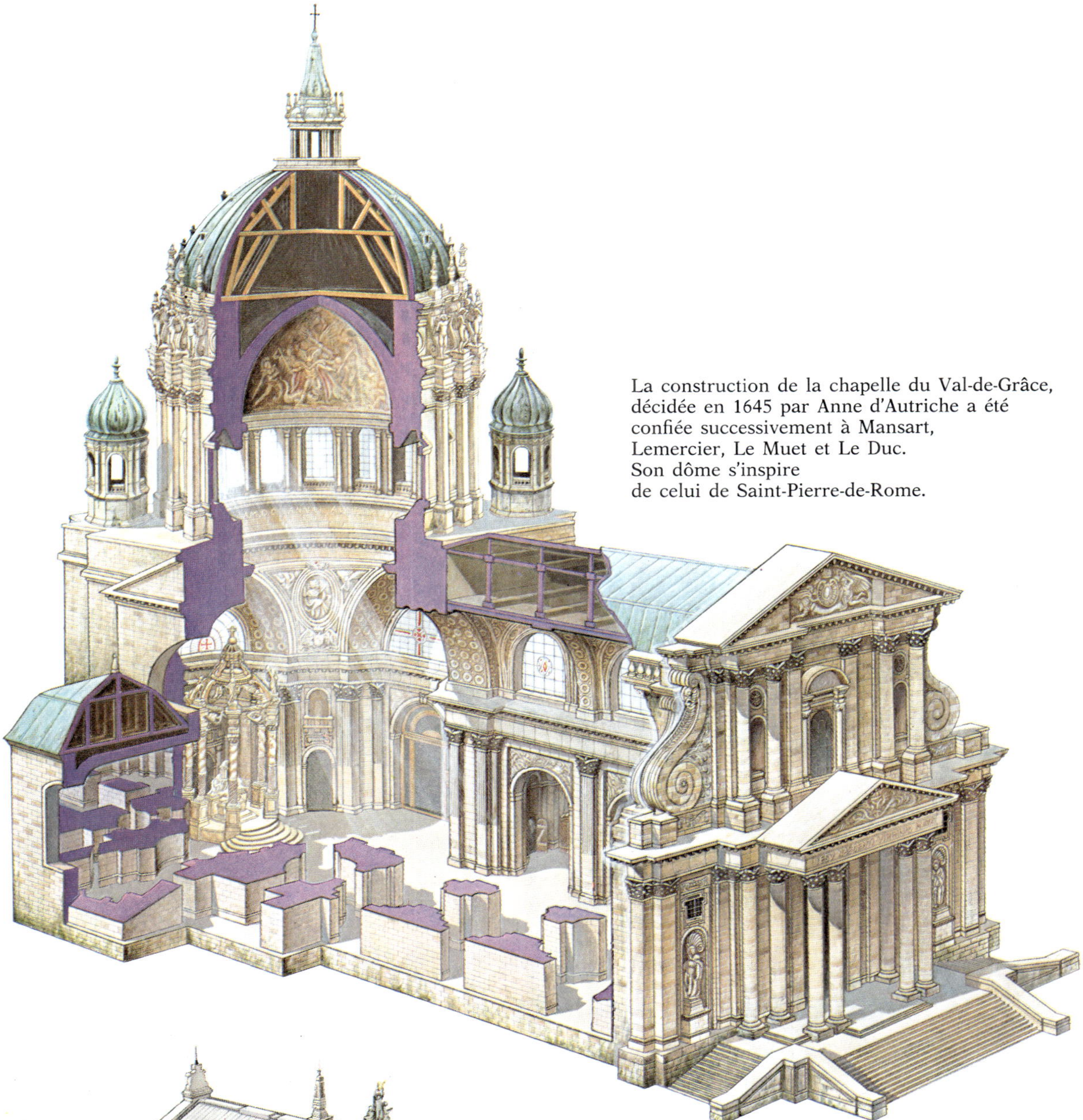

La construction de la chapelle du Val-de-Grâce, décidée en 1645 par Anne d'Autriche a été confiée successivement à Mansart, Lemercier, Le Muet et Le Duc. Son dôme s'inspire de celui de Saint-Pierre-de-Rome.

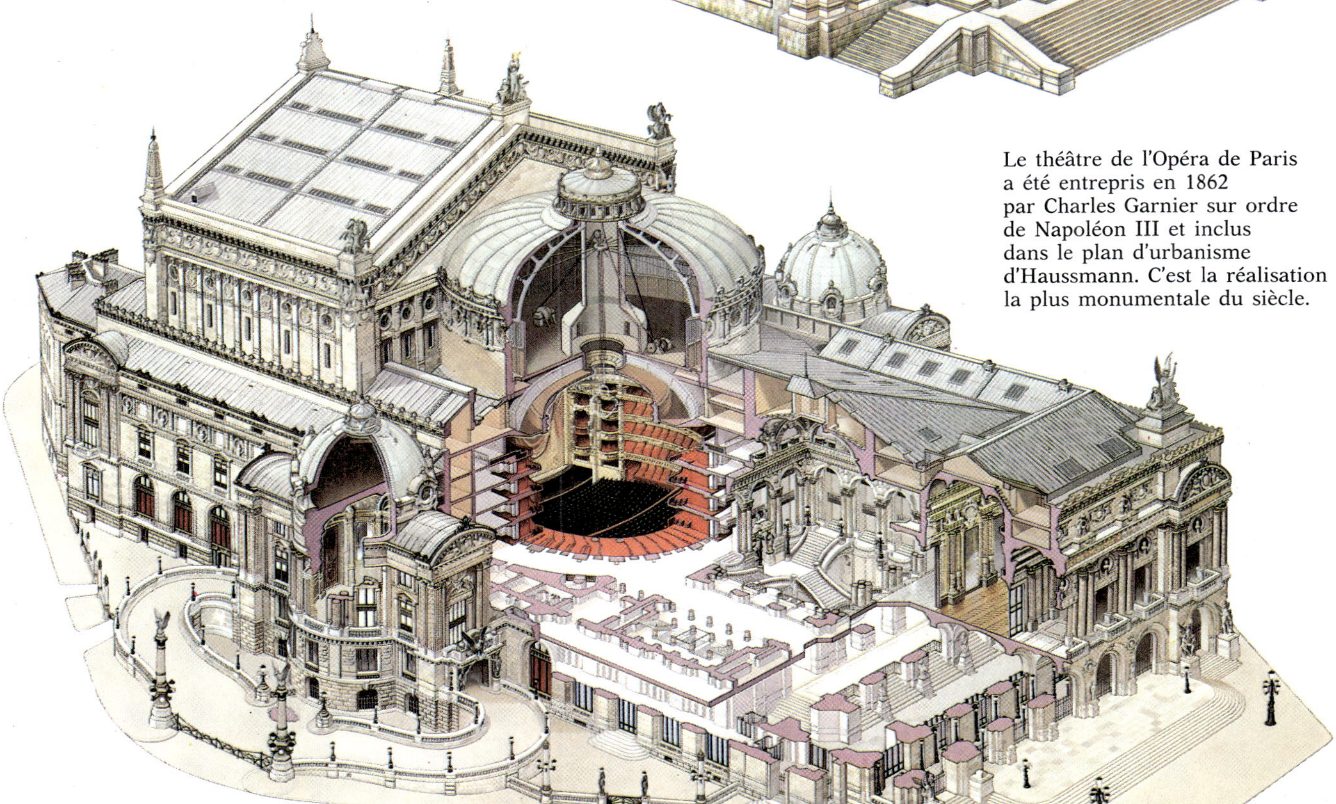

Le théâtre de l'Opéra de Paris a été entrepris en 1862 par Charles Garnier sur ordre de Napoléon III et inclus dans le plan d'urbanisme d'Haussmann. C'est la réalisation la plus monumentale du siècle.

UN PATRIMOINE CULTUREL : LA LANGUE

ART ET CULTURE
le patrimoine culturel

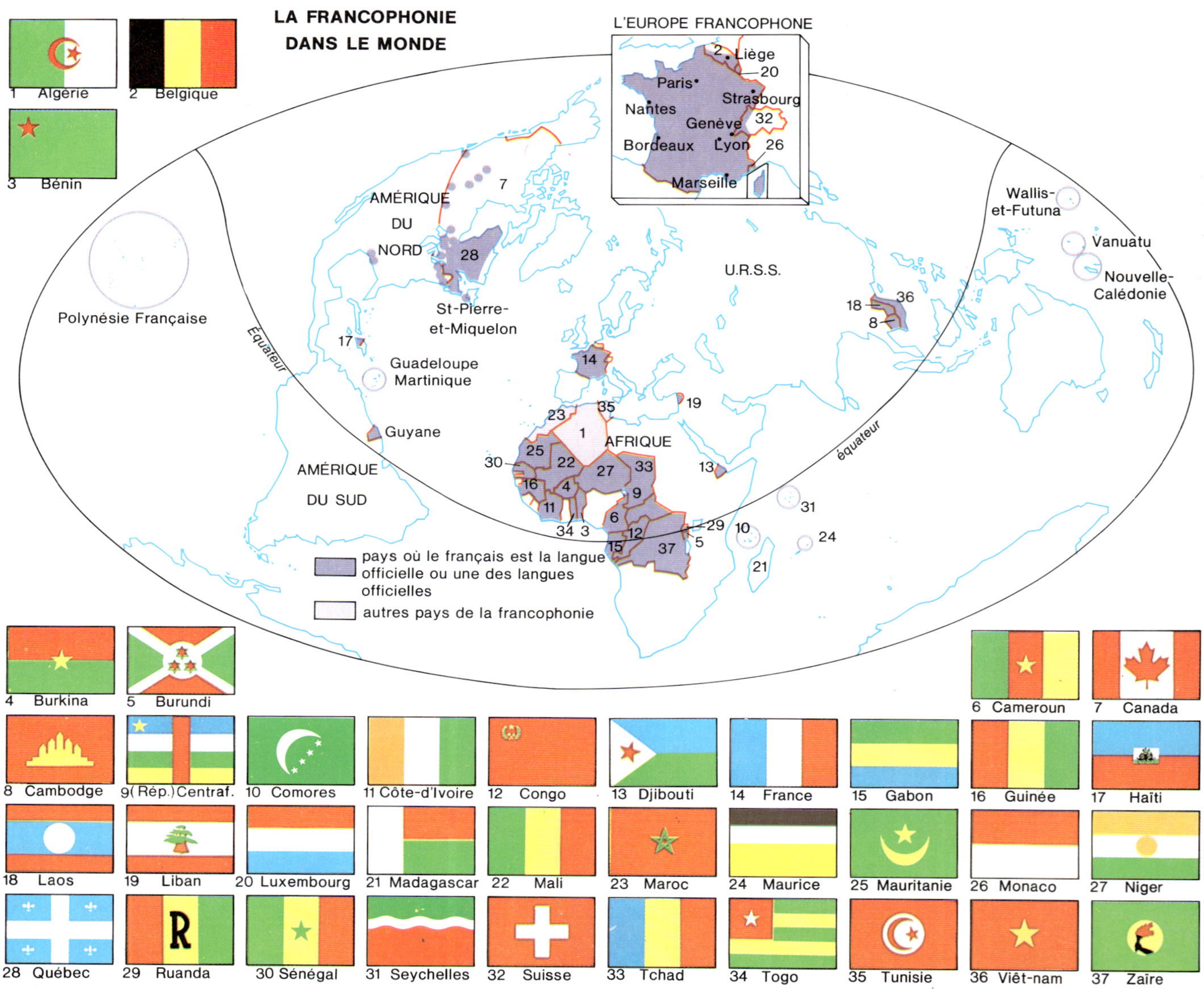

CONTE MARTINIQUAIS EN CRÉOLE

Demandez-vous pourquoi la langue que vous parlez depuis votre petite enfance est appelée langue maternelle, et non pas paternelle, alors qu'on ne parle pas de « matrimoine ».
Tentez de lire le texte en créole.

« Teni Compé' Lapin ki 'mandé Bon Dié 'ti brin l'esprit pou bá y la fo'ce pou'i té vini malin, pou'i téni l'esprit pli malin à ki y yé. Bon Dié di y, fodré y pren an ti vé' laite assou an troupeau. Cé bèfs la té ka tiré coute conne assou l'ombrage yo meinme. An gibier té ka passé, yo té ka tiré assou y. Lè bon Dié di y ça, y allé pléré bo'savanne la. Alo se roi bèf la ki pli méchant, ka mandé y ça y 'ni ? Alo y di : "C'est bon Dié ki di moin an gros bèf com ça pas ka baille ti vè ta la plin laite."" Y réponne li : "Alo' cé pou' ça sèlement ou ka pléré ?"" Bèf la di y vini pren y ; ça Lapin fai ? Y baissé, y tiré ti vè a plin. Y di : Me'ci ma -coumè. »

In R. Chaudenson, *les Créoles français,* © Nathan.
Transcription phonétique et syntaxique revue et corrigée par F. Haustant.

On a défini le patrimoine comme héritage (un bien qui nous vient de nos pères) et on sait qu'un héritage peut tomber en poussière par le désintérêt des héritiers, ou au contraire fructifier s'il est entouré de soins. Les nouveaux utilisateurs aménagent et agrandissent l'héritage et l'offrent d'abord à leurs contemporains pour le partager, puis à leurs héritiers pour qu'ils le fassent vivre à leur tour.

Tout cela s'applique particulièrement bien à la *langue,* il faudrait plutôt dire *aux langues,* que parlent les Français.

MOTS-CLÉS

francophonie n.f. : ensemble des pays où est parlé le français. Vous êtes francophone puisque vous pouvez lire et dire ce qui est écrit ici.

Hexagone n.m. : ce mot, avec une majuscule, désigne la France métropolitaine, à cause de la forme de la carte de France, qu'on peut inscrire dans un hexagone.

idiome n.m. : langue particulière à une petite communauté qui n'est pas une communauté nationale. Les argots sont des idiomes : chacun d'eux permet à un petit groupe de se reconnaître et de communiquer.

langue romane : cette expression s'applique aux langues dont l'origine romaine (le latin) apparaît clairement, et les distingue des langues d'origines germanique, celtique...

Le français, premier patrimoine culturel

Vos grammaires vous retracent en général l'histoire du français que nous avons hérité très peu de « nos ancêtres les Gaulois », mais beaucoup de l'occupant romain qui a imposé sa langue, le latin. Occupants et occupés ont échangé, transformé leur système d'échange sans que, sur huit siècles, nous ayons beaucoup de traces de la langue réellement parlée en Gaule. À partir du VIIIe siècle, des sermons, des textes poétiques, des légendes de saints sont écrits non plus en latin, mais dans une langue proche de la langue parlée et que nous appelons l'ancien français, langue mêlée de latin déjà très transformé, de gaulois, de germain, en conséquence des invasions. Il vaudrait mieux parler *des* anciens français : la langue de Picardie était bien différente de celle de la Touraine, de la Bourgogne ou de la Provence. Des langues françaises provinciales se développent, qui ont survécu, ou revivent actuellement (ex. : l'occitan au sud de la Loire). Cependant, l'*ordonnance de Villers-Cotterêts,* en 1539, rend obligatoire un français officiel pour écrire les actes administratifs. En 1793, la Révolution française impose l'emploi du français comme langue commune : quand tous les Français connaîtraient la langue de la loi, ils deviendraient *égaux* devant elle, et *libres* de leurs décisions.

Les langues de l'Hexagone

C'est cette *langue nationale* qu'enseigne l'école publique depuis le XIXe siècle, langue de culture dans laquelle s'est écrit l'essentiel de notre littérature depuis des siècles, et qui a rendu compte de toute la pensée scientifique. Les médias répandent largement cette langue et la font évoluer. Radios et télévision adaptent la langue aux réalités et aux techniques nouvelles; elles la font évoluer du fait des relations qui s'établissent avec les autres peuples.

Les autres langues parlées dans l'Hexagone. Des langues non romanes : alsacien, breton, basque, flamand, des langues romanes, comme le français, l'occitan en particulier, sont parlées en France par plusieurs millions de Français. Elles rendent compte de traditions, de manières de vivre, de cultures particulières. On assiste actuellement à une renaissance de ces langues qui vise à sauver le patrimoine qui y est attaché.

Les français parlés hors de l'Hexagone

Les créoles français parlés soit dans la zone américano-caraïbe (Louisiane, Grandes et Petites Antilles), soit dans la zone de l'océan Indien (île de la Réunion, îles Maurice, Rodrigues, Seychelles) sont des langues créées au XVIIe ou au XVIIIe siècle par les Noirs exportés d'Afrique, qui n'avaient pas entre eux de langue commune parce qu'ils venaient de régions différentes. Esclaves, ils ont dû emprunter la langue de leurs maîtres, qu'ils ont transformée dans sa phonétique et sa syntaxe. Ces parlers créoles sont revendiqués comme véhicules d'une culture propre.

Hors de France, le français est parlé dans quarante-deux pays, souvent en même temps qu'une ou plusieurs autres langues (tout Africain est au moins bilingue). La francophonie crée une solidarité culturelle et même économique entre des pays aussi éloignés que le Québec, certains pays d'Afrique noire, le Liban...

L'ÉCRITURE ET LA LECTURE

ART ET CULTURE
le patrimoine culturel

L'écriture a permis de fixer les paroles des prêtres, les récits d'exploits héroïques transmis de génération en génération, les œuvres des poètes. L'invention du papier et de l'imprime-

Ph. Lauros – Giraudon

Imprimerie du XVIe siècle
peinture anonyme d'après Stradan.

Un copiste du XIIIe siècle
(page du *Miroir Historial*
de Vincent de Beauvais).
Bibliothèque municipale de Boulogne-sur-Mer.

Ph. de la Bibliothèque

LA DESTRUCTION DU PATRIMOINE LITTÉRAIRE

« D'abord, les livres n'intéressaient que des minorités, ici et là. Ils pouvaient se permettre d'être différents. Le monde était vaste. Là-dessus, le monde s'est rempli d'yeux, de coudes, de bouches. La population a doublé, triplé, quadruplé. Les films et la radio, les magazines, les livres ont été nivelés, normalisés... Tu vois le tableau. L'homme du XIXe siècle avec ses chevaux, ses chiens, ses charrettes : lenteur du mouvement. Ensuite accéléré, la caméra. Les livres résumés ? Les condensés, les digests, les graphiques ; tout subordonné au gag, à la fin percutante... Les classiques réduits pour composer des émissions d'un quart d'heure à la radio, coupés de nouveau pour tenir en extraits de deux minutes de lecture, enfin ramassés pour un résumé de dictionnaire de dix à douze lignes... »

Ray BRADBURY, *Fahrenheit* 451, trad. par H. Robillot,

rie sont à l'origine du livre. Ainsi étaient jetées les bases d'un patrimoine littéraire. Mais la lecture éveille des vocations. Molière a puisé une part de son inspiration dans l'œuvre des auteurs comiques latins.

Constituée au fil des siècles, faite d'influences diverses, notre littérature représente un patrimoine qui s'enrichit toujours d'œuvres nouvelles. Mais ce patrimoine est-il à l'abri de toute menace ?

MOTS-CLÉS

classique n.m. : désignait d'abord un auteur dont certaines œuvres étaient étudiées dans les classes (auteurs grecs et latins, auteurs du XVIIe siècle français). Aujourd'hui, ce terme signifie généralement : modèle du genre.

dépôt légal : remise d'exemplaires d'un ouvrage entre les mains d'agents de l'État imposée aux éditeurs d'imprimés et d'œuvres musicales, ainsi qu'aux producteurs d'œuvres cinématographiques, phonographiques et photographiques. Cette obligation est l'élément décisif de la constitution du patrimoine culturel.

prix littéraire : les premiers prix littéraires ont été créés par l'Académie française pour distinguer des œuvres de qualité. Au seuil du XXe siècle, d'autres prix ont été créés pour distinguer, au milieu d'une production romanesque abondante, une œuvre digne d'intérêt et la signaler au public. Les trois prix littéraires importants aujourd'hui sont le Goncourt (créé en 1902), le Fémina (créé en 1904) et le Renaudot (créé en 1925), attribués en fin d'année. Ils assurent publicité et succès de librairie aux œuvres primées.

LITTÉRATURE RELIGIEUSE, LITTÉRATURE PHILOSOPHIQUE, récits historiques ou récits de voyages, poésie, œuvres théâtrales, traités scientifiques..., tout cela existait dans le monde antique. Notre patrimoine littéraire s'est d'abord constitué indépendamment de ce passé, étranger à la France qui naissait au Moyen Âge. Traités de théologie, chroniques historiques, poésie de cour, drame liturgique sont une invention de l'Europe chrétienne, qui devenait le lieu d'une civilisation nouvelle. Le XVIe siècle a connu la redécouverte des littératures antiques : leurs œuvres ont fourni des modèles aux créations du XVIIe siècle. La pensée politique anglaise nourrit la philosophie de notre XVIIIe siècle. Au début du XIXe siècle, la littérature romanesque anglaise, la curiosité pour le Moyen Âge et pour le théâtre de Shakespeare, les œuvres des poètes anglais et allemands renouvellent l'inspiration des écrivains français et l'enrichissent. Toutes ces influences ne diminuent pas l'originalité et le génie de Ronsard, Molière, Rousseau, Hugo, Flaubert... Le patrimoine littéraire est sans doute le patrimoine qui fut le mieux conservé. Depuis longtemps, l'habitude avait été prise de conserver les livres dans des bibliothèques. Les abbayes, les universités, les rois de France, de grands seigneurs ont constitué les premières bibliothèques. Puis les villes ont construit et constitué des bibliothèques municipales. Lycées, collèges et écoles ont également les leurs.

L'école a été et reste un des lieux de découverte et de mise en valeur de ce patrimoine. Les études classiques, il n'y a pas si longtemps, permettaient dès la classe de sixième d'acquérir les moyens de découvrir progressivement la littérature latine puis grecque, en même temps qu'était étudiée la littérature française à travers ses « classiques ».

Ce patrimoine s'enrichit de nouvelles créations. Les prix littéraires sont l'occasion d'attirer l'attention du public sur des écrivains connus ou inconnus ; les quotidiens publient une chronique littéraire hebdomadaire ; l'émission *Apostrophes* à la télévision est une émission culturelle très suivie. Les adaptations d'œuvres littéraires au cinéma et à la télévision sont un moyen de les faire connaître ou relire.

Mais cinéma et télévision ne conservent d'elles que ce qui peut être montré et que ce qui est dit. Or l'écriture permet d'exprimer bien autre chose. Certains s'inquiètent de l'influence toujours plus grande de l'image au détriment du texte. À défaut de disparition, le patrimoine littéraire est-il menacé d'appauvrissement ?

Salle de lecture de la bibliothèque Sainte-Geneviève à Paris, construite de 1843 à 1850.

Ph. Revault-Pix

LA DIFFUSION DES TEXTES AU PUBLIC

Elle se fait essentiellement par les bibliothèques de prêt ou de consultation.

La Bibliothèque nationale. Installée dans une partie du palais Mazarin à Paris, c'est la plus importante des bibliothèques françaises. Elle ne prête pas, mais donne à consulter aux chercheurs de tous ordres. À partir du fonds créé par François 1er au XVIe siècle, elle s'est enrichie en périodiques (env. 600 000), cartes et plans (env. 500 000), estampes (5 millions), manuscrits (140 000)... et livres (plus de 6 millions), essentiellement grâce au dépôt légal. Imaginez la place que tiennent les seuls catalogues ! La bibliothèque d'Alexandrie était fabuleuse au 1er siècle avant J.-C. avec ses 700 000 manuscrits.

Les bibliothèques universitaires ou municipales. Une dizaine d'autres bibliothèques en France, quoique moins riches, sont comparables à la Bibliothèque nationale. En outre, chaque département au moins, et chaque municipalité de ville, chaque arrondissement dans Paris offre aux lecteurs une bibliothèque de prêt, souvent accompagnée d'une cassétothèque.

Des bibliobus équipés par les départements desservent les campagnes.

LECTURES DU THÉÂTRE CLASSIQUE

ART ET CULTURE
le patrimoine culturel

Un exemple un peu développé va nous permettre de voir comment a pu se transmettre une part du patrimoine littéraire. Le théâtre classique, celui du siècle de Louis XIV,

Phèdre, dans la mise en scène dépouillée d'Antoine Vitez (Ivry, 1975).

Ph. Coqueux

Ph. Bernand

Le *Tartuffe* de Molière, mis en scène par Roger Planchon en 1974.

METTRE EN SCÈNE AUJOURD'HUI

« En ce sens, le mot qui aujourd'hui m'irrite le plus est celui de dépoussiérage *(je veux dire : des classiques). Et non point parce que la mode change, mais parce qu'en effet il dit quelque chose que je refuse : l'idée que les œuvres seraient intactes, luisantes, polies, belles,* sous une couche de poussière, *et qu'en ôtant cette poussière on les retrouverait dans leur intégrité originelle.*

Alors que les œuvres du passé sont des architectures brisées, des galions engloutis, et nous les ramenons à la lumière par morceaux, sans jamais les reconstituer, car de toute façon l'usage en est perdu, mais en fabriquant, avec les morceaux, d'autres choses. Églises romanes faites avec des morceaux de bâtiments antiques. Ou, mieux encore, vieux hôtels du Marais transformés en magasins ou ateliers par des gens ingénus, ingénieux, qui coupaient les chambres dans le sens de la hauteur, et malheureusement aujourd'hui restaurés. Je les aimais pour leur nouvel usage. Le dépoussiérage, c'est la restauration. Notre travail à nous est tout au contraire de montrer les fractures du temps. »

Antoine VITEZ, interview dans *Dialectique,* n° 14.

a été, nous l'avons vu, une des gloires de ce siècle. Contrairement à d'autres formes d'art, contrairement aussi à l'art d'autres époques, il n'a jamais été, depuis trois siècles, oublié. Nous avons des témoignages de la manière dont il a été joué à différentes époques, et reçu par le public. Que de lectures variées d'un même texte ! Autant de preuves de la vitalité et de la pérennité de notre patrimoine théâtral !

QUI FAIT CES LECTURES ? D'abord, les responsables du spectacle : chefs de troupes, metteurs en scène, dramaturges, acteurs ; ensuite, le spectateur lui-même. Des éléments visuels entrent en jeu : décors, costumes, éclairages, déplacements des acteurs ; des éléments sonores : musique, bruitages, déclamation. Selon les époques, les moyens matériels, les intentions, on a privilégié tels ou tels de ces moyens. À nous de savoir repérer et comprendre.

• **Les lumières,** au XVIIe siècle, sont des chandelles disposées en rampe. La pièce est découpée en actes parce que les chandelles brûlent et qu'il faut les changer. Outre les « effets » dramatiques que permettent les « jeux d'orgue (1) » modernes, l'équipement électrique évite le découpage en actes : l'action en est plus resserrée.

• **Les costumes :** On sait qu'on jouait, au moment de leur parution, les tragédies de Corneille et de Racine, aux sujets antiques, dans les costumes de la cour de Louis XIV, avec des perruques. On laissait entendre que Phèdre, qu'Auguste éprouvaient les mêmes passions que les contemporains du roi. Le « jean » que pourrait porter Sganarelle le rapprocherait de nous.

Le XVIIIe siècle commence à avoir une exigence de vérité historique. Mais celle-ci paraît souvent si risible que les acteurs ne prennent que des demi-mesures : l'avare de Molière porte un costume 1650, et son fils, l'habit de 1788.

À notre époque, le choix ne se fait plus en ces termes opposés : costumes modernes ou costumes d'époque. On joue sur les couleurs, les matières, les formes des costumes conjointement avec celles des décors, soit pour les harmoniser, soit aussi pour créer des chocs, des ruptures.

• **L'objet théâtral.** Les personnages de la *Phèdre* de Racine appartiennent à la mythologie grecque, mais le metteur en scène y lit un drame de Racine en 1677 et de ses contemporains. A. Vitez fait voir l'époque historique par les planchers précieux, par l'*épinette,* point de rassemblement des personnages. Cet instrument si répandu à Versailles au temps de Louis XIV est pour les spectateurs de 1974, un instrument désuet qui indique la préciosité royale, et aussi une société très éloignée de la nôtre.

• **Théâtre et cinéma.** Le cinéma s'est emparé des textes du théâtre classique (voir *l'Avare* de L. de Funès, *les Fourberies de Scapin* de Coggio). Bien sûr, ce n'est plus du théâtre, mais c'est une lecture actuelle qui montre de ces textes des aspects que le théâtre suggérait plus difficilement. Molière ne les désavouerait peut-être pas.

(1) Jeu d'orgue : clavier électrique, électronique ou informatisé qui permet la commande des divers éclairages sur une scène de théâtre.

MOTS-CLÉS

déclamation n.f. : des témoignages des contemporains de Racine nous disent comment il faisait psalmodier ses vers à son actrice préférée, la Champmeslé, déclamation si près du chant que Lulli recommandait d'aller entendre la Champmeslé pour bien chanter sa musique. Au XVIIIe siècle, Diderot, agacé par le jeu des acteurs, prétendait ne bien suivre une pièce de théâtre que les yeux fermés, tout entier attentif à leurs intonations. Puis les siècles de littérature bourgeoise vont vouloir naturaliser le vers, le rapprocher de la prose.

tragédie classique : désigne ici la tragédie du XVIIe siècle écrite à l'imitation des anciens textes gréco-latins.

Scène de *Phèdre,*
de Racine (gravure de 1788).
J. B. Simonet - d'après Gravelot.

Ph. Larousse

LES ARTS VISUELS

ART ET CULTURE
le patrimoine culturel

Ph. Doisneau – Rapho

Sur le plateau Beaubourg,
le Centre Georges Pompidou,
haut lieu de la culture contemporaine.

BAUDELAIRE PARLE D'EUGÈNE DELACROIX

« Je vous demande la permission de me citer moi-même, car une paraphrase ne vaudrait pas les mots que j'ai écrits autrefois presque sous la dictée du maître :

La nature n'est qu'un dictionnaire, répétait-il fréquemment. Pour bien comprendre l'étendue du sens impliqué dans cette phrase, il faut se figurer les usages ordinaires et nombreux du dictionnaire. On y cherche le sens des mots, la génération des mots, l'étymologie des mots, enfin on en extrait tous les éléments qui composent une phrase ou un récit ; mais personne n'a jamais considéré le dictionnaire comme une composition, *dans le sens poétique du mot. Les peintres qui obéissent à l'imagination cherchent dans leur dictionnaire les éléments qui s'accommodent à leur conception ; encore en les ajustant avec un certain art leur donnent-ils une physionomie toute nouvelle. Ceux qui n'ont pas d'imagination copient le dictionnaire. Il en résulte un très grand vice, le vice de la banalité, qui est plus particulièrement propre à ceux d'entre les peintres que leur spécialité rapproche davantage de la nature dite inanimée, par exemple les paysagistes, qui considèrent généralement comme un triomphe de ne pas montrer leur personnalité. À force de contempler et de copier, ils oublient de sentir et de penser.*

Pour ce grand peintre, toutes les parties de l'art (...) ne sont que les servantes d'une faculté unique et supérieure. »

Ch. BAUDELAIRE, *l'Art romantique. L'œuvre et la vie d'Eugène Delacroix.*

L'Affiche, art graphique
et support publicitaire,
de J. Michel Folon
pour la Librairie Larousse.

Ph. Larousse

Un constat banal : les images nous entourent, nous assaillent. Un étonnant changement par rapport au passé qui offrait à une élite estampes, lithographies et surtout peintures à l'intérieur des habitations, mais rien au-dehors sinon pour des fêtes passagères.

De quoi est donc fait notre patrimoine dans les arts visuels ? Où pouvons-nous en jouir ? Quels en sont les prolongements ?

MOTS-CLÉS

design n.m. : discipline visant à une harmonisation de l'environnement humain et de la conception des objets usuels et de l'urbanisme.

éclectisme n.m. : désigne une tendance à aller chercher son bien en tout lieu. Un esprit éclectique, une culture éclectique.

impressionniste adj. et n. : se dit des peintres qui, à la fin du XIXe siècle, se sont efforcés d'exprimer dans leurs œuvres les impressions provoquées par les objets et la lumière.

surréaliste adj. et n. : s'applique à des artistes du XXe siècle qui ont donné à voir, dans leurs œuvres, le rêve, l'imaginaire.

Visite au Louvre

Les antiquités du bassin méditerranéen servent de soubassement au premier étage de peinture espagnole, italienne, française, hollandaise. On tient là les deux pôles de ce qui a formé notre goût : *la sculpture grecque*, à qui la sculpture romaine a servi de relais ; *la peinture de la Renaissance*, qui, après avoir été italienne, a largement essaimé à travers l'Europe. Le même éclectisme européen, occidental, est représenté dans la plupart des musées de notre pays, et, bien sûr, dans le musée imaginaire de chacun d'entre nous. *Patrimoine européen* donc, même si l'étude plus précise des œuvres permet de distinguer des styles, de saluer le génie français de très grands paysagistes, comme Poussin, le Lorrain, Watteau, de très grands portraitistes comme Ingres, l'importance de l'école française des « impressionnistes ». Mais qui est français parmi les « surréalistes » parisiens des années 20 ? Picasso ? Dalí ? Ernst ? Miró ? Leur influence est pourtant encore évidente. De nos jours, les galeries, la Foire internationale de l'art contemporain, sont des lieux de confrontation des productions mondiales, où le « design » (un mot américain sans équivalent en français, parce qu'il n'y a pas ici de tradition en ce domaine) trouve sa place.

Les affiches

Elles ont été souvent dessinées par des peintres connus, Puvis de Chavannes, Toulouse-Lautrec, Picasso. Actuellement, les « designers » vont plutôt chercher leur inspiration dans l'étude du marché. Mais « posters » et affiches artistiques ou reproductions de tableaux sous forme d'affiches (500 000 vendues par an dans les seuls musées) sont étroitement liés à la peinture, et font participer un nombre de plus en plus grand de personnes au patrimoine culturel.

Le cinéma

Une invention française, chacun le sait, qui date déjà de près d'un siècle. Les frères Lumière ont fait voir leur premier film, l'arrivée d'un train dans une gare, en 1895. Ce qu'eux-mêmes considéraient d'abord comme un amusement de foire est vite devenu le septième art (quels sont, à votre avis, les six autres ?). Nous pouvons prendre connaissance des archives du cinéma à la Cinémathèque, à Paris, un lieu unique au monde, que nous envient même les Américains, pour ses richesses en matériel disparu, maquettes, costumes, découpages. En 1986, elle sera intégrée à l'Institut national de l'image et du son. De nombreuses salles d'art et d'essai à Paris et en province font connaître ce patrimoine nécessaire souvent à la compréhension des films actuels qui, comme la littérature, imitent, s'opposent, citent, font des clins d'œil au passé.

La télévision

Plus de 93 p. 100 des Français, toutes catégories sociales confondues, possèdent un appareil de télévision. Elle a encore quelque peine à n'être pas le simple instrument de communication de manifestations culturelles qui se passent ailleurs : théâtre, concerts, films retransmis. Elle a à créer sa propre tradition. La voie lui a été montrée par des réalisateurs de talent qui ont pensé petit écran, public réduit : entrevues avec des personnalités, mais aussi productions d'art dont le *Don Juan* de Bluwal, l'adaptation des nouvelles de Maupassant par Santelli restent des modèles.

La reproduction du mouvement par le cinéma (extraits des bandes de *l'Arrivée du train en gare de la Ciotat* des frères Lumière.

Ph. X.

LA MUSIQUE

ART ET CULTURE
le patrimoine culturel

Éléments du culte religieux, éléments indispensables de la fête et du spectacle, moyens d'expression des sentiments, le chant et la musique constituent, aujourd'hui, notre envi-

Ph. Alix – Sipa-Press

La fête de la Musique à Paris, en juin 1985.

LA CHANSON, UNE INDUSTRIE

« En 1953, la chanson de variété française se répandait dans le public à travers la radio, le music-hall ou le juke-box. Personne ne faisait d'abord carrière avec des disques. La cassette n'était pas encore au point.

La France et ses chanteurs s'appuient sur une double tradition, le music-hall, implanté depuis un siècle, et la chanson de langue française, millénaire. Le disque et la radio seront renforcés dans les années 60 et 70 par la télévision et la cassette. Avec elles, les circuits se consolident. On aboutit à une consommation intensive de la chanson, au triste et merveilleux « tube » qui évoque d'abord l'image d'un public gavé. Un tube, c'est un succès commercial qui ne prétend pas toujours à la réussite esthétique...

La production de chansons est gigantesque. Cinquante mille titres déposés en 1965 à la Société des auteurs, compositeurs et éditeurs de musique (S. A. C. E. M.) et à la S. A. B. A. M., son équivalent belge. »

Olivier TODD, *Jacques Brel, une vie,* © Robert Laffont.

Ph. Ch. Sappa – C.E.D.R.I.

Luthier finissant une vielle à roue à Toucy (89).

ronnement culturel le plus quotidien. Ils forment aussi un patrimoine original par la multiplicité des héritages qui le composent, par la variété de ses éléments, par la vitalité qui anime sa diffusion, sa conservation, et même, sa restauration.

Les moyens modernes de communication lui accordent une place privilégiée ; ils peuvent aussi favoriser à l'excès des formes d'expression et des modes.

MOTS-CLÉS

baroque adj. : le terme de musique baroque est très utilisé et très controversé. Il désigne la musique d'une période qui va de la Renaissance au XVIIIe siècle. Une de ses caractéristiques serait l'emploi des ornements.

concrète adj. : se dit d'une musique faite de *bruits* empruntés à la vie courante, manipulés, montés en séquences. Pierre Schaeffer a été un des premiers à produire pour la radio des œuvres de musique concrète.

polyphonie n.f. : musique qui superpose plusieurs mélodies. Elle peut se jouer sur un seul instrument.

symphonie n.f. : elle est toujours polyphonique et suppose plusieurs instruments qui se font entendre ensemble.

trouvère n.m. : nom donné aux compositeurs de musique au Moyen Âge. On disait « troubadour » en langue d'oc.

LES TÉMOIGNAGES ABONDENT DÈS LE MOYEN ÂGE : musique et chant ont une triple origine, l'Église et ses cérémonies, la cour du seigneur ou du roi, et ses plaisirs, la fête populaire et ses danses. La musique religieuse a conservé, en les enrichissant, ses caractères propres ; la musique de cour a évolué vers la musique de concert, la musique de ballet et l'opéra. Devenue « musique de danse » et « variété », la musique qui accompagnait les réjouissances populaires s'enrichit plus spontanément de rythmes nouveaux.

La lecture d'une histoire de la musique en France permet de dégager les étapes successives de la création musicale dans notre pays : jusqu'au XIIIe siècle, celle-ci est d'origine méridionale (chant grégorien, compositions des troubadours) ; puis Flandre et Bourgogne prennent le relais jusqu'au XVIe siècle. L'influence italienne marque le XVIIe siècle ; celle des grands compositeurs allemands du XVIIIe et du XIXe siècle pénètre à son tour, au moment où l'opéra italien, renouvelé, impose sa puissance tragique à la sensibilité d'un public toujours plus nombreux, bientôt attiré par l'éclat de la musique russe de ballet à l'aube du XXe siècle.

La musique française s'est encore enrichie de l'utilisation et de l'invention d'instruments étrangers et nouveaux. Violon et piano sont venus d'Italie au début du XVIIIe siècle ; la clarinette est allemande et a le même âge. Vedette des bals musette, l'accordéon est né en Autriche en 1829. Né en France entre 1840 et 1846, le saxophone porte le nom de son inventeur, Adolphe Sax. Il nous est revenu au XXe siècle par l'intermédiaire du jazz qui, des États-Unis, a également apporté la guitare électrique et l'orgue électronique (inventées vers 1935)... en attendant le synthétiseur.

La fête est locale, le concert fut longtemps confiné dans des salles. Le phonographe et le disque, la radio, le magnétophone et la cassette ont permis de fixer d'abord les créations musicales contemporaines et de les diffuser. Ils ont aussi contribué à constituer un public toujours plus nombreux, aux curiosités les plus diverses. Le cinéma fait appel à des musiques originales, musiques d'accompagnement de l'image, destinées à renforcer l'expression de l'image ; la télévision retransmet à domicile le spectacle des opéras, des soirées de variétés, des ballets classiques, des concerts classiques, de jazz et de rock and roll. Les récitals et les tournées de vedettes de la chanson et d'orchestres, les festivals de musique tiennent une place importante dans notre civilisation de loisirs. Des espaces nouveaux sont mis au service de la musique (théâtres de verdure, Zénith, Palais omnisports de Bercy...).

Concert au Conservatoire de musique de Paris, le 16 mai 1885 : *la Passion selon Saint-Matthieu* de J.-S. Bach coll. A. Mayer.

Ph. Artephot

LA VOIX

Ce sont les chansons, chantées autrefois par les nourrices, maintenant par les mères ou les maîtresses d'école maternelle, qui font souvent la première initiation à la musique. Plus d'un millier d'entre elles subsistent dans la mémoire populaire, que recueillent maintenant des chercheurs. Impossible de distinguer chansons populaires et chansons savantes. Au XIIIe siècle, une époque particulièrement florissante en trouvères (il y en avait 182 dans la seule ville d'Arras à se disputer les prix des concours), des poètes composaient pour un public averti, mais un certain nombre de ces chansons avaient un succès populaire. Jusqu'à la fin du XVIe siècle, la chanson franco-flamande a exercé son prestige sur toute l'Europe, et même au-delà : on chantait au Mexique *la Bataille de Marignan*. Chansons de cour, chansons d'amour, chansons de révolte aussi : on a pu dire que la monarchie était tombée au XVIIIe siècle au bruit des chansons. Celles de Béranger (1780-1857) ont accompagné de leur protestation populaire tous les troubles politiques et sociaux du XIXe siècle. Plus intimement poétiques mais également contestataires sur le plan social, récemment, les chansons de Brassens, de Brel, actuellement celles de Ferré, de Renaud, et de bien d'autres chanteurs continuent cette tradition.

LES ARTS ET TRADITIONS POPULAIRES

ART ET CULTURE
le patrimoine culturel

On a fait une revue, incomplète il est vrai, de ce qu'on est convenu d'appeler les beaux-arts. La familiarité avec eux constitue une partie importante de la culture. Mais nous sentons bien qu'il y a quelque chose de plus immédiat

Ph. Ch. Sappa - C.E.D.R.I.

Cuisine dans une habitation du village des « bories » (Gordes, Vaucluse).

UN PETIT FER ARRONDI DES DEUX BOUTS

« Cependant les fortes chaleurs étaient venues. Un après-midi de juin, un samedi que l'ouvrage pressait, Gervaise avait elle-même bourré de coke la mécanique, autour de laquelle dix fers chauffaient dans le ronflement du tuyau. À cette heure, le soleil tombait d'aplomb sur la devanture, le trottoir renvoyait une réverbération ardente, dont les grandes moires dansaient au plafond de la boutique ; et ce coup de lumière, bleui par le reflet des étagères et de la vitrine, mettait au-dessus de l'établi un jour aveuglant, comme une poussière de soleil tamisée dans les linges fins. Il faisait là une température à crever. On avait laissé ouverte la porte de la rue, mais pas un souffle de vent ne venait ; les pièces qui séchaient en l'air, fumaient, étaient raides comme des copeaux en moins de trois quarts d'heure (...). Gervaise pourtant venait de commencer un bonnet appartenant à Mme Boche, qu'elle voulait soigner. Elle avait préparé de l'amidon cuit pour le remettre à neuf. Elle promenait doucement dans le fond de la coiffe le polonais, un petit fer arrondi des deux bouts... »

Émile ZOLA, *L'Assommoir.*

transmis au sein des familles, des communautés, qui fait que les Français se reconnaissent entre eux, ou qu'on les reconnaît : manières de se vêtir, de manger, de se tenir (bien ou mal), souvenirs de fêtes et coutumes vécues dans notre pays. Cet ensemble constitue les arts et traditions populaires qui sont au cœur de notre patrimoine culturel. Qu'est-ce qui a pu faire naître l'idée de sauvegarder ces pratiques ? Quels « objets culturels » a-t-on choisi ? Comment les faire rentrer dans le courant vivant de la modernité ?

ON VIT MAL SANS MÉMOIRE ET SANS HISTOIRE. L'urbanisation généralisée en un siècle, les progrès techniques dans les transports, les médias, ont profondément transformé les styles de vie. Le passé dont vous parlent les gens âgés vous paraît à peine croyable : pas de télévision ; pas de réfrigérateur, de voiture ni de machine à laver. Comment pouvait-on vivre ? Et pourtant, eux sont là, encore vivants. Comment répondre à cette curiosité, jointe à un besoin de comparer à l'époque actuelle ?

Une curiosité ethnologique

En étudiant la vie d'un village, on veut comprendre et faire comprendre le fonctionnement d'un groupe social, saisissable parce que géographiquement limité. On pourra peut-être ensuite appliquer les conclusions à d'autres groupes différents et plus vastes. Dès la fin du XIXe siècle, le musée d'ethnographie contient une section folklorique française. Ce qu'on y voit suscite réflexion, prise de distance, capacité de comparer, de mieux comprendre, de juger le présent. Mais que garder ? La nostalgie nous oriente tout naturellement vers les objets familiers de la vie rurale, qui pourront *témoigner d'une manière de vivre* et être comparés avec les objets qui se sont substitués à eux dans les mêmes circonstances (par ex. le fer à repasser en fonte, à chauffer sur une cuisinière, la faucille).
D'autres objets sont collectés :
- les *outils* qui nous parlent de la survie et du travail des hommes, qui révèlent la main industrieuse et la capacité de s'adapter au mieux à l'usage désiré en conjuguant beauté et utilité ;
- les objets de la *vie domestique* (meubles, vêtements de tous les jours, mais aussi ceux qui disent le plaisir de se parer, de vivre, vêtements de fête, bijoux) qui nous révèlent la taille, la forme des corps, les mouvements possibles et nous font imaginer aussi un autre rapport au temps et à l'appropriation ;
- les objets liés à la *vie sociale* (jeux, fêtes, rites religieux ; jouets, objets de culte, objets traditionnellement fabriqués à l'occasion de fêtes, comme les œufs de Pâques peints qu'on s'offrait à la fin du carême) ;
- les *chansons* (chansons de nourrices, chansons de fins de repas).

Des musées vivants

Pour que le musée soit, comme le disait un de ses conservateurs, « *une mémoire*, et *pas un cimetière* », on *présentera les objets dans des ensembles.*

Entre autres, des réussites au musée national des Arts et Traditions populaires. La salle commune complète d'une maison du Finistère. Les objets y sont dans leur position d'utilisation ; les meubles sont ceux où ont vécu plusieurs générations. Le feu est allumé ; le crucifix préside au repas qui se prépare ; un atelier de forgeron, où tous les outils sont prêts à servir. Enregistrée, la voix du dernier forgeron nous parle directement pour nous initier à son travail. Mieux encore, des quartiers anciens de certaines villes, à Strasbourg par exemple, sont entretenus, restaurés et totalement intégrés à la vie moderne. Le rassemblement des objets par régions permet de faire valoir l'originalité des styles, de répondre par une provocation à l'uniformité menaçante. Veiller à ce patrimoine de traditions n'est pas une attitude de frileux retour en arrière, mais une des façons de ne pas laisser perdre la leçon d'ingéniosité et d'en user dans le même esprit créatif avec les techniques modernes.

MOTS-CLÉS

arts n.m.pl. : pris ici dans le sens de « techniques », qu'il avait au XVIIIe siècle et qu'il conserve dans l'expression « arts et métiers ». Se retrouve dans artisan, artiste, deux mots à ne pas opposer.

domestique adj. : qui concerne la maison (du latin *domus,* la maison).

écomusée n.m. : institution visant à l'étude, à la conservation et à la mise en valeur d'un ensemble de témoignages relatifs à la vie d'un lieu, d'une région.

ethnographie n.f. : branche des sciences humaines qui a pour objet l'étude descriptive des ethnies.

ethnologique adj. : formé à partir d'ethnologie, science qui s'intéresse à l'étude des comportements d'un peuple, d'un groupe d'une même culture.

prolétariat n.m. : classe sociale caractérisée parce qu'elle n'a que la force de ses bras pour subsister. Les conditions de vie faites aux prolétaires au début du XIXe siècle ont été effroyables : travail excessif (60 à 70 heures par semaine), salaires très bas, grande misère physique et morale.

Quartier sauvegardé à Strasbourg : la Petite France.

Ph. Ch. Sappa – C.E.D.R.I.

LA PRÉHISTOIRE : QUEL PATRIMOINE ?

ART ET CULTURE
le patrimoine culturel

Si nous comparons avec ce que nous ont légué les hommes de l'Antiquité et du Moyen Âge et, bien sûr, ceux des périodes plus proches de la nôtre, c'est peu de choses que nous ont

Ph. Hinz

Lascaux : la salle des taureaux.

UN NOUVEAU SANCTUAIRE PALÉOLITHIQUE

Un nouveau sanctuaire magdalénien (13 000-8 000 avant J.-C.) vient d'être découvert en Dordogne par le Spéléo-Club de Périgueux et authentifié par le Centre national de la recherche scientifique. Il s'agit d'une grotte à voûte très basse sur laquelle ont été localisées de nombreuses gravures, parmi lesquelles un bison, des cervidés, des formes animales non identifiées, une grande représentation du sexe féminin et des ponctuations noires protégées par un voile de calcite.

La localisation du site est, pour l'instant, gardée secrète pour éviter un afflux incontrôlé de visiteurs et d'amateurs. La Direction régionale des antiquités préhistoriques d'Aquitaine, informée de la découverte, pourrait décider de clore la cavité pour en assurer la sauvegarde.

Le Monde, 13-14 avril 1986.

laissé les hommes qui ont vécu sur notre sol pendant ces longs millénaires. Des armes, des outils rudimentaires, d'énormes blocs de pierre à peine équarris et mystérieusement disposés : tout cela peut-il appartenir à notre patrimoine ?

Pourtant les menaces qui pèsent sur eux sont sérieuses et leur protection, souvent réussie, doit être le plus largement assurée.

En Bretagne comme en Corse, on peut découvrir des monuments semblables dont la signification nous est mal connue ; en Picardie et dans le Poitou, les musées nous offrent les mêmes moissons de pointes de silex taillées et de haches polies ; en Périgord, les peintures rupestres découvertes annoncent celles qui sont connues en Espagne.

Recueillis dans les musées ou isolés dans les campagnes, ces objets témoignent pourtant du lent éveil de l'intelligence de l'homme. Cette intelligence lui a permis de survivre, puis de vivre en dominant d'abord ses concurrents : les animaux, mais aussi d'autres hommes, en dominant enfin progressivement la matière et la nature.

Il en a fallu, en effet, de l'intelligence pour découvrir que le silex tranché était plus efficace que le gros caillou tenu dans le poing ; pour découvrir que le manche ou l'arc donnaient plus de force à la pointe affûtée ; pour passer des deux mains réunies en coupe pour retenir l'eau de la source ou de la rivière à l'idée de reproduire cette forme en argile pour en faire le vase qui permettra de la transporter ou de la conserver.

La hache de pierre polie, emmanchée, ne diffère guère, dans son principe, de la hache d'armes et de celle du bûcheron. La poterie grossière du néolithique aboutit enfin au jerricane et à la cocotte-minute. L'obélisque des monuments aux morts de nos communes est un lointain rappel des menhirs dressés pour des cultes aujourd'hui oubliés. Est-elle si grande, la distance qui sépare les taureaux de Lascaux des taureaux peints par Picasso ?

L'absence de témoignage écrit doit nous rendre attentifs à tout ce qui peut nous renseigner sur la vie des hommes avant l'invention de l'écriture, c'est-à-dire avant l'histoire : sous plusieurs centimètres de terre, les vestiges d'un foyer peuvent être « lus »... à condition qu'on ne les efface pas d'un coup de pioche ou d'un coup de pelle.

Souvent disséminés et isolés, parfois même oubliés depuis des millénaires dans des lieux difficiles d'accès, les éléments d'un véritable patrimoine préhistorique sont à la merci de découvertes dues au hasard et de découvreurs ignorants ou inexpérimentés. Parfois même leur sauvegarde n'écarte pas toutes les menaces de dégradation : la couche de calcite qui a protégé les peintures de la grotte de Lascaux pendant près de 20 000 ans n'a pas résisté aux modifications de l'atmosphère apportées par l'aménagement de la grotte et par le passage des visiteurs.

NOTRE PLUS LONG PASSÉ

• Il n'est pas toujours facile de dater les vestiges préhistoriques. Toutefois, l'analyse du taux de désintégration des éléments radioactifs (carbone 14, potassium/argon) permet de hasarder quelques chiffres. Ceux-ci font apparaître que ce qu'on nomme « l'accélération de l'histoire » s'étend aussi à la préhistoire. Une représentation graphique des plus grands événements est souvent faite selon une échelle « logarithmique », ce qui veut dire que, de gauche à droite, chacun des segments *égaux* représente par exemple un intervalle de temps *dix fois plus court* que le précédent. Essayez de la réaliser en utilisant ces données :

2 000 000 d'années : premiers vestiges humains en France
200 000 ans : industrie de la pierre taillée
20 000 ans : début du néolithique – l'homme sculpte l'homme (Vénus de Lespugue)
2 000 ans : Début du christianisme
200 ans : Révolution française
20 ans : conquête de l'espace

MOTS-CLÉS

calcite n.f. : dans les régions calcaires, carbonate de calcium cristallisé dissous dans l'eau et déposé par le ruissellement de celle-ci sur la paroi de certaines grottes. Sa pureté lui donne de la transparence et sa dureté lui a permis de conserver jusqu'à nous les peintures vieillies de plusieurs millénaires.

magdalénien n.m. : période de la préhistoire comprise entre 14 000 et 10 000 ans avant notre ère (fin du paléolithique). Elle a été définie à partir de découvertes faites dans la commune de La Madeleine (Dordogne). Cette période correspond à la fin de la dernière glaciation qui a recouvert le nord de l'Europe. À cette civilisation appartiennent les peintures de Lascaux.

néolithique n.m. : période de la préhistoire comprise entre 6 000 et 2 500 ans avant J.-C. L'élevage apparaît ; l'outillage se développe et se perfectionne (pierre polie) ; les hommes pratiquent la culture de céréales et se regroupent en villages.

paléolithique n.m. : période la plus ancienne de la préhistoire, qui a duré jusque vers 10 000 ans avant J.-C. Ce terme désigne aussi des civilisations de la cueillette, de la chasse et de la pêche, caractérisées par l'outillage de pierre taillée, le nomadisme avec occupation de grottes.

rupestre adj. : gravé ou peint sur les rochers. Les gravures et les peintures rupestres sont celles qui ont été exécutées sur les parois des grottes.

Statue-menhir de Filitosa (Corse-du-Sud).

Ph. Lénars

TYPOLOGIE DE L'HABITAT TRADITIONNEL

ART ET CULTURE
le patrimoine culturel

Vous avez sûrement déjà remarqué combien l'habitat traditionnel est profondément typé. Savez-vous qu'il est le résultat non seulement de l'utilisation de matériaux locaux

Cherchez à quel type de maison rurale se rattache le plus l'habitat traditionnel de votre village, de votre région. Faites la relation entre l'architecture et les fonctions économiques. Quelles conclusions tirez-vous ? Aidez-vous des indications qui suivent. Cette relation est-elle toujours valable aujourd'hui ?

Ph. Larousse

Ferme bretonne,
près de Carnac (Morbihan).

Ph. Beaujard

Ferme beauceronne,
près de Bonneval (Eure-et-Loir).

Ph. P. Maurer – C.E.D.R.I.

Maison alsacienne
du Sundgau (Haut-Rhin).

assemblés selon des techniques variées, mais aussi de la prise en compte de conditions particulières du milieu telles que : le climat, l'ensoleillement, la direction majeure des vents. Savez-vous encore que cet habitat est étroitement fonction des activités économiques (culture ou élevage) et de la structure sociale (petite propriété, gros fermage, petit métayage) ? Il en résulte une variété considérable de modèles, de la répartition des bâtiments, d'agencement des matériaux qui caractérisent de façon indéniable une région.

MOTS-CLÉS

communs n.m.pl. : constructions et annexes qui composent l'ensemble des bâtiments d'exploitation : bûcher, poulailler, cabane à outils, caves, hangars, granges, etc.

exploitation viticole : domaine où l'on produit du raisin pour faire du vin. Parfois la récolte est transformée sur place dans les caves de l'exploitation, mais le plus souvent, elle est portée à la coopérative de vinification qui se charge de la fabrication et de la commercialisation du vin.

grange n.f. : dépendance d'une exploitation agricole où étaient entreposées autrefois les gerbes de blé après la moisson. Pendant l'hiver, le blé y était battu et vanné. Au Moyen Âge, on appelait « grange » une exploitation agricole qui dépendait d'un monastère.

porte cochère : les maisons rurales et les exploitations agricoles dont les bâtiments sont répartis autour d'une cour communiquaient avec la rue par une grande porte par où passaient les attelages et les charrettes : la porte cochère. Celle-ci était plus ou moins monumentale, selon la taille et le niveau d'aisance de l'exploitant et de sa famille. Elle s'accompagnait parfois d'une porte piétonne. Elle existait également en ville, dans les grandes maisons particulières et les immeubles, où elle faisait place aux voitures à cheval.

typologie n.f. : étude des traits caractéristiques d'un ensemble (ici de constructions).

Les caractéristiques de l'habitat traditionnel

Le climat et l'ensoleillement jouent un rôle dans l'allure des toits, l'importance et la localisation des ouvertures. Le sens des vents dominants détermine souvent l'orientation de la maison. Ainsi, le « mas » provençal tourne le dos au mistral ; les murs sont aveugles du côté nord et la façade oriente toutes ses ouvertures vers l'est ou le sud.

Plus évident encore est le rôle joué par les ressources locales. En effet, pour bâtir, le paysan se sert naturellement des matériaux qu'il a sous la main. Dans les régions où les éclats de pierre recouvrent le sol (causses, pays méditerranéens), les murs et les toits des maisons sont construits avec ces éclats. Dans les régions granitiques (Limousin, Bretagne) et calcaires (Île-de-France, pays de Loire), les maisons sont de pierres taillées et les toits de chaume ou de tuiles. Dans les régions argileuses (Aquitaine) ou limoneuses (plaine picarde), les murs des maisons sont en briques cuites ou crues. Enfin, les activités économiques et la structure sociale jouent un rôle déterminant. Le plan et le dispositif des bâtiments ruraux sont des indications essentielles pour la nature des activités (prédominance de la culture sur l'élevage ou inversement) et l'importance des superficies concernées par les champs et les prairies.

La maison-bloc

En général, la maison-bloc en longueur est formée d'éléments accolés où se succèdent, sur le même plan, le logement de l'homme, celui des animaux et parfois la grange. Elle est de dimension réduite ; elle correspond à une petite exploitation où l'engrangement des foins est réduit car l'élevage se fait en plein air. Ce type de maison, avec toutes ses variantes, se trouve chez les petits exploitants du Sud-Ouest et de l'Ouest et dans le nord de la France. La maison-bloc en profondeur doit sa structure à la nécessité d'engranger : c'est le développement de la grange qui modifie l'allure de la maison. Ainsi en est-il en Thiérache, en Lorraine, en Franche-Comté et en Aquitaine. La maison-bloc en hauteur superpose les locaux au lieu de les juxtaposer : les bêtes et les communs sont au rez-de-chaussée ; les pièces d'habitation auxquelles on accède par un escalier extérieur sont à l'étage. C'est la maison des petites exploitations viticoles, ou d'élevage en plein air : Midi aquitain et méditerranéen. C'est aussi la maison des régions à sous-sol résistant : Côte-d'Or, Bretagne.

La maison-cour

La maison-cour dessine souvent un quadrilatère qui ne communique avec l'extérieur que par une porte cochère. Cette maison est généralement localisée dans les pays de grande culture, de grande exploitation : Brie, Beauce, Valois...

La maison à bâtiments séparés

La maison à bâtiments séparés assure l'indépendance de la maison d'habitation à l'égard des autres constructions de la ferme. Elle correspond aux moyennes exploitations et aux régions d'élevage, comme la France de l'Ouest (Pays de Caux) mais aussi les pays de transhumance (Alpes du Nord) où les bâtiments s'étagent en altitude.

Ph. Riel – Atlas-Photo

PETITS MONUMENTS RURAUX

ART ET CULTURE
le patrimoine culturel

Il existe, à côté des maisons d'habitation, une foule de constructions qui répondent aux besoins collectifs de la population villageoise. On distingue l'architecture de l'eau

Dessinez un lavoir que vous connaissez. Décrivez ses caractéristiques. Recherchez des exemples différents. Que pensez-vous de leur variété et de leur fonctionnalité ?

Ph. Lauros – Giraudon

Lavoir du XVIIIe siècle à Tonnerre (Yonne).

Colombier sur colonnes.

Ph. Sudres – Scope

Faites l'inventaire des types de colombiers qui existent dans votre région. Dessinez les plus remarquables.

LE MOULIN DE DAUDET

Par-devant maître Honorat Grapazi, notaire à la résidence de Pampérigouste (1),
« A comparu :
« Le sieur Gaspard Mitifio, époux de Vivette Cornille, ménager (2) au lieudit des Cigalières et y demeurant ;
« Lequel par ces présentes a vendu et transporté sous les garanties de droit et de fait, et en franchise de toutes dettes, privilèges et hypothèques,
« Au sieur Alphonse Daudet, poète, demeurant à Paris, à ce présent et ce acceptant,
« Un moulin à vent et à farine, sis dans la vallée du Rhône, au plein cœur de Provence sur une côte boisée de pins et de chênes verts ; étant ledit moulin abandonné depuis plus de vingt années et hors d'état de moudre, comme il appert des vignes sauvages, mousses, romarins, et autres verdures parasites qui lui grimpent jusqu'au bout des ailes ;
« Ce nonobstant, tel qu'il est et se comporte, avec sa grande roue cassée, sa plate-forme où l'herbe pousse dans les briques, déclare le sieur Daudet trouver ledit moulin à sa convenance et pouvant servir à ses travaux de poésie, l'accepte à ses risques et périls, et sans aucun recours contre le vendeur, pour cause de réparations qui pourraient y être faites.
« Cette vente a lieu en bloc moyennant le prix convenu, que le sieur Daudet, poète, a mis et déposé sur le bureau en espèces de cours, lequel prix a été de suite touché et retiré par le sieur Mitifio, le tout à la vue des notaires et des témoins soussignés, dont quittance sous réserve.
« Acte fait à Pampérigouste, en l'étude Honorat, en présence de Francet Mamaï, joueur de fifre, et de Louiset dit le Quique, porte-croix des pénitents blancs ;
« Qui ont signé avec les parties et le notaire après lecture... »

Alphonse DAUDET, *Les Lettres de mon moulin,* Classiques Larousse.

(1) *Pampérigouste :* pays imaginaire.
(2) *Ménager :* cultivateur propriétaire d'un *mas.*

(abreuvoirs, fontaines, puits), l'architecture artisanale ou agricole (colombiers, moulins), l'architecture religieuse (croix, calvaires, oratoires, chapelles) et les commémorations civiles (monuments aux morts). Réalisées suivant les traditions architecturales locales, avec les matériaux extraits sur place, ces diverses constructions allient les exigences fonctionnelles aux préoccupations esthétiques. Mais n'avez-vous pas remarqué que, devenues inutilisées, elles sont délaissées et menacent ruine ?

L'HABITAT TRADITIONNEL ne se réduit pas aux maisons d'habitation. Il existe une foule de petits immeubles ruraux dont les préoccupations esthétiques rejoignent les exigences fonctionnelles et qui sont d'irremplaçables témoignages de la vie au village autrefois. L'intérêt tout récent qu'on leur porte est d'autant mieux venu qu'ils sont rarement protégés en tant que monuments historiques et par conséquent très menacés. Il se rapportent soit à l'architecture de l'eau, soit à l'architecture religieuse, soit à l'architecture civile.

L'architecture de l'eau concerne les abreuvoirs, les fontaines et les lavoirs. L'abreuvoir est soit une fosse creusée à même le sol, alimentée par une source, soit une auge en pierre ou en fer parfois décorée. La fontaine peut être surmontée d'une simple stèle et faire office d'abreuvoir. Les grandes fontaines à bassin circulaire présentent un pilastre central simple ou accompagné de sculptures. Les lavoirs ont des formes variées et sont entièrement ouverts sur l'extérieur ou fermés, à l'allure de maisonnette. Leurs matériaux de construction sont analogues à ceux que l'on trouve dans l'architecture traditionnelle de la région : moellons enduits, pierre calcaire appareillée, bois et torchis, etc. Les puits se présentent soit comme une niche aménagée, soit comme un cylindre maçonné surmonté d'un cône, soit encore en forme d'édicule fermé par une porte.

Dans l'architecture civile, à vocation artisanale ou agricole, il faut citer les colombiers et les moulins à vent ou à eau. Ces derniers étaient autrefois de véritables moteurs hydrauliques utilisés pour mouvoir toutes sortes de machines : tour, martinet, soufflet de forge, scie horizontale, etc. La recherche de leurs traces, associée à celle des documents d'archives, éclaire tout un aspect de la vie industrielle jusqu'au XIXe siècle, voire jusqu'à une époque récente.

L'architecture religieuse comprend les croix, les calvaires, les petits oratoires et les chapelles. Enfin, il faut s'intéresser à l'art commémoratif représenté par les monuments édifiés en souvenir de la guerre de 1914-1918 dont les thèmes décoratifs ou les sculptures nous renseignent sur tout un ensemble de valeurs véhiculé entre les deux guerres : patriotisme, amour de la terre...

MOTS-CLÉS

calvaire n.m. : petit monument surmonté d'une croix ou d'une représentation sculptée religieuse : Christ en croix, Vierge en adoration, figures de la vie du Christ, etc. Dans l'ouest de la France, le calvaire est un véritable autel chargé de sculptures d'une grande beauté.

colombier ou **pigeonnier** n.m. : bâtiment, souvent en forme de tour percée de petites ouvertures, destiné à élever des pigeons. Avant 1789, sous le régime féodal, seuls les seigneurs avaient le droit de posséder des colombiers.

forge n.f. : atelier où l'on fond le minerai de fer pour obtenir la fonte de laquelle, dans une forge traditionnelle, on extrait le fer. La forge utilise, outre le minerai, beaucoup de charbon de bois, pour réduire le métal, et de l'eau, pour mouvoir la roue hydraulique qui transmet le mouvement au mécanisme (soufflet de forge, martinet...).

manoir n.m. : maison seigneuriale qui ne comporte pas de fortification. Le terme vient du latin *maneo, es, ere,* qui veut dire demeurer, rester. Le manoir était à proprement parler la résidence du seigneur. Par la suite, on donna le nom de manoir à toute demeure de quelque importance au village, habitée par un rentier ou un riche personnage.

oratoire n.m. : petit édifice religieux isolé dans la campagne ; on parle également d'oratoire dans le cas de chapelles privées dans les maisons riches, seigneuriales ou non.

Calvaire et porte triomphale à St-Thegonnec (Finistère).

Ph. Cl. Rives – C.E.D.R.I.

REPRÉSENTATION EN PERSPECTIVE AXONOMÉTRIQUE

• Relevez les dimensions d'un petit monument rural de votre choix. Dessinez-en le plan et l'élévation. Puis placez le plan dans un repère orthonormé *(1)*. Chacun des points de la figure se voit ainsi attribuer une abscisse et une ordonnée que vous portez ensuite sur un repère normé dont les axes ont un angle de 120 ° *(2)*. Il ne nous reste plus qu'à porter les hauteurs à la verticale des points *(3)*. Exemple : dessinez l'axonométrie d'un parallélépipède ($L = 5$, $l = 3$, $h = 2$).
• Un truc pour dessiner l'axonométrie d'un cercle : dessinez-le d'abord dans un quadrillage orthogonal puis portez à l'aide d'un compas les mesures dans le repère normé.

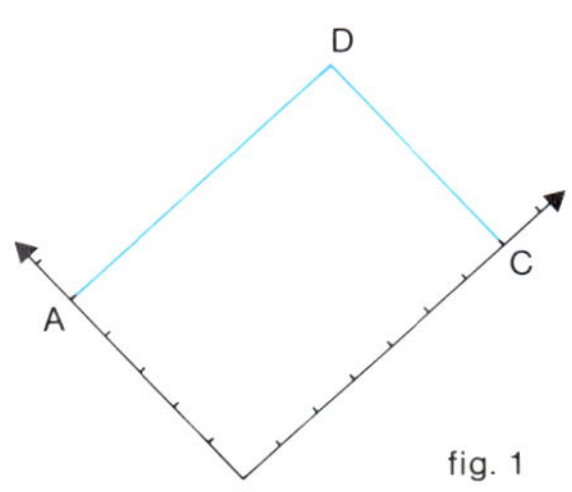

fig. 1

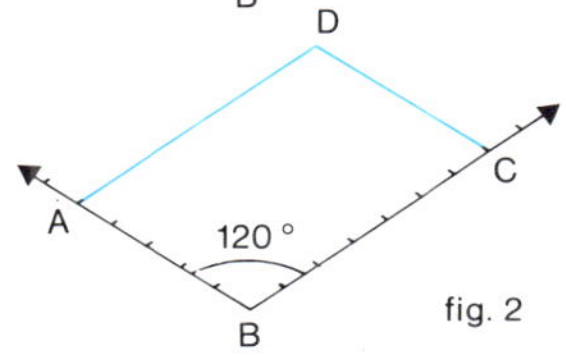

fig. 2

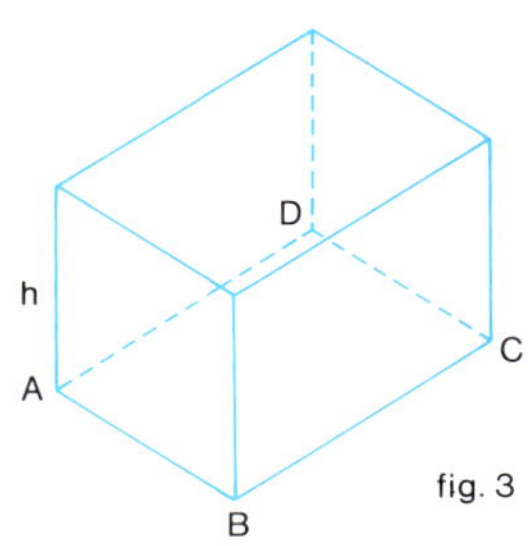

fig. 3

LES POUVOIRS AU VILLAGE

ART ET CULTURE
le patrimoine culturel

Saviez-vous que l'architecture des maisons et des grandes constructions de nos villages reflète les transformations récentes apportées au cours du XIXe siècle ? Les ateliers, les

Ph. R. Mazin – TOP

Manoir de St-Germain de Livet, XVIe siècle.

Ph. Atget

La place de l'église à Longjumeau, à la fin du XIXe siècle.

Recherchez et comparez l'architecture des mairies, des manoirs et des maisons bourgeoises de votre région. Montrez par quels traits elle révèle l'affirmation des pouvoirs institutionnels ou sociaux : aspect monumental, décoration locale ou d'inspiration citadine...

maisons des ouvriers à domicile sont facilement observables.

Et les maisons des notables, les distinguez-vous ? Villas cossues des bourgeois rentiers ou exerçant des professions libérales, châteaux ou gentilhommières des familles nobles... Vous reconnaissez, au centre du village, les nouveaux pouvoirs que révèle l'allure de la mairie flanquée de ses écoles, tandis que, non loin de là, l'église rappelle l'ancienneté et l'enracinement de la collectivité villageoise.

Manoir et maisons bourgeoises

TOUS CEUX QUI VIVENT AU VILLAGE ne sont pas forcément des paysans. Dans certaines régions de France, on distingue aisément la maison de l'ouvrier textile à domicile, qui a placé son métier près d'une grande claire-voie (passementiers de Montreuil-aux-Lions, sur la Marne) ou dans une cave (ouvriers du coton dans le Nord) ; des bourgeois vivent au village et leur maison est cossue, de type urbain ; des familles nobles perpétuent les traditions aristocratiques dans le cadre de leur gentilhommière.

Le pouvoir municipal

Mais de nouveaux personnages interviennent : le maire, souvent issu des professions libérales (notaire...) et le conseil municipal veulent se donner un cadre digne de l'exercice de leur pouvoir et font construire des mairies qui sont parfois de vrais petits monuments rivalisant en décoration et en ostentation avec la mairie de la ville voisine. Un peu plus tard, ces édifices s'augmentent des écoles de filles et de garçons. Ils dominent la place du village, agrémentée parfois d'un kiosque à musique, où se célèbre, tous les ans, la fête nationale.

L'église

Non loin de là se dresse l'église. Elle est souvent associée à son territoire sacré, le cimetière, et voisine avec le presbytère. Ces trois espaces méritent chacun une étude.

L'église date le plus souvent du Moyen Âge. Il est utile, cependant, de préciser la date ou la période de construction et celles des reconstructions éventuelles. Fournie par des documents d'archives et précisée par une analyse attentive de l'architecture et de la décoration, elle est riche d'enseignements. À l'échelle d'un groupe de villages, voire d'un milieu relativement élargi, on mesure alors la vitalité des communautés paysannes, qui ont su se doter de superbes églises entre le XIe et le XIIIe siècle, en s'inspirant des styles artistiques les plus récents diffusés par les villes (art roman, art gothique). La guerre de Cent Ans a toutefois laissé sa marque dans certaines régions, d'où les reconstructions partielles ou totales de la fin du XIVe siècle ou du XVe siècle. En revanche, dans le quart nord-est de la France, nombre de reconstructions datent des lendemains de la Première Guerre mondiale. À l'intérieur de l'église, le mobilier, les objets de culte, les statues, les tableaux témoignent non seulement du goût artistique de l'époque, mais aussi des capacités financières d'entretien et d'investissement du village pour son église.

Autour du monument, le cimetière n'est pas seulement le lieu des traditions les plus enracinées. Il est, pour l'enquêteur, une source d'informations : les dates et les noms inscrits sur les mausolées et sur les tombes révèlent l'ancienneté des familles, l'importance d'une immigration de population et des mariages mixtes qui s'ensuivent.

Le presbytère est rarement antérieur à la fin du XVIIIe siècle. D'allure élégante et simple, il est toutefois construit avec les meilleurs matériaux locaux ; son architecture est soignée, proche de l'architecture des maisons bourgeoises.

Ô VERSAILLES !

« Au-delà s'élève un château signé 1560, en briques d'un beau rouge, avec des chaînes en pierre et des encadrements aux encoignures et aux croisées qui sont encore à petits carreaux (Ô Versailles !). La pierre est taillée en pointes de diamant, mais en creux comme au palais ducal de Venise dans la façade du pont des Soupirs. Ce château n'a de régulier que le corps du milieu d'où descend un perron orgueilleux à double escalier tournant, à balustres arrondis, fins à leur naissance et à mollets épatés. Ce corps de logis principal est accompagné de tourelles à clochetons où le plomb dessine ses fleurs, de pavillons modernes à galeries et à vases plus ou moins grecs. Là, mon cher, point de symétrie. Ces nids assemblés au hasard sont comme empaillés par quelques arbres verts dont le feuillage secoue sur les toits ses mille dards bruns, entretient les mousses et vivifie de bonnes lézardes où le regard s'amuse. »
« Une cheminée à sculptures originales, et qui fumait à gros bouillons dans un angle, m'a certifié que ce délicieux spectacle n'était pas une décoration d'opéra. »

Honoré DE BALZAC, *les Paysans*.

Une mairie de village vers 1920.

Ph. L. L.

Le Petit Journal
ADMINISTRATION
61, RUE LAFAYETTE, 61
Les manuscrits ne sont pas rendus
On s'abonne sans frais dans tous les bureaux de poste
15 CENT.
31me Année
SUPPLÉMENT ILLUSTRÉ
DIMANCHE 1er FEVRIER 1920
15 CENT.
Numéro 1.519
ABONNEMENTS
SIX MOIS UN AN
France et Colonies.... 5 fr. 8 fr.
Etranger .... 6 fr. 10 fr.
0,90 et 0,95 le kilo
3f 20 le kilo
Augmentation des tramways, autobus et métro
Payez vos Contributions
Augmentation des Chemins de fer
Timbre des lettres 0,25 centimes
TELEGRAMME
Taxe double
Payez l'augmentation
Taxe double
Hausse du drap
PNEUMATIQUE
Taxe double
Sommation
Augmentation des impôts 50 %
Hausse du cuir
NOS ÉTRENNES POUR 1920
Tout augmente, surtout les impôts

Le Petit Journal

ADMINISTRATION
61, RUE LAFAYETTE, 61

Les manuscrits ne sont pas rendus

On s'abonne sans frais
dans tous les bureaux de poste

15 CENT. — SUPPLÉMENT ILLUSTRÉ — 15 CENT.

31me Année — Numéro 1.520

DIMANCHE 8 FÉVRIER 1920

ABONNEMENTS

	SIX MOIS	UN AN
France et Colonies.....	5 fr.	8 fr.
Etranger	6 fr.	10 fr.

REMÈDES A LA VIE CHÈRE

CONSOMMER, UN ACTE QUOTIDIEN

ÉCONOMIE
la consommation au quotidien

Tous les jours, nous consommons, quelquefois sans nous en apercevoir. Consommer est un *acte* essentiel de la vie. Les animaux et les végétaux absorbent des substances pour vivre et se développer : ils consomment. Mais la consommation humaine présente des caractéristiques particulières qui

L. L.

3. *Le Magot des Dalton* de Morris et Goscinny (Paris, 1980). © 1986 Dargaud Éditeur

4. *Le Bandit manchot* de Morris et Groot. © 1986 Dargaud Éditeur

Ph. L. L.

1. *La Fiancée de Lucky Luke* de Morris et Vidal (Paris, 1985). © 1986 Dargaud Éditeur

Ph. L. L.

Ph. L. L.

Le Bandit manchot de Morris et Groot. © 1986 Dargaud Éditeur

L. L.

2. *Astérix et le chaudron* © 1986 Éditions Albert René/Goscinny-Uderzo

dépassent l'*acte vital*. Consommer est aussi un acte *social*. Nous consommons avec les autres (partager un repas, par exemple), nous utilisons pour notre consommation le travail des autres et les ressources de la terre. Manger des frites, cela suppose produire de l'énergie (feu), produire du travail (épluchage, vaisselle...). Enfin, le développement de la consommation a pour conséquence une *organisation* de la production et de la distribution des produits (usines, magasins, etc.).

MOTS-CLÉS

ménage n.m. : ensemble des occupants d'un même logement, qu'ils aient ou non des liens de parenté. Un ménage peut donc avoir une taille variable. Une personne seule, un couple marié ou non, une famille, un groupe de personnes vivant sous le même toit (prisonniers, communautés religieuses) sont des ménages. Le point commun de tous les ménages, c'est l'*acte de consommation*.

entreprise n.f. : lieu où est organisée la production. Les entreprises sont très diverses par leur taille (grandes, petites, moyennes). Les grandes entreprises diffèrent également par les produits qu'elles fabriquent : entreprises agricoles, industrielles (usines d'automobiles, par exemple), entreprises de services comme les banques et les magasins.

Que consommons-nous ?

CONSOMMER, C'EST D'ABORD MANGER. Averell Dalton consomme avec plaisir le ragoût irlandais de Miss Jenny, que Joe Dalton semble refuser (dessin 1). Au restaurant, au café, les consommations désignent les aliments et boissons qui nous sont servis. Mais, en prenant un repas, nous consommons bien d'autres choses que la nourriture. Sur le dessin 2, les Gaulois se réunissent pour fêter le retour d'Astérix et d'Obélix. Que consomment-ils ? De la viande et du vin, et aussi du bois, des tournebroches, une table, une nappe, l'air frais du soir, la nature... mais pas la musique. Les déchets s'accumulent. Et pendant ce temps, Obélix se demande à quoi peut bien servir un chaudron rempli de sesterces plutôt que de soupe. Aviez-vous pensé à tout cela en observant le dîner des Gaulois ?

Qui consomme ?

Tout le monde consomme, les enfants, les bébés, les adultes, quelquefois seuls, quelquefois ensemble. On consomme partout, à la maison, à l'école, dans les usines, les bureaux, les magasins, à la ville et à la campagne. De cette diversité, nous allons tirer deux ensembles, afin d'y voir un peu plus clair.

– Le premier ensemble, celui qui nous intéresse principalement, celui auquel vous appartenez, c'est l'ensemble des *consommateurs*, qu'on appelle aussi *ménages*. Les dessins 3 et 4 représentent des ménages particuliers : Lucky Luke, cow-boy solitaire et célibataire, de même que les « habitants » du pénitencier, considérés en groupe, sont des ménages.

– Le deuxième ensemble est celui des *producteurs*, ou *entreprises*. Dans les usines, les ateliers de fabrication, dans les magasins aussi, on consomme (de l'électricité, des matières premières, des marchandises) pour fabriquer et pour distribuer des produits.

Nous dirons que les ménages *consomment pour vivre* et que les entreprises *consomment pour produire et pour vendre*.

POUR EN SAVOIR PLUS

• En vingt ans, le nombre de ménages s'est accru de 34,3 %, passant de 14,6 millions en 1962 à 19,6 millions en 1982. La progression du nombre de familles monoparentales (1) s'est poursuivie depuis 1975 : 85 % de ces familles monoparentales ont pour chefs des femmes qui élèvent seules leurs enfants... Ces évolutions se traduisent par des transformations importantes pour les couples : raréfaction des familles nombreuses et augmentation du nombre des couples où la femme travaille. Depuis 1975, le nombre de familles ayant 3 enfants ou plus (de moins de 17 ans) a diminué, alors que le nombre des autres familles a augmenté... La proportion des ménages d'une personne est particulièrement élevée en Ile-de-France (30,2 %), du fait de leur surreprésentation (2) dans la ville de Paris (48 %).

(1) monoparentale : un seul parent et un ou plusieurs enfants.
(2) surreprésentation : à Paris, il y a beaucoup plus de personnes vivant seules que dans les autres régions de France.

LES GRANDES ENTREPRISES

• Les grandes entreprises sont surtout fréquentes dans les mines de charbon, dans les industries des fils et fibres artificiels, dans la fabrication de machines de bureau et de matériel informatique, dans la production d'électricité et de gaz. Les petites et moyennes entreprises dominent dans le travail des métaux, l'ameublement, l'industrie de l'habillement, du textile, du cuir, dans l'imprimerie..., etc.

Tableaux de l'économie française, 1985, I.N.S.E.E.

LA DIVERSITÉ DES CONSOMMATEURS

ÉCONOMIE
la consommation au quotidien

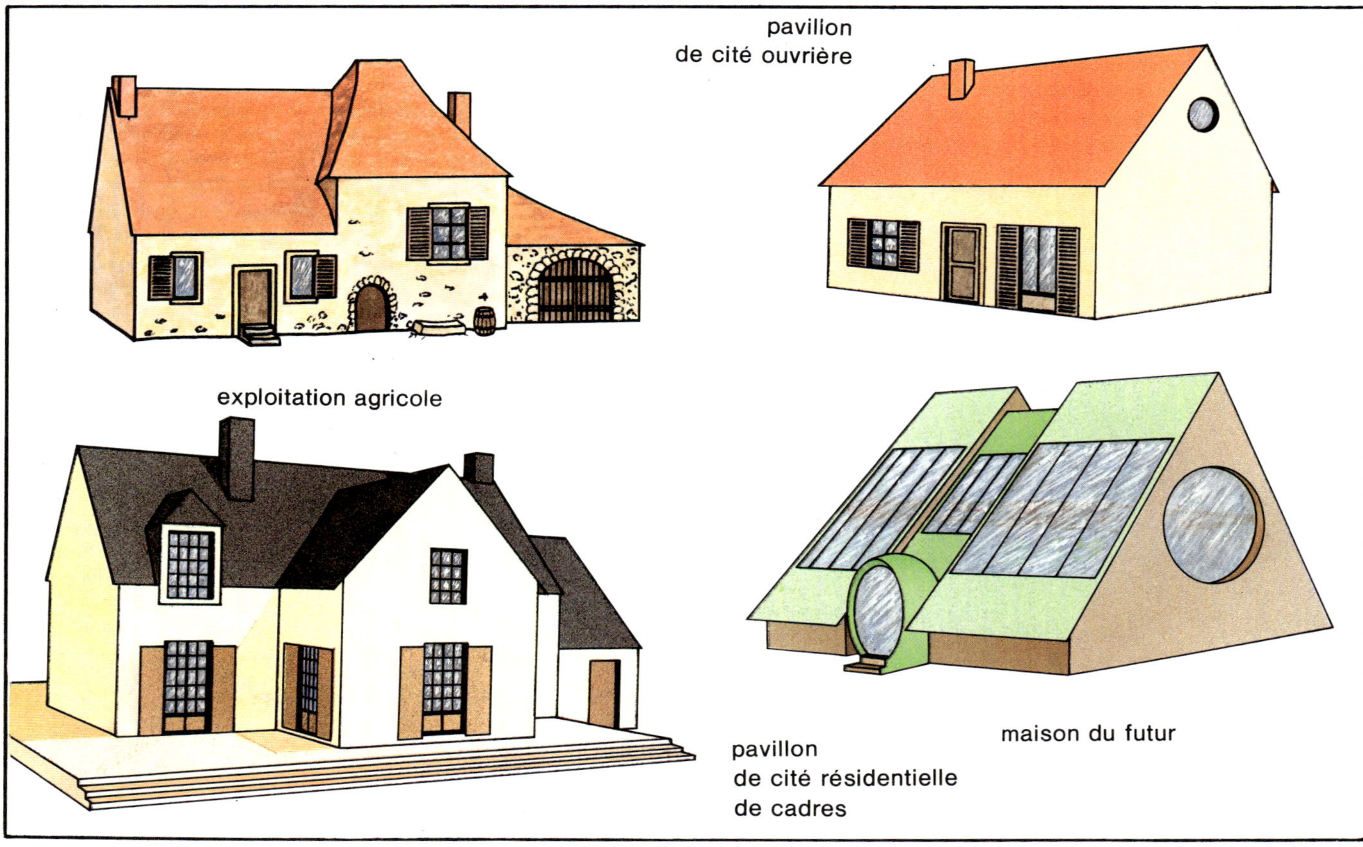

Les logements par catégories socioprofessionnelles ; la réalité est-elle aussi figée ?

ROSE ET PIERRE

« Rose et Pierre se sont mariés en 1940, peu après la défaite. Jusqu'en 1950, ils ont habité chez les parents de Rose ; en 1950, ils avaient quatre enfants et leur pouvoir d'achat leur a permis d'acheter par annuités un appartement composé d'une cuisine de 10 m² et de trois pièces, au total 60 m², appartement jugé « suffisant » selon les normes de l'époque. Bien entendu, le ménage n'a, en 1950, ni voiture, ni réfrigérateur, ni machine à laver ; son équipement est rudimentaire (une cuisinière à charbon, un fer à repasser électrique, un aspirateur...). Rose est maîtresse de maison et mère de famille à plein temps. Pierre est comptable ; il se rend à son travail en autobus.

Leur fils aîné, Stéphane, s'est marié en 1970 avec Séverine ; dès leur mariage, ils ont loué un studio. Peu après, ils se sont installés dans une petite maison comprenant une cuisine de 10 m² et trois pièces, comme leurs parents en 1950 ; mais la superficie totale est de 80 m² ; ils n'ont qu'un seul enfant ; la statistique les classe (en 1975) comme étant en état de « peuplement normal ». Stéphane et Séverine ont tous deux une profession salariée, les jours ouvrables sont acrobatiques, parce que leurs lieux de travail sont à 10 et 15 km de leur domicile ; leur enfant vit la vie usuelle de « l'enfant d'aujourd'hui », de crèche en baby-sitter et d'école en école. Ils ont une, voire deux 5 CV et la batterie complète de l'équipement ménager. »

J. FOURASTIÉ, *les Trente Glorieuses,* © Fayard.

Nous venons de constater que les choix de consommation ne sont pas les mêmes pour tous et qu'ils dépendent de différents facteurs : âge, sexe, mode de vie, revenu, etc. La notion de *catégories socioprofessionnelles* nous permettra d'illustrer encore une fois cette observation. Mais la consommation d'aujourd'hui n'est pas non plus la même que celle d'hier.

Que sera-t-elle demain ? C'est la question que nous vous posons.

LES STATISTIQUES DE LA CONSOMMATION sont souvent présentées par catégories socioprofessionnelles. L'I.N.S.E.E. classe les ménages dans des catégories (il y en a huit principales) selon le métier, le statut (salarié ou non). Nous retiendrons ici trois catégories de ménages pour lesquels nous observerons la consommation en 1983 et 1984.

1. Les exploitants agricoles : leur métier est de travailler la terre ; ils ne sont pas salariés puisqu'ils ne dépendent pas d'un patron ; leurs ressources pour vivre dépendent de la production de leurs terres et de ce qu'ils vendent.

2. Les cadres supérieurs et professions libérales : il convient de distinguer ces deux catégories. Les cadres supérieurs sont des salariés ; ils occupent des fonctions de directeur, de chef de service dans une entreprise ; ils ont des responsabilités importantes, un salaire élevé et beaucoup de travail. Les professions libérales regroupent les médecins, notaires, avocats... Ils ne sont pas salariés ; leurs ressources dépendent de leur clientèle. Elles sont considérées comme élevées.

3. Les ouvriers : ce sont des salariés qui font un travail d'exécution. Ils fabriquent les marchandises dans les entreprises. Leurs ressources sont plus faibles que celles de la catégorie précédente.

Voici quelques tableaux (1) que vous allez observer en pensant à la diversité des consommateurs.

% des ménages possédant un congélateur (décembre 1983)	
chez les exploitants agricoles :	78,5 %
chez les cadres supérieurs et professions libérales :	35,6 %
chez les ouvriers :	39,4 %

Avez-vous remarqué le chiffre élevé dans la première catégorie, et la faiblesse du chiffre de la deuxième ? Comment pouvez-vous l'expliquer ?

% des ménages possédant un téléviseur couleur (décembre 1983)	
chez les exploitants agricoles :	40,3 %
chez les cadres supérieurs et professions libérales :	71,5 %
chez les ouvriers :	59,9 %

Comment expliquez-vous les différences ici ?

% des ménages partis au moins une fois en vacances en 1984	
chez les exploitants agricoles :	7,9 %
chez les cadres supérieurs et professions libérales :	66,4 %
chez les ouvriers :	16,3 %

Pour commenter ces tableaux, commencez par observer ce qui vous étonne (ou bien ce que vous trouvez tout à fait normal), et dites pourquoi ; pensez aux exemples que vous connaissez personnellement pour enrichir vos observations.

Essayez ensuite de trouver des explications plus générales.

(1) Source : I.N.S.E.E., *Tableaux de l'économie française.*

MOT-CLÉ

catégories socioprofessionnelles : l'I.N.S.E.E. a modifié son classement en 1982 ; au lieu de « catégories socioprofessionnelles » (C.S.P.), on dit maintenant « professions et catégories socioprofessionnelles » (P.C.S.). Les huit grandes catégories sont les suivantes :
1. Agriculteurs exploitants.
2. Artisans, commerçants, chefs d'entreprise.
3. Cadres, professions intellectuelles supérieures (par exemple : professions libérales, professeurs, ingénieurs).
4. Professions intermédiaires (par exemple : instituteurs, techniciens, contremaîtres).
5. Employés.
6. Ouvriers.
7. Retraités.
8. Autres (par exemple chômeurs n'ayant jamais travaillé, militaires, élèves et étudiants de 15 ans et plus...).

PETIT MAGASIN ET MARCHÉ FORAIN

ÉCONOMIE
la consommation au quotidien

Ph. TAPABOR - de Selva

« Un marché XVIIe siècle », Mathieu Van Helmont, Le Mans, musée Tessé.

MIRAGES

« Alors, par bouffées, survenaient d'autres mirages. C'étaient des marchés immenses, d'interminables galeries marchandes, de restaurants inouïs. Tout ce qui se mange et tout ce qui se boit leur était offert. C'étaient des caisses, des cageots, des couffins, des paniers, débordant de grosses pommes jaunes ou rouges, de poires oblongues, de raisins violets. C'étaient des étalages de mangues et de figues, de melons et de pastèques, de citrons, de grenades, des sacs d'amandes, de noix, de pistaches, des caissettes de raisins de Smyrne et de Corinthe, de bananes séchées, de fruits confits, de dattes sèches jaunes et translucides.

Il y avait des charcuteries, temples aux mille colonnes, aux plafonds surchargés de jambons et de saucisses, antres sombres où s'entassaient des montagnes de rillettes, des boudins lovés comme des cordages, des barils de choucroute, d'olives violacées, d'anchois au sel, de concombres doux.

Ils traversaient des épiceries pleines d'odeurs délicieuses, des pâtisseries mirifiques où s'alignaient les tartes par centaines, des cuisines resplendissantes aux mille chaudrons de cuivre. »

Georges PEREC, *les Choses*, © Julliard.

Le petit magasin et le marché forain étaient il y a moins de cinquante ans les formes de commerce les plus répandues en France. Tous les consommateurs les connaissaient bien et y faisaient leurs achats. Aujourd'hui, certains d'entre vous habitent dans des quartiers où n'existe que le supermarché. Cependant, petits magasins et marché existent toujours : ils représentent un pourcentage non négligeable de la vente en France. Quels services rendent-ils ? Pourquoi les marchés forains plaisent-ils tant aux consommateurs ?

MOTS-CLÉS

achalandé adj. : qui a de nombreux clients, qui est fourni en marchandises (du mot *chaland* qui signifie « client »).

charges n.f.pl. : on désigne par charges l'ensemble des frais autres que ceux qui résultent de l'achat du produit : le commerçant éclaire sa boutique, la chauffe, l'entretient, paie éventuellement des salaires. Tous ces frais entrent dans son prix de revient.

échoppe n.f. : petite boutique. S'emploie plutôt en parlant des artisans.

primeurs n.f.pl. : désigne les fruits et légumes au moment où ils apparaissent sur le marché : les premières fraises, les premières cerises, les pommes de terre nouvelles, etc. Au sens large, le marché des fruits et légumes frais.

Acheter dans un petit magasin traditionnel

Le petit magasin est en général la propriété du commerçant. Il peut être spécialisé (boucherie, boutique de mode, librairie, marchand de chaussures) ou vendre des produits divers (alimentaires et d'entretien). Ce n'est pas un libre-service : c'est le commercant ou un vendeur qui sert le client.

L'étalage doit attirer le client. La vitrine doit mettre en évidence les articles qui donneront au passant l'envie d'entrer dans le magasin. Puis c'est au commerçant de pratiquer l'art de vendre, d'informer, de conseiller et de convaincre le client pour qu'il achète. Le meilleur **vendeur** sera celui qui, ayant une expérience et une qualification professionnelle certaines, aura aussi une bonne connaissance de ses clients (leurs goûts et leurs motivations). On ne vend pas n'importe quoi à n'importe qui. Les prix du petit magasin sont souvent plus élevés que ceux des grandes surfaces en libre-service car les faibles volumes de marchandises que traite le commerçant ne lui permettent pas d'acheter au meilleur prix ni de couvrir aussi facilement les charges supplémentaires qu'entraînent les services rendus. En revanche, il offre d'autres avantages tels que la proximité, l'accueil personnalisé et les petits **services supplémentaires :** livraison à domicile, réparation des appareils en panne, retouches pour les vêtements. Ce sont ces avantages qui les rendent indispensables aux consommateurs.

Ph. Cléry - Rapho

Épicerie ambulante

Acheter au marché forain

On retrouve les échoppes traditionnelles : maraîchers, bouchers, poissonniers, spécialistes d'articles textiles. Les commerçants sont des artisans locaux ou des ambulants qui font plusieurs marchés dans la région. Malgré l'évolution du commerce, le marché a gardé une certaine importance, car il remplit une fonction de distribution, mais aussi une fonction sociale de communication, sans compter son attrait touristique et folklorique. Le marché forain est l'une des formes de distribution les plus anciennes. Des marchés ont existé depuis la plus haute antiquité. Les principaux intérêts du marché sont la possibilité :

- de discuter du prix avec le vendeur (de marchander) ;
- de trouver un grand nombre de produits sur un même lieu et de pouvoir comparer leur prix et leur qualité ;
- de trouver des produits locaux de saison vendus par les producteurs eux-mêmes (paysans et maraîchers) et des produits primeurs.

LE FRANCHISAGE

• La franchise est un contrat passé entre le fournisseur, le franchiseur, qui met à la disposition d'un individu, le franchisé, un nom commercial ou une marque ainsi qu'un ensemble de moyens pour l'exploiter contre paiement. Exemples : Mac Donald, Benetton, Rodier.

GRAND MAGASIN ET MAGASIN POPULAIRE

ÉCONOMIE
la consommation au quotidien

Dans le commerce traditionnel, vous vous adressez au commerçant et vous lui indiquez ou lui décrivez le produit

Ph. P. Goux

Grand magasin populaire Prisunic ; vous le reconnaissez sans hésiter ; pourquoi ?

UNE DÉBAUCHE DE COULEURS

« (...) Aussi, le Bonheur des dames, dès huit heures, flambait-il aux rayons de ce clair soleil, dans la gloire de sa grande mise en vente des nouveautés d'hiver. Des drapeaux flottaient à la porte, des pièces de lainage battaient l'air frais du matin, animant la place Gaillon d'un vacarme de fête foraine ; tandis que, sur les deux rues, les vitrines développaient des symphonies d'étalages, dont la netteté des glaces avivait encore les tons éclatants. C'était comme une débauche de couleurs, une joie de la rue qui crevait là, tout un coin de consommation largement ouvert, et où chacun pouvait aller se réjouir les yeux. (...) Il était quatre heures, les rayons du soleil à son coucher entraient obliquement par les larges baies de la façade, éclairaient de biais les vitrages des halls ; et, dans cette clarté d'un rouge d'incendie, montaient, pareilles à une vapeur d'or, les poussières épaisses, soulevées depuis le matin par le piétinement de la foule. (...) Et, à cette heure dernière, au milieu de cet air surchauffé, les femmes régnaient. Elles avaient pris d'assaut les magasins, elles y campaient comme en pays conquis, ainsi qu'une horde envahissante, installée dans la débâcle des marchandises. »

Émile ZOLA, *Au Bonheur des dames.*

dont vous avez besoin. Il vous sert. Le libre-service est une forme de commerce où les objets à vendre sont exposés à votre vue (rayons). Vous vous servez vous-mêmes et vous passez à la caisse. Le système de libre-service est aujourd'hui largement répandu (supermarchés). Il évite un coût de main-d'œuvre élevé (vendeurs) mais il laisse le consommateur seul devant son choix et devant un certain nombre de tentations que l'agencement des rayons a pour but de provoquer.

Les magasins populaires

CE SONT DES ÉTABLISSEMENTS À RAYONS MULTIPLES qui comprennent généralement un rayon alimentaire. L'assortiment est limité à quelques milliers d'articles vendus en libre service à des prix compétitifs. La première tentative française fructueuse remonte à 1928 où les Nouvelles Galeries ont créé Uniprix, puis le Printemps a créé Prisunic et les Galeries Lafayette Monoprix.

Existe-t-il un magasin populaire dans votre commune ou dans votre région ? Quelle est son enseigne ? Correspond-il à notre description ? Vous pouvez faire la même recherche pour le grand magasin. Vous pouvez de plus étudier un rayon qui vous concerne particulièrement (vêtements, sports, disques...), et mettre en lumière les différences de choix entre les deux types de magasins.

Les magasins populaires sont les héritiers de la formule des magasins à prix unique. Ils tiennent l'ensemble de la gamme des produits destinés à satisfaire les besoins courants : alimentaires, scolaires, vestimentaires... Leurs principales caractéristiques sont :

- des prix réduits, en tout cas compétitifs ;
- un rayon alimentaire qui constitue un pôle d'attraction et qui peut occuper entre 20 et 60 p. 100 de la surface totale de vente ;
- un assortiment de 5 000 à 6 000 références ;
- la marchandise est offerte en libre choix, les clients se servent librement et payent à une caisse ;
- la surface de vente moyenne se situe entre 600 et 1 000 m^2 ;
- sur un ou deux niveaux, ils sont situés traditionnellement au centre-ville et dans les centres commerciaux ;
- un cadre sobre sans dépenses excessives.

Les grands magasins

Apparus au siècle dernier, ils furent les premières grandes surfaces implantées alors dans les centres-villes. C'est en 1852 que A. Boucicaut a ouvert le premier grand magasin, rue de Sèvres à Paris : il portait l'enseigne « Au Bon Marché ». Les grands magasins ont été axés longtemps sur l'habillement, les nouveautés, et jouent encore à l'heure actuelle un rôle important dans la diffusion de la mode.

Voici les caractéristiques de ce type de magasins :

- ils sont implantés traditionnellement dans les centres-villes et aujourd'hui dans les centres commerciaux ;
- à Paris, trois de ces magasins ont plus de 40 000 m^2 de surface de vente ; en province, la surface de vente oscille entre 2 500 et 15 000 m^2 ;
- ils offrent une vaste gamme de produits groupés sous forme de rayons dont chacun constitue en fait un magasin spécialisé (jusqu'à 300 000 articles différents) ;
- ils comprennent souvent un rayon alimentaire en libre service ;
- ils offrent de nombreux services à leurs clients : crédits, échanges, livraisons...
- on note la présence de vitrines extérieures (étalages) ;
- ils sont exploités sur plusieurs niveaux dans un cadre agréable, soigné, parfois riche ;
- ils pratiquent le libre choix avec paiement à chaque rayon (présence de personnel de vente) ;
- ils souffrent de l'absence de parkings (sauf dans les centres commerciaux).

MOTS-CLÉS

assortiment n.m. : l'ensemble des produits offerts au choix ; plus ces produits sont nombreux, plus il y a de chance que le consommateur trouve ce qui lui convient. L'avantage de cette forme de commerce est d'offrir un grand choix. Encore faut-il que le consommateur ait les moyens d'exercer son choix.

enseigne n.f. : emblème, inscription, symbole situé à l'extérieur du magasin pour le signaler au consommateur (Boulangerie, Pharmacie, Au Bonheur des dames...).

pôle d'attraction : le pôle magnétique attire la limaille de fer. Au sens figuré tout ce qui est susceptible d'attirer l'attention des clients et de leur donner l'envie d'acheter.

rayons multiples : dans un magasin qui vend toutes sortes de produits (supermarché) on appelle « rayon » l'ensemble des produits de même nature (épicerie, poissons, laiterie, vêtements...).

Ph. Bertinetti - Rapho

Intérieur de grand magasin (Paris – Galeries Lafayette)

Qu'est-ce qui vous permet de reconnaître sans hésiter un grand magasin et un magasin populaire ?

LE LIBRE-SERVICE

Le véritable changement qui a marqué la distribution et plus particulièrement le commerce alimentaire de détail est l'apparition du libre-service. Le libre-service est né de l'évolution de la production qui, par l'industrialisation, est devenue une production de masse. Pour écouter la produc-

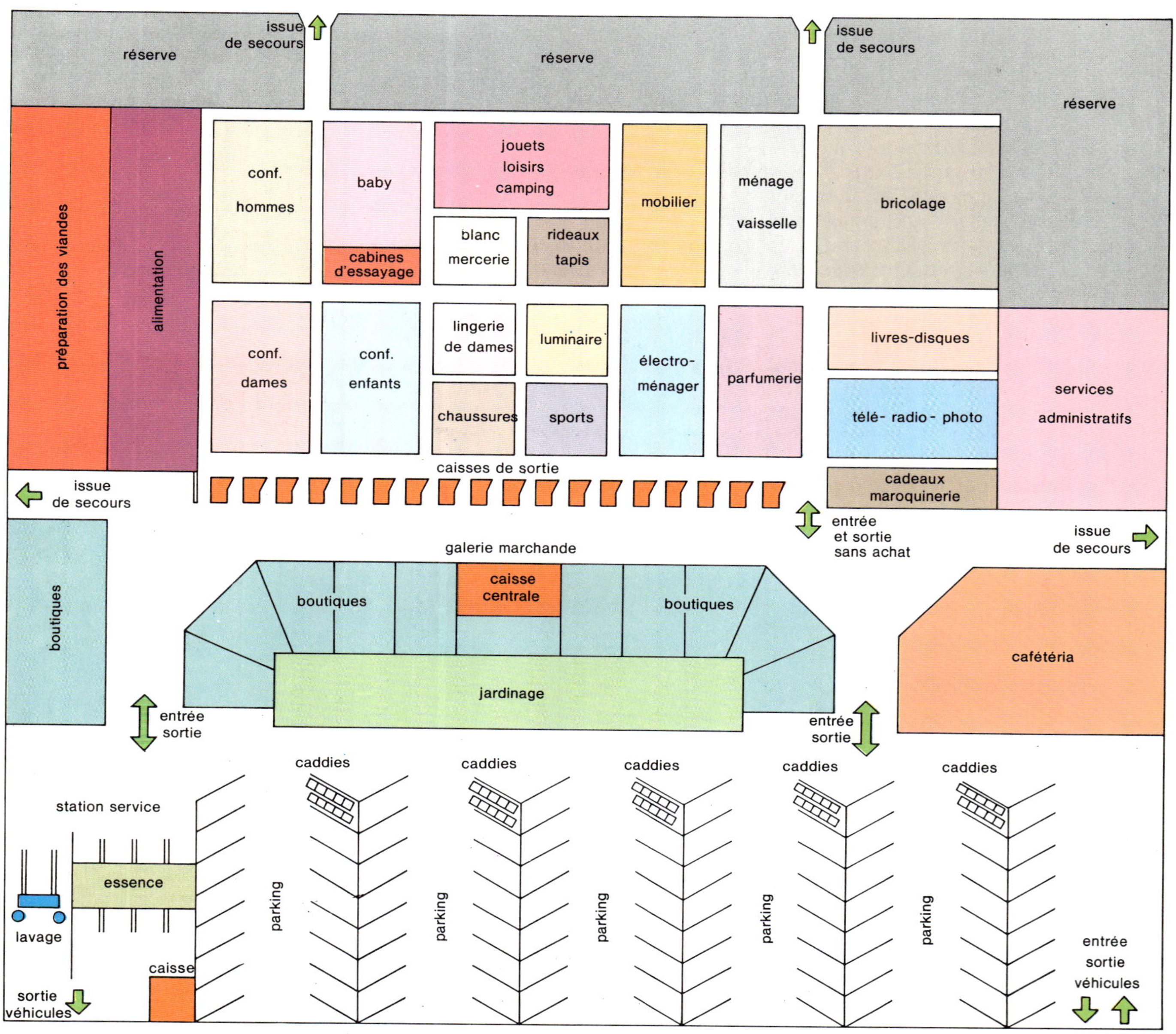

Hypermarché : surface de vente de 7 790 m²

Attirer le consommateur

Lorsqu'un magasin est implanté dans le quartier où vous vivez, vous y allez tout naturellement, tant qu'aucun autre ne vous paraît plus intéressant ailleurs. Lorsqu'un magasin s'implante loin de chez vous, il faut qu'il vous démontre ou qu'il vous donne l'impression que vous avez intérêt à vous déplacer jusqu'à lui. Il faut donc :

– qu'il fasse connaître son nom (« Mammouth », « Carrefour »...) ;

– qu'il fasse des campagnes publicitaires avec des slogans accrocheurs et des offres alléchantes.

Il utilise tous les supports écrits (panneaux d'affichage, prospectus et audiovisuels (radio, télévision) pour le faire.

tion, il fallait une distribution de masse, une masse de produits dans un même lieu pour des masses de consommateurs. Les distributeurs ont répondu aux exigences de la situation nouvelle par la création des libres-services et des techniques de vente qui leur sont spécifiques. Voici l'essentiel des techniques qu'il faut que vous connaissiez pour pouvoir acheter en fonction de vos désirs et de vos besoins et non en fonction du conditionnement créé par les distributeurs.

LE LIBRE-SERVICE ARRIVE EN TÊTE des méthodes de vente ; dans le secteur alimentaire en particulier, il représente 54 p. 100 des ventes au détail. Dans le libre-service, où le produit doit se vendre lui-même, c'est-à-dire sans l'intermédiaire du vendeur, la vente est basée sur le principe : « Tout ce qui se voit se vend, tout ce qui se prend s'achète. » Le consommateur entre dans la surface de vente, comme vous le voyez dans la page de gauche, il circule dans les allées entre des rayons de marchandises. Il accède librement à la marchandise. Il choisit seul ses articles, les dépose dans un panier ou un chariot au fur et à mesure de son parcours dans le magasin. Il les transporte jusqu'à la caisse où il paie. Il est guidé dans ses achats par les étiquettes et les emballages qui portent un certain nombre de renseignements (prix, composition, poids, date limite de vente), par des tracts ou des affiches, des messages sonores qui vantent les produits ou les services qui sont offerts. C'est ce qu'on appelle la **P.L.V. (publicité sur le lieu de vente)**. Au cours de vos achats, notez ces indications et classez-les en : information ; publicité.

Analyse de l'organisation de l'espace

• **À l'extérieur**

– *Le parking :* sur place, il offre au client la possibilité de stationner gratuitement sans limite de temps, ce qui permet de faire les courses tranquillement et sans lésiner sur la quantité achetée.

– *La station-service :* elle équipe en général le parking. Les clients venant parfois de loin « récupèrent » la dépense liée au trajet en achetant de l'essence moins chère. Et 90 p. 100 des automobilistes venus prendre de l'essence rentrent dans le magasin pour un achat.

– *La galerie marchande :* elle accompagne presque tous les grands supermarchés et hypermarchés.

– *Le centre commercial :* il comprend des commerces et des services (cafétéria) très variés ainsi que des lieux de distribution, de sport, de loisirs. Où se situent dans votre commune les structures de loisirs et de sport ? Dans le centre commercial ? Ailleurs ? Où ?

• **À l'intérieur.**

Le plan de tous les libres-services est quasi identique. L'implantation des rayons ou gondoles et la disposition des produits tient compte du degré de nécessité et de la fréquence d'achat des produits et de la complémentarité de certains produits : Où est placé le rayon alimentation par rapport à l'entrée ? Quels sont les rayons qui sont voisins et se complètent sur le plan ci-contre et dans votre libre-service ? Il tient aussi compte des contraintes : quelles manutentions, quel mode de conservation exigent les produits placés le long des réserves, c'est-à-dire autour du magasin ?

Le parcours que vous devez suivre dans votre libre-service correspond-il à celui-ci ? L'entrée est-elle située à gauche ? Faut-il que vous tourniez sur votre droite ? Les rayons sont-ils implantés à des endroits similaires ? Les allées sont-elles larges ? Combien de chariots peuvent se croiser ? Combien mesurent les chariots, les allées (en long, en large) et quelle est la superficie du libre-service ? Montrer le rapport entre ces dimensions. Où sont placés les rayons où vous ou vos parents faites des achats qui demandent réflexion (haute-fidélité, meubles, électroménager) ? dans un endroit calme ou près des caisses ?
Quels sont les rayons implantés près des caisses ? Combien de temps attendez-vous d'habitude à la caisse ?
Avez-vous observé comment les gondoles ou rayons sont garnis ? Sont-ils pleins ou vides ? Quels sont les produits placés en tête (début de gondole) , à la hauteur des mains et des yeux, par terre ? Quel effet vous font les entassements de marchandises (pyramides), les objets en vrac dans les paniers ? Comparez leur prix à celui des produits comparables en rayon.

QUELQUES CITATIONS DE BERNARDO TRUJILLO, APPELÉ LE « PAPE DE LA VENTE »

Sauriez-vous imaginer des conseils aux consommateurs pour prendre le contre-pied de ceux-ci ?

« Offrez des marchandises accessibles, ouvertement présentées. Brûlez vos boîtes et vos comptoirs, cassez vos vitrines, ces cercueils à marchandises. »

« Supprimez des vendeurs, spécialement ceux qui ne sont que des tueurs de vente ; remplacez-les par des pancartes. La pancarte est le meilleur vendeur : vous ne la payez qu'une fois et elle ne prend pas de vacances. »

« Laissez vos consommateurs faire le travail. »

« Empilez haut et cassez vos prix. »

« Créez des îlots de perte dans un océan de profit. »

« Faites du cirque en permanence. »

« Pour recevoir, il faut d'abord donner : donnez à vos clients, à vos employés, ils vous rendront au centuple. »

« 50 p. 100 de baisse sur dix articles peuvent faire monter les ventes de 200 p. 100. »

« Interrogez 100 personnes : 85 p. 100 d'entre elles connaissent le prix de 10 articles et 15 celui de 45. Vous en avez 5 000, mais vous serez jugé sur les prix des 45 seulement. »

« Le succès repose sur trois « pieds » : le libre-service, les prix bas, le spectacle ; qu'un seul pied vienne à manquer et tout s'écroule. »

Ph. B. Régent-Diaf

Les amoncellements impressionnants de marchandises et des gondoles qui encombrent les allées sont là pour vous signifier l'abondance et vous inciter à acheter.

SUPÉRETTES, SUPERMARCHÉS, HYPERMARCHÉS

ÉCONOMIE
la consommation au quotidien

Ph. Clery-Rapho

Leur implantation privilégiée, la périphérie des grandes villes comme ce Géant Casino, hypermarché à Bordeaux. Vous reconnaissez son enseigne ; la rangée de caisses vous attend à la sortie.

VOL À L'ÉTALAGE

Comment le vol au supermarché se paie-t-il ?

« Soigneusement, en bonne ménagère, je ramasse mon ticket de caisse et m'apprête à le glisser dans mon porte-monnaie, lorsqu'il me disparaît littéralement des mains cependant qu'une voix courtoise me demande :

« C'est bien votre ticket, n'est-ce pas, madame ? »

« Un simple contrôle », poursuit la voix.

Eh bien, ça y est, c'est arrivé : je me suis fait mettre pendant près d'un an pour en arriver là, moi la casseuse et la braqueuse j'ai dégringolé jusque dans le vol à l'étalage, je suis une ivrognesse, une petite chapardeuse, une petite merde et je n'ai même pas été capable d'aller jusqu'à la sortie de Lou, je ne serai pas là ce matin de mai à l'attendre à la porte de la Centrale, il sortira sans moi et puis il se fera reprendre quatre semaines avant ma libération et ce sera toute la vie comme ça. »

Albertine SARRAZIN, *la Traversière*, © J.-J. Pauvert.

Le véritable changement qui a marqué la distribution et plus particulièrement le commerce alimentaire de détail est l'apparition du libre-service dont le grand magasin et le magasin populaire sont les ancêtres.

Connaissez-vous les trois sortes de libres-services qui existent ?

Savez-vous les distinguer les uns des autres afin d'y acheter au mieux de vos intérêts ?

MOT-CLÉ

discount : au départ ce mot désigne une formule de vente caractérisée par des prix moins élevés. Dans ce cas le mot « ristourne » est préconisé en remplacement de ce mot d'origine anglaise. On nomme aussi de cette façon des entrepôts avec un minimum de décorations et très peu de vendeurs. Les marchandises sont présentées sans artifices. Les frais généraux limités permettent des marges très faibles et des prix compétitifs. Situés à la périphérie des villes, ils se spécialisent dans l'alimentation (Leclerc), les meubles (But), le bricolage (Obi). Existe-t-il des discounts dans votre ville ? Quelles enseignes ? Combien ? Où ? Que vendent-ils ? Y achetez-vous et pourquoi ?

La supérette

C'EST UN PETIT LIBRE-SERVICE (mot d'origine anglo-saxonne) (120 à 400 m²) qui joue le rôle d'un magasin de proximité, en ville ou dans les villages. On comptait 5 808 supérettes en France au 1er janvier 1985. Elles offrent un assortiment réduit en produits alimentaires ainsi qu'une gamme de produits non alimentaires d'achats fréquents (droguerie, entretien, hygiène...). Exemples d'enseignes : Coop, Codec, Unico... De nombreuses supérettes sont exploitées par des commerçants indépendants car elles ont pris le relais des épiceries de quartier traditionnelles. En 1984, les supérettes ont réalisé 8,5 p. 100 des ventes d'alimentation au détail. Décomptez dans votre quartier d'habitation ou aux alentours du collège le nombre d'épiceries traditionnelles et de supérettes.

Les supermarchés

Le premier supermarché a fait son apparition en France en 1958. Les caractéristiques des supermarchés sont les suivantes : établissement indépendant ou rayon distinct d'un magasin qui vend l'ensemble des produits alimentaires et un assortiment plus ou moins important de produits non alimentaires ; exploité sur un niveau, sa surface de vente est comprise entre 400 et 2 500 m² ; la vente s'y fait en libre-service avec postes de paiement à la sortie.

Au début de 1986, le supermarché français a une surface moyenne de 900 m², il emploie en moyenne 25 personnes, dispose de 26 caisses de sortie. Les 5 917 supermarchés ont réalisé en 1985 : 16,50 p. 100 du chiffre d'affaires du commerce de détail ; 29,2 p. 100 des ventes d'alimentation ; 5,5 p. 100 des ventes de marchandises générales. Les caractéristiques du supermarché de votre quartier correspondent-elles à celles-ci ? Sinon, vous font-elles penser à un hypermarché ? Renseignez-vous auprès d'une organisation de consommateurs pour en comprendre la raison.

Ph. Doisneau - Rapho

Si vous achetez à l'hypermarché, quand vous y rendez-vous ? à quelle fréquence ? comment ? avec qui ? Utilisez-vous les services offerts par l'hypermarché ? Comparez les réponses des élèves de votre classe.

Les hypermarchés

Le premier magasin de ce type est apparu en France en 1963, à Sainte-Geneviève-des-Bois, dans la région parisienne ; il portait l'enseigne de « Carrefour ». Les hypermarchés sont des magasins : exploités sur un niveau ; dont la surface de vente varie entre 2 500 m² et 20 000 m² et plus ; qui sont localisés à la périphérie des grandes villes ; facilement accessibles et disposant d'un grand parking ; qui offrent en plus du magasin de nombreux services parmi lesquels on trouve des cafétérias (dans 55 p. 100 d'entre eux), des centres auto (35,67 p. 100), des centres d'équipement du foyer (17,93 p. 100), des centres jardiniers (15,86 p. 100) ; qui fonctionnent en libre-service avec une ligne de caisses à la sortie ; dont le nombre de références (articles différents) varie de 15 000 à 50 000 ; qui pratiquent une politique de marges et des prix réduits ; qui sont de plus en plus la locomotive d'un centre commercial.

Les 580 hypermarchés actifs en France ont réalisé en 1985 : 15,4 p. 100 du total des ventes au détail ; 20,5 p. 100 du total des ventes d'alimentation ; 11 p. 100 des ventes de marchandises générales.

L'hypermarché moyen disposait au 1er janvier de 5 630 m² de surface de vente, employait 194 personnes, offrait 1 056 places de parking et possédait 28 caisses de sortie.

COMMENT PAYEZ-VOUS ?

ÉCONOMIE
la consommation au quotidien

Lorsque vous achetez un bien, vous devez le payer. Vous n'avez pas 18 ans, vous ne pouvez donc payer qu'avec des billets et des pièces de monnaie, vous avez pourtant souvent

Ph. Ch. Sappa.

Pour obtenir une formation précise, il faut savoir où la trouver ; sur l'étiquette informative, bien sûr, qui indique le prix au comptant et à crédit ou le prix de l'objet livré et emporté et non sur la publicité, ici, pour l'Opel Kadett à crédit qui est de nature essentiellement incitative.

Ph. Ch. Sappa

NAISSANCE À CRÉDIT

« Je suis venu au monde à crédit. Mon père, qui traquait l'outsider sur les hippodromes de la région parisienne, devait mettre deux années, thune après thune, à honorer Mme Weber, la sage-femme qui venait de délivrer ma brave maman. Il ne s'agissait pourtant que de cinquante francs ! Ainsi, dès mon premier vagissement, me trouvai-je voué au "croume", fatalité que la suite de mes jours ne devait pas démentir. »

Albert SIMONIN, *Confession d'un enfant de la Chapelle,* © Gallimard.

vu vos parents remplir des chèques, car ils peuvent, eux, payer par chèque.

De même, lorsque vous achetez, vous payez toujours sur le champ, seuls vos parents peuvent acheter à crédit.

Nous avons cependant tenu à vous présenter l'ensemble des moyens et des modes de paiement car ils vous concerneront très bientôt pour toute votre vie : il s'agit d'un acte capital de la consommation.

MOTS-CLÉS

crédit n.m. : modalité de paiement consistant à échelonner dans le temps le versement du prix.

délai de rétractation ou **de réflexion** : délai pendant lequel le consommateur a la possibilité de renoncer au contrat.

location avec option d'achat ou crédit bail ou **leasing** : contrat par lequel une société met à disposition d'un consommateur un bien, sans transmettre la propriété du bien, moyennant le paiement d'un loyer pendant une période déterminée, avec possibilité d'acheter ce bien à la fin de cette période (= option d'achat).

offre préalable : document contenant l'offre de crédit de l'organisme prêteur.

Les moyens de paiement

• *Paiement en espèces :* c'est le paiement que l'on effectue avec des pièces de monnaie et des billets de banque. C'est un moyen de paiement garanti par l'État. Pièces et billets sont aussi appelés « monnaie fiduciaire » parce qu'ils sont basés sur la confiance que les habitants d'une nation ont en elle. Pièces et billets sont fabriqués à l'hôtel des Monnaies par la Banque de France.

• *Le chèque :* c'est un moyen de paiement sûr et pratique pour le consommateur. Le chèque est un document écrit par lequel une personne, le propriétaire du chéquier, donne l'ordre à sa banque de payer une somme déterminée à une autre personne (le bénéficiaire). Pour avoir un chéquier, il faut avoir un compte de chèques dans une banque et y déposer une certaine somme d'argent et cela seulement à partir de 18 ans.

Pour payer par chèque, le compte doit être approvisionné au moment de la signature du chèque, c'est-à-dire qu'il doit y avoir sur votre compte suffisamment d'argent pour payer le bénéficiaire du chèque. Si ce n'est pas le cas, le chèque émis est sans provision. Toute personne qui émet un chèque sans provision reçoit une lettre recommandée de sa banque l'obligeant à régulariser la situation dans les quinze jours, si c'est le premier incident. Une personne qui ne respecte pas ce délai ou qui répète cet incident se voit retirer son chéquier pendant un an au minimum ; des sanctions plus sévères sont prévues par la loi dans certains cas. Les chèques sans provision constituent un risque pour le commerçant, c'est pourquoi il n'est pas obligé d'accepter un chèque en paiement et peut, s'il l'accepte, vous demander de justifier votre identité.

Faire opposition à un chèque, c'est demander à la banque émettrice du chèque de ne pas payer au bénéficiaire la somme inscrite sur le chèque portant tel numéro. Vous ne pouvez faire opposition qu'en cas de perte ou de vol de votre chéquier en précisant bien les numéros des chèques perdus ou volés. La banque surveille alors ses guichets et refuse de payer ces chèques. Par contre, vous ne pouvez pas faire opposition à un chèque que vous avez remis à un commerçant. Si vous le faites, vous risquez les mêmes sanctions que pour un chèque sans provision.

Les formes de paiement

• *Le paiement comptant :* c'est le paiement qui intervient à la délivrance de la marchandise ou à la fin du service rendu. Vous achetez un disque, vous le payez et l'emportez. C'est un paiement comptant. Vous achetez un vélo, vous ne l'emportez pas le jour même ; vous payez d'abord un acompte, puis le solde le jour où vous prenez possession du vélo, c'est encore un paiement comptant.

• *Le paiement à crédit :* le crédit est un service qui permet à une personne d'acquérir un bien et de ne payer que plus tard le prix de ce bien. Le fournisseur peut exiger et exige généralement une rémunération (une somme d'argent) en contrepartie du service qu'il rend ; cette rémunération, qui vient s'ajouter à la somme que l'acheteur devrait verser s'il payait comptant, constitue les intérêts.

LA LOI SUR LE CRÉDIT À LA CONSOMMATION

• Vous avez plus de 18 ans. Vous souhaitez faire un achat important mais vous ne disposez pas de tout l'argent nécessaire. Vous voulez obtenir un prêt pour en assurer le règlement. Une loi vous protège. Comment ? Le vendeur ou l'établissement de crédit doit vous remettre une offre préalable vous indiquant le coût total du crédit. Vous aurez quinze jours pour la signer. Vous signez l'offre préalable : vous avez encore sept jours pour réfléchir et renoncer à votre achat.

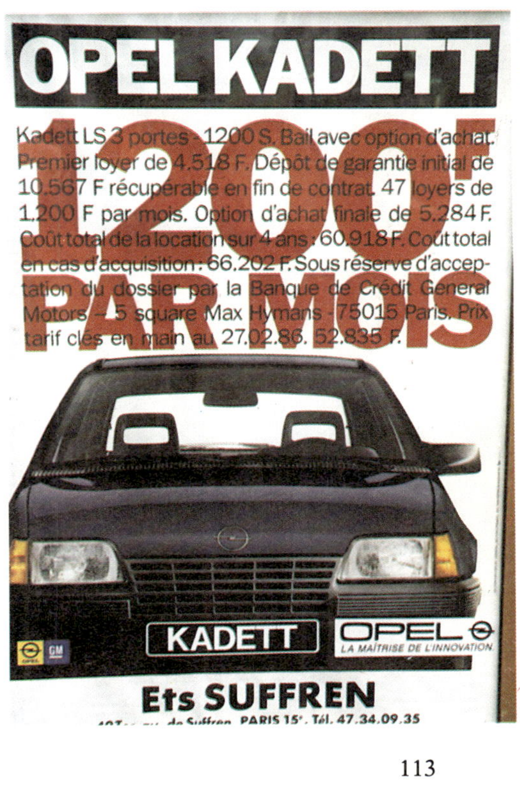

Ph. P. Goux

LE MOUVEMENT CONSOMMATEUR

ÉCONOMIE
la protection des consommateurs

Je consomme, tu consommes, il consomme... Chaque jour, vous êtes, que vous le vouliez ou non, des consommateurs. Chaque jour, vous êtes confrontés à la publicité, aux ventes

Ph. B. Bardinet

Manifestation de la C.S.F.

LES DROITS DES CONSOMMATEURS

Voici le texte du président Kennedy qui constitue la première reconnaissance officielle du mouvement consommateur.

« Les consommateurs, nous tous par définition, représentent le groupe économique le plus important et sont intéressés à presque toutes les décisions économiques, publiques et privées. Leurs dépenses représentent les deux tiers des dépenses économiques totales. Ils constituent pourtant le seul groupe qui ne soit pas réellement organisé et dont les avis le plus souvent ne sont pas entendus.

Quelle que soit notre prospérité, nous ne pouvons pas nous payer le luxe d'un gaspillage de la consommation, pas plus que nous ne pourrions supporter l'inefficacité de nos entreprises ou du gouvernement.

L'établissement d'une législation complémentaire et l'action de l'administration sont nécessaires, si le gouvernement fédéral entend faire face à ses responsabilités pour assurer à ses consommateurs le plein exercice de leurs droits, c'est-à-dire :

- *le droit à la sécurité ;*
- *le droit d'être entendus ;*
- *le droit d'être informés ;*
- *le droit de choisir. »*

Extrait de Luc BIHL et Luc WILLETTE, *Une histoire du mouvement consommateur.*

promotionnelles, quelquefois vous achetez des produits défectueux ou simplement inutiles. Alors, que faire ? Le consommateur n'est plus seul ; en France et à l'étranger, un mouvement consommateur existe et prend de l'importance. Des associations de consommateurs agissent pour défendre et former les consommateurs ; une association, l'A.D.E.I.C.-F.E.N. (Association d'éducation et d'information du consommateur de la Fédération de l'éducation nationale), s'est donné comme objectif l'éducation du jeune consommateur.

MOT-CLÉ

consumérisme ou **consommérisme** : ce mot ne signifie pas, actuellement, la même chose pour tous. Nous dirons que c'est un mouvement social, celui des organisations de consommateurs, né à la fin du XXe siècle et dont l'objectif est de défendre et de représenter les consommateurs dans leur fonction de partenaires socio-économiques. En France, cette action en faveur des consommateurs a aussi été menée par les pouvoirs publics.

Les abus commis par beaucoup de producteurs et de distributeurs ont entraîné des réactions de la part des consommateurs. Réactions isolées d'abord, puis réflexion et enfin organisation, revendications et contestations. C'est ce qu'on appelle le « consumérisme » ou mouvement consommateur. Cela était d'autant plus difficile que le **consommateur est isolé.** Les lieux où se rencontrent les consommateurs, libre-service, hypermarché, ne sont que des lieux de passage où les réactions individuelles l'emportent largement sur les réactions collectives. Pourtant, petit à petit dans tous les pays industrialisés, le mouvement consommateur est né et s'est développé. Par lui, le consommateur est devenu aujourd'hui un partenaire de l'économie avec lequel il faut compter. Les premières organisations de consommateurs sont nées aux États-Unis. C'est en 1936 que s'est créée la première association de défense des consommateurs. Mais le mouvement consommateur américain s'est surtout développé dans les années 60 grâce à l'action d'un avocat, Ralph Nader, qui devait entrer en lutte contre certains géants de l'économie américaine telle la General Motors et triompher d'eux.

Face aux professionnels on peut toujours réagir seul. Cela peut être quelquefois amusant mais d'une efficacité un peu limitée... Mieux orchestrée, plus collective, la réclamation gagne en efficacité. Pouvoirs publics et producteurs prennent conscience de la force que représentent les consommateurs unis et ceux-ci, devenus consommateurs actifs, acquièrent une plus grande confiance en eux-mêmes et une plus claire conscience de leurs possibilités d'intervention.

Le mouvement consommateur français

Le mouvement consommateur français s'est développé de façon différente. Parmi les dix-huit organisations de consommateurs officiellement agréées, certaines sont assez anciennes et datent, pour la plupart, de l'immédiat après-guerre. Beaucoup d'entre elles n'avaient nullement pour objet l'action consumériste. Issues du mouvement coopératif ou du mouvement familial, elles ne se sont véritablement tournées vers la consommation que dans les années 1960. Les syndicats ouvriers ont également marqué leur intérêt pour ces problèmes au point de créer des organisations spécifiques. Traditionnellement donc, on distingue quatre grands courants dans le mouvement consommateur français :
- le courant coopératif, le plus ancien ;
- le courant des organisations féminines familiales et sociales du cadre de vie ;
- le courant syndical ;
- le courant purement consommateur.

À ces courants, il convient d'ajouter certaines organisations syndicales (dans le domaine du logement par exemple).

Ph. L. L.

Face aux professionnels, le consommateur peut réagir seul. Il risque cependant d'être perdu dans la masse. Mieux orchestrée et collective, la réclamation gagne en efficacité comme le montre cette manifestation d'une organisation de consommateurs, la C.S.F. (confédération syndicale des familles). (Dessin de J.F. Mattauer, le Consommateur d'Alsace, n° 31 de mai-juin 1983).

Le mouvement consommateur en Europe

Les producteurs vendent souvent leurs produits dans plusieurs pays différents. En Europe, le Marché commun a ouvert les frontières entre pays membres, et la radio et de plus en plus la télévision diffusent les mêmes publicités sur plusieurs pays à la fois. Le mouvement consommateur a donc dû devenir lui aussi international. Dans le cadre du Marché commun, trois organisations européennes regroupent à Bruxelles les différentes associations nationales : le B.E.U.C. (Bureau européen des unions de consommateurs) ; Eurocoop et enfin le C.O.F.A.C.E. (Comité des organisations familiales auprès des consommateurs européens) qui regroupe toutes les organisations familiales. La Communauté européenne a constitué en 1973 un Comité consultatif des consommateurs (le C.C.C.) composé des représentants des organisations de consommateurs et des organisations syndicales ; il examine tout ce que la Communauté peut faire pour la défense des consommateurs.

LES ARMES DES ORGANISATIONS DE CONSOMMATEURS

ÉCONOMIE
la protection des consommateurs

Ph. L. L.

Horace, le journaliste du *Daily Star*
était certainement le premier journaliste consommateur du Far West !
Les armes du mouvement consommateurs sont restées les mêmes :
tests, campagnes d'information, boycott,
comme le montre la page de couverture de *Que choisir ?*
Dessins extraits de l'album de Lucky Luke
Le Daily Star Morris Fauche - Leturgie

LE MANIFESTE DES ENRAGÉS DE JACQUES ROUX

Ce texte est-il encore d'actualité ? Pour qui ? Dans quels pays ?

Paris, 25 juin 1793.

...« Cependant, ce n'est qu'en arrêtant le brigandage du négociant qu'il faut bien distinguer du commerce, ce n'est qu'en mettant les comestibles à la portée des sans-culottes que vous les rattacherez à la Révolution. Les riches seuls, depuis quatre ans, ont profité des avantages de la Révolution... Citoyens représentants, il est temps que le combat à mort, que l'égoïste livre à la classe la plus laborieuse de la Société, finisse. Eh quoi ! les propriétés des fripons seraient-elles quelque chose de plus sacré que la vie de l'homme ?... La liberté du commerce est le droit d'user et de faire user et non le droit de tyranniser et d'empêcher d'user. Les denrées nécessaires à tous doivent être livrées au prix auquel tous peuvent atteindre. *(...)* »

Luc Bihl et Luc Willette, *Une histoire du mouvement consommateur,* © Aubier-Montaigne.

Il arrive bien souvent que les actions quotidiennes des organisations de consommateurs ne soient pas suffisantes pour protéger efficacement chacun d'entre nous. Pour combattre un danger ou un abus commis par des professionnels qui menacent notre santé, le mouvement consommateur s'est doté *d'armes.* Certaines visent à *persuader* le professionnel de remédier à tel ou tel abus, d'autres, plus redoutables pour les professionnels, appellent les consommateurs à une *véritable grève des achats :* c'est le *boycott.*

MOTS-CLÉS

dissuader v.t. : on dissuade par la crainte. Votre adversaire, même s'il n'est pas convaincu, n'ose pas s'opposer à vous, parce qu'il a peur de votre réaction.

persuader v.t. : on persuade par la douceur, par le raisonnement. Votre partenaire prend conscience que vous avez raison et vous suit de bon gré.

POUR SE DÉFENDRE, les consommateurs disposent d'un certain nombre d'armes. Certaines sont **dissuasives,** ce sont celles qui sont le plus redoutées par les professionnels puisqu'elles visent à détourner les consommateurs de leurs achats. D'autres sont des armes **persuasives,** elles visent à mieux préparer les consommateurs dans leur comportement d'achat.

Voyez le journaliste du *Daily Star,* il va utiliser successivement la plupart de ces armes.

Les tests comparatifs

Le journaliste effectue tout d'abord un **test comparatif** des différentes boissons du saloon. Au-delà de l'information des consommateurs, les tests servent surtout à orienter la production de biens et de services dans un sens conforme aux besoins des consommateurs. Nés aux États-Unis dans les années 1930, les tests permettent de mettre à la disposition d'un large public des renseignements jusqu'alors réservés aux seuls professionnels.

Le boycott

Après avoir réalisé un test comparatif, Horace, le journaliste du *Daily Star,* lance un mot de **boycott** aux clients du saloon. Le boycott, c'est une communication adressée aux consommateurs pour les **inciter à s'abstenir d'acheter** un produit ou la totalité des produits d'une entreprise. En France, le boycott du veau et celui des pneus V 12 Kléber constituent les plus fameux exemples de cette arme utilisée par les consommateurs. Enfin, en bon journaliste, Horace lance une **grande campagne d'information critique.**

Les campagnes d'information critique

Les organisations de consommateurs organisent fréquemment ce type d'action et publient dans leurs journaux des articles, des études et des enquêtes sur les produits ou les services proposés sur le marché. Elles n'hésitent pas à citer les marques ou les entreprises concernées. À ce titre, leurs publications sont particulièrement redoutées par les professionnels, d'autant que la grande presse quotidienne, la radio et la télévision reprennent un ou plusieurs articles et par conséquent en augmentent considérablement la portée. Certains professionnels n'apprécient guère ces campagnes. D'autres sont franchement furieux (voyez la réaction du patron du saloon). Mais souvent la campagne de presse des organisations de consommateurs permet d'améliorer ou de faire cesser des pratiques contraires aux intérêts des consommateurs. Ainsi, les campagnes contre les colorants ou l'amiante ont contraint les producteurs à supprimer progressivement ces produits dangereux parmi les ingrédients des produits fabriqués. Les campagnes contre la pollution des plages ont amené l'administration à rendre publics les résultats d'analyse de pollution d'eau de mer, etc. L'efficacité des armes utilisées par les organisations de consommateurs a fait prendre conscience à beaucoup de professionnels que **le dialogue est préférable** à la confrontation.

Ph. École publique

Couverture de la revue *Que choisir?* (Février 1980).

L'ÉTAT ET LA SANTÉ DU CONSOMMATEUR :

ÉCONOMIE
la protection des consommateurs

Ph. L. L.

Se soigner soi-même peut présenter quelques inconvénients. Suivez les prescriptions du médecin, lisez les étiquettes des médicaments. Vous éviterez quelques déboires !
Dessins extraits des *Insolences d'Achille Talon* Greg. © Dargaud Éditeur, 1973.

Ph. L. L.

Il est un produit pour lequel l'intervention de l'État est nettement plus importante que pour tous les autres produits : le médicament.

Le médicament peut être dangereux. Utilisé à tort, il peut, non pas soigner, mais au contraire empoisonner.

Réglementer le médicament est donc une affaire de santé publique.

La réglementation est très stricte dans le domaine de la protection médicale du consommateur. Les titres et les diplômes des praticiens sont précisément définis et le matériel médical (appareils de radiologie, de réanimation, etc.) doit faire l'objet d'un agrément (autorisation).

De plus, la fabrication et la vente des produits pharmaceutiques sont étroitement réglementées. En France, aucun médicament ne peut être commercialisé sans avoir subi un grand nombre de contrôles ; c'est seulement après tous ces contrôles que le ministère de la Santé accorde l'autorisation de vente. Mais l'agrément n'est jamais définitif. Il peut être retiré si, à l'usage, on constate qu'un médicament présente certains inconvénients, voire certains dangers.

Lorsqu'ils sont vendus, les produits pharmaceutiques ne sont pas considérés comme des biens de consommation comme les autres. N'en veuillez pas à votre pharmacien s'il refuse de vous délivrer certains médicaments. Beaucoup de médicaments ne sont délivrés que sur ordonnance du médecin. Les autres médicaments sont délivrés librement, mais il ne faut jamais oublier que la consommation régulière de la plupart d'entre eux peut être dangereuse. Ainsi l'aspirine consommée à haute dose peut provoquer des hémorragies dans l'appareil digestif. N'oubliez pas non plus que **l'automédication** (se soigner soi-même) peut présenter de graves dangers.

Regardez Achille Talon liquider sa pharmacie. S'il ne tolère pas bien les médicaments qu'il a ingurgités, c'est qu'il a oublié que les médicaments ne sont pas des produits comme les autres. Les effets de deux médicaments peuvent s'additionner (p. ex. anticoagulants et aspirine) ou s'annuler. Bon nombre d'entre eux contiennent des contre-indications, enfin les calmants et les somnifères consommés excessivement peuvent être à l'origine d'accidents du travail ou de la circulation. Il faut donc lire attentivement la notice incluse dans le conditionnement de tous les médicaments (posologie, contre-indications, etc.).

L'ÉTAT ET LES CONSOMMATEURS

• Au début du XXe siècle, les progrès accomplis dans la transformation des produits ont rendu nécessaire une protection plus grande du consommateur. La loi du 1er août 1905 sur la répression des fraudes et le contrôle de la qualité a étendu considérablement les réglementations générales et particulières s'appliquant notamment aux produits alimentaires. Cette loi réprime la fabrication ou la mise en vente de produits toxiques ou corrompus. Aujourd'hui, nos aliments sont de plus en plus souvent transformés et traités pour leur assurer une meilleure présentation, une meilleure conservation, un meilleur goût. Ces manipulations ne sont pas forcément nocives, mais certaines ne se font pas sans risques pour la santé des consommateurs. La tentation est parfois grande de falsifier la denrée pour en accroître les « performances » et en réduire le coût. C'est pourquoi l'État a énoncé un certain nombre de règles en la matière, notamment en définissant précisément des **listes positives** de ce qui peut être incorporé dans les produits alimentaires ou des matériaux qui sont utilisés pour leur emballage. Le principe est le suivant : tout ce qui n'est pas expressément autorisé est interdit. L'ensemble de cette réglementation sert de référence aux industriels en leur donnant les conditions d'une concurrence loyale. La loi du 1er août 1905 a été complétée par d'autres lois (lois du 10 janvier et du 20 juillet 1983) qui visent à protéger le consommateur contre l'ignorance ou la précipitation des fabricants dans l'emploi des perfectionnements technologiques. La loi du 20 juillet 1983 en particulier est très importante. Elle crée une **commission de la sécurité des consommateurs** et donne aux pouvoirs publics des moyens d'enquête et d'intervention plus étendus et surtout mieux adaptés à la réalité. Surtout, cette loi pose le principe d'une **obligation de sécurité** à la charge des producteurs.

MOTS-CLÉS

anticoagulant n.m. : médicament qui empêche le sang de se coaguler et, dans certaines maladies, de donner naissance à des caillots qui peuvent devenir dangereux.

contre-indication n.f. : certains médicaments ne peuvent pas être pris par tout le monde. Ils deviennent dangereux si vous êtes atteints d'une autre maladie (hypertension, diabète, allergie...). D'autre part, certaines activités (conduire) peuvent devenir dangereuses après l'absorption de certains médicaments. Elles sont contre-indiquées.

délivrer une ordonnance : quand vous allez voir votre médecin, il vous remet une feuille sur laquelle il a inscrit les médicaments que vous devez prendre, c'est l'ordonnance (le médecin ordonne). Certains médicaments, considérés comme dangereux, ne peuvent vous être délivrés (c'est-à-dire remis par le pharmacien) que s'ils ont été ordonnés par le médecin.

ordonnance n.f. : prescription délivrée par un médecin ; papier sur lequel elle est inscrite. Les médicaments délivrés uniquement sur ordonnance sont inscrits sur trois tableaux qui conditionnent leur délivrance.

Tableau A : produits toxiques. Ils portent sur l'emballage un cadre rouge. Leur renouvellement est interdit sans l'obtention d'une nouvelle ordonnance.

Tableau B : produits stupéfiants (double cadre rouge sur le conditionnement). L'ordonnance les prescrivant doit être tirée d'un carnet à souches spécial. Le pharmacien est en droit de demander au malade justification de son identité.

Tableau C : produits dangereux (cadre vert sur l'emballage). Sur présentation d'une ordonnance, le renouvellement est autorisé.

posologie n.f. : la dose (c'est-à-dire la quantité) que vous devez prendre. Dépasser cette dose peut être dangereux.

réglementation n.f. : l'ensemble des lois et règlements qui régissent une activité.

répression des fraudes : si un produit n'est pas conforme à ce qu'il doit être, il y a fraude (= tromperie). La loi réprime (punit) les fraudeurs.

tolérer v.t. : vous ne tolérez pas le bruit que font vos voisins. Votre organisme peut ne pas tolérer (= supporter) certains médicaments. Leur absorption provoque des malaises, voire des accidents graves.

L'INSTITUT NATIONAL DE LA CONSOMMATION

ÉCONOMIE
la protection des consommateurs

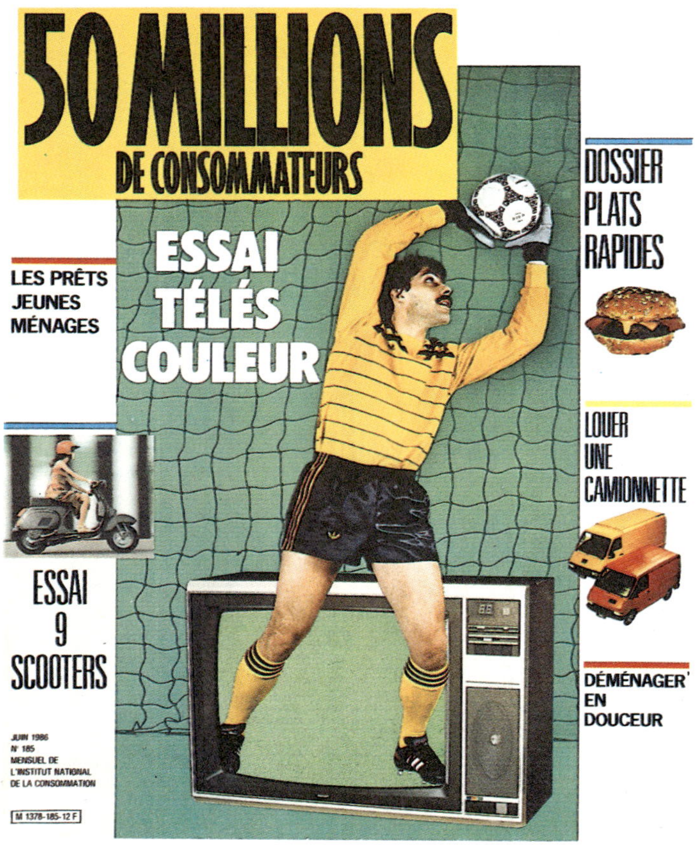

Ph. L. L.

Un essai comparatif (les planches), un écran Minitel sur l'alimentation, une couverture de *50 Millions de consommateurs* de juin 1986, autant de moyens que l'Institut national de la consommation met à la disposition des consommateurs pour les former et les informer. En usez-vous ?

Ph. I.N.C.

Ph. G. Rosati

Sans doute avez-vous déjà vu l'émission « D'accord, pas d'accord » ou du moins connaissez-vous son indicatif ou la présentatrice, peut-être aussi le magazine *50 Millions,* c'est-à-dire 50 millions de consommateurs, à peu près le nombre de consommateurs français.

Qui produit ces émissions ? Qui réalise ce magazine ? L'Institut national de la consommation (I.N.C.). Qu'est-ce donc que l'I.N.C., quel est son statut et que fait-il pour les consommateurs et, en particulier, pour vous les jeunes ?

« 50 MILLIONS » ET « D'ACCORD, PAS D'ACCORD » sont deux services, l'un payant, l'autre gratuit, que l'I.N.C. – Institut national de la consommation – offre aux consommateurs français. La création en 1966 de l'I.N.C., établissement public à caractère administratif, est le signe de reconnaissance du mouvement consommateur par l'État en France. L'I.N.C., en effet, vit, c'est-à-dire paie ses employés – 140 personnes – et ses activités grâce à un financement qui lui vient de l'État et de la vente de 50 Millions. Ce n'est donc pas une organisation de consommateurs, mais un établissement public au service des consommateurs et des organisations de consommateurs. Celles-ci tiennent à cette distinction : vous pouvez vous faire préciser cette différence par une organisation locale. Depuis 1983, le conseil d'administration de l'I.N.C. est composé de seize organisations de consommateurs, de huit personnes qualifiées compétentes en matière de consommation et de trois représentants du personnel de l'I.N.C. Il définit les grandes orientations de la politique de l'I.N.C.

MOTS-CLÉS

décret n.m. : disposition réglementaire prise par le gouvernement en application d'une loi.

établissement public à caractère administratif : à côté de la fonction publique proprement dite existent avec des règles statutaires qui peuvent être différentes :
- des établissements publics à caractère administratif (E.P.A), c'est-à-dire qui ont un objectif comparable à celui d'une administration publique ;
- des établissements publics à caractère industriel et commercial (E.P.I.C.), par exemple la S.E.I.T.A. (fabrication et vente du tabac).

Un centre d'essai

Les consommateurs ont besoin d'être renseignés sur les produits qu'ils souhaitent acheter : sont-ils solides ? sont-ils dangereux ? leur prix est-il en rapport avec leur qualité ? quelle est leur composition ? etc. À toutes ces questions posées par les organisations de consommateurs ou par les pouvoirs publics, l'I.N.C. répond par des essais comparatifs dont il publie les résultats. Les techniciens de l'I.N.C. procèdent également à des enquêtes sur la qualité des services, sur les piscines aussi bien que sur les assurances, les garagistes, les cantines scolaires, les banques, les réparateurs d'appareils d'électroménager, etc. Vous pouvez vous procurer à l'I.N.C. la liste (Index) des essais comparatifs et des études disponibles afin de pouvoir commander ceux qui vous intéressent.

Un centre d'études

Après le temps de l'observation, de l'expérimentation et de la critique vient celui des propositions : c'est la mission d'études de l'I.N.C. L'I.N.C. travaille à la préparation ou à l'amélioration des lois, de réglementations qui protègent les consommateurs en leur donnant des droits. C'est ainsi que l'I.N.C. a préparé les dossiers qui ont conduit à l'obligation pour les commerçants d'inscrire le prix au litre ou au kilo sur l'emballage d'un certain nombre de produits alimentaires.

Un centre d'information et de formation

L'I.N.C. dispose de moyens d'informations, ses médias, qui sont : le mensuel *50 Millions de consommateurs,* l'hebdomadaire *I.N.C. hebdo/consommateurs actualités,* les émissions de télévision : « D'accord pas d'accord, les écrans télématiques accessibles par Minitel. L'I.N.C. diffuse souvent des communiqués dans les journaux et informe également le public en répondant à un abondant courrier (environ 600 lettres par jour) ou à des appels téléphoniques.

Si le conseil d'administration détermine les grandes orientations de l'activité de l'I.N.C., sa gestion est confiée à un directeur nommé par le gouvernement. Ce directeur veille à la réalisation coordonnée des travaux et à leur diffusion.

Faites un dossier des communiqués de presse de l'I.N.C. et classez-les par exemple en questions et problèmes qui concernent les jeunes, les adultes, ou les deux et envoyez votre analyse, et, éventuellement, vos souhaits, à l'I.N.C.

Les consommateurs sont également renseignés par des fiches explicatives et, dans certains cas, par des entretiens avec des spécialistes du droit de la consommation. Demandez à l'I.N.C. la liste complète et à jour pour vous les procurer en cas de besoin.

L'I.N.C. propose des dossiers et des audiovisuels pour la formation des jeunes et des adultes et met à la disposition des organisations ou des chercheurs isolés une bibliothèque et une salle de documentation. Procurez-vous la liste complète de ces dossiers qui pourront vous être très utiles et n'hésitez pas à exposer vos besoins au service formation de l'I.N.C.

BIEN VIEILLIR

SANTÉ

Prévention des principales maladies

Pour bien vieillir, il est très important de veiller à son apparence physique : rester coquet, se tenir droit, faire de l'exercice.

Il ne faut pas considérer la retraite comme une période d'inactivité totale. Beaucoup d'hommes célèbres ont continué à réaliser de grandes œuvres à un âge avancé. Il faut faire des projets pour sa retraite : faire une collection, lire, écrire, s'occuper d'une association amicale et ne pas se contenter de regarder passivement la télévision. Même chez des gens très âgés et très handicapés, la peinture, la sculpture, certaines formes d'artisanat sont possibles.

Il faut que la personne âgée se sente utile à quelque chose dans la société : par exemple, s'occuper de ses petits-enfants, auxquels elle apporte son expérience de la vie. Les sujets âgés sont trop souvent seuls alors qu'ils devraient le plus possible être avec d'autres gens (famille, voisins, amis, aides à domicile). Il est souhaitable que leur affection ou leur amitié ne soit pas consacrée à une seule personne mais à plusieurs.

Action de prévention		Maladies ou symptômes évités
Peu de boissons alcoolisées		troubles du caractère ; cirrhose et cancer du foie ; paralysie des jambes ; troubles de mémoire
Ne pas fumer		artérite ; infections et cancers de la gorge et des poumons
Exercice physique régulier		manque de force dans les jambes ; constipation ; fragilité des os
Un peu moins de graisses.		athérosclérose
Alimentation équilibrée	un peu moins de sel	excès de tension artérielle ; hémiplégie (attaque)
	manger des légumes verts	manque d'acide folique (vitamine B), anémie
	manger du calcium (lait, fromages)	fractures ; fragilité des os
	manger des protéines (viande, lait, poissons, céréales)	amaigrissement, infections répétées
Exposition au soleil	pas d'excès	
	sorties régulières	manque de vitamine D ; fractures
Dépister les baisses d'acuité visuelle et auditive par un examen annuel		accidents ; perte brutale de la vision ; dépression ; troubles intellectuels
Dépister les excès de tension artérielle par un examen deux fois par an		athérosclérose, notamment hémiplégie et infarctus du myocarde
Soigner la ménopause chez la femme		fragilité des os ; fractures ; rides ; dépression

Citez une dizaine de noms d'hommes célèbres qui ont accompli de grandes œuvres, même à un âge avancé (peintre, sculpteur, écrivain, musicien, scientifique, homme politique).

Faites une enquête sur les personnes âgées habitant votre immeuble ou votre village : combien de personnes rencontrent-elles par jour ; avec combien parlent-elles ? Comparez ces chiffres au nombre de rencontres quotidiennes que vous faites chaque jour.

Dr Bittar - Fondation Rognet

Il a 100 ans. Centenaire peignant. ▷

La vieillesse est différente de la maladie, c'est un stade normal de la vie. Chacun de nous, sauf accident ou maladie interrompant la vie, est appelé à devenir vieux. Beaucoup de gens ne veulent pas regarder la vieillesse en face. Par exemple, assez souvent, des adultes mettent les vieux à l'écart ou se moquent d'eux. Cette forme d'exclusion repose sur l'espoir inconscient de ne jamais être vieux. L'essentiel est donc de savoir comment bien vieillir.

Le phénomène du vieillissement touche toutes les parties du corps de tous les individus, mais sa vitesse est variable :
- d'un individu à l'autre, on constate des différences. Certains peuvent atteindre un âge avancé sans que le vieillissement les affecte trop : ce phénomène est souvent héréditaire. C'est le cas des « familles de centenaires » ;
- d'un organe à l'autre chez un même individu, qui peut avoir, par exemple, des rides et des cheveux blancs (vieillissement de la peau) mais un cerveau en très bon état.
- selon le sexe : chez la femme, les gonades (ovaires) cessent brutalement de fonctionner vers 50 ans. C'est la ménopause. Chez l'homme, les gonades (testicules) fonctionnent de moins en moins bien très progressivement à partir de 60-70 ans. Cette différence entre hommes et femmes explique une plus grande fragilité osseuse et un plus grand nombre de fractures chez la femme âgée, mais on peut maintenant, sans risque, compenser cette inégalité en soignant la ménopause chez la femme par des hormones ovariennes. D'autre part, les hommes meurent plus jeunes que les femmes.

Ressources financières, logement et santé

Pour être en bonne santé, il faut un minimum d'argent. Certaines personnes âgées sont riches. Mais, malgré l'augmentation très importante des retraites depuis trente ans, beaucoup ont des ressources faibles, leur permettant tout juste de satisfaire leurs besoins élémentaires (nourriture, logement, hygiène, chauffage). En outre, de nombreuses personnes âgées préfèrent économiser de l'argent pour leurs enfants ou petits-enfants plutôt que de le dépenser pour leur bien-être. Une pension de retraite est versée à toute personne ayant atteint 65 ans ou ayant exercé un métier pendant trente-sept années et demie. L'argent ainsi versé aux personnes âgées est obtenu par des prélèvements sur les salaires de ceux qui travaillent. Le nombre actuel de naissances en France (1,8 enfant par femme) ne suffisant pas au renouvellement de la population, la proportion de travailleurs va baisser et celle des retraités va augmenter. L'avenir des retraités est donc inquiétant à partir des années 2010, surtout pour les plus pauvres. Pour qu'un pays continue à assurer de bonnes ressources aux personnes âgées,

Pour être en bonne santé, il faut aussi sortir de chez soi, voir d'autres gens... il faut que ses habitants aient suffisamment d'enfants.

Or, quand on vieillit, la montée et la descente des escaliers deviennent pénibles puis souvent impossibles. Un ascenseur installé dans un immeuble, c'est un sujet âgé qui devient libre de ses mouvements surtout s'il est handicapé, en fauteuil roulant, par exemple.

MOTS-CLÉS

espérance de vie : durée moyenne de vie dans un groupe humain déterminé, soit à partir d'un âge donné quand il est précisé, soit à la naissance quand rien n'est précisé.

gériatrie n.f. : partie de la médecine qui étudie les maladies du vieillard (du grec *gerôn,* vieillard, et *iatreia,* traitement).

gérontologie n.f. : étude de la vieillesse et des phénomènes de vieillissement sous leurs divers aspects, médicaux (gériatrie), psychologiques, sociaux, etc. (du grec *gerôn,* vieillard, et *logos,* science).

longévité n.f. : durée de la vie en général, pour une espèce donnée (du latin *longus,* long, et *aevum,* âge).

ménopause n.f. : cessation de la production hormonale ovarienne et de l'ovulation chez la femme, reconnaissable à l'arrêt de la menstruation (du grec *mên, mênos,* mois, et *pausis,* cessation).

pension n.f. : prestation en argent versée périodiquement à une personne (du latin *pensio,* paiement).

retraite n.f. : état d'une personne (employé, fonctionnaire, profession libérale...) qui, ayant atteint un certain âge, cesse son activité professionnelle et reçoit une pension (de l'ancien français *retraire,* retirer).

Pratt-Pries - Diaf

Rester jeune en conservant une activité physique.

L'ART D'ÊTRE GRAND-PÈRE

En me voyant si peu redoutable aux enfants,
Et si rêveur devant les marmots triomphants,
Les hommes sérieux froncent leurs sourcils mornes :
Un grand-père échappé passant toutes les bornes,
C'est moi. Triste, infini dans la paternité,
Je ne suis rien qu'un bon vieux sourire entêté.
(Les Enfants gâtés.)

Je me penche attendri sur les bois et les eaux,
Rêveur, grand-père aussi des fleurs et des oiseaux ;
J'ai la pitié sacrée et profonde des choses ;
J'empêche les enfants de maltraiter les roses ;
Je dis : n'effarez point la plante et l'animal ;
Riez sans faire peur, jouez sans faire mal.
(Aux Champs.)
Victor Hugo, *l'Art d'être grand-père.*

LES PROFESSIONS DE SANTÉ

SANTÉ

En France, environ un million de professionnels participent à la protection de la santé. Les progrès de la médecine, l'amélioration de la protection sociale, une attention plus grande portée au corps et d'autres facteurs expliquent les changements rapides des professions de santé depuis une

Dessin de Piem, extrait de la revue du C.F.E.S.

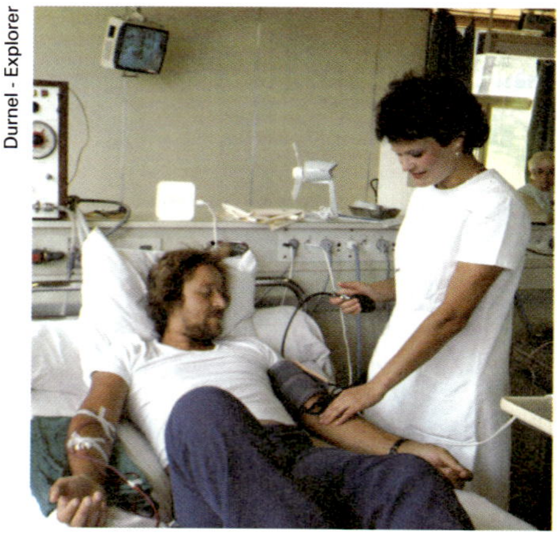

L'infirmière : des compétences techniques et des qualités humaines.

Il existe une très grande variété de professions « paramédicales ». La plus importante d'entre elles en nombre est celle d'infirmier(ère). Les infirmiers et infirmières diplômés d'État (211 000 en 1983) ont un rôle à la fois humain et technique, proche de la personne malade. Les buts de ces professionnels sont de participer (avec l'aide des aides-soignants [tes]) aux soins d'hygiène générale, de concourir au diagnostic et au traitement des maladies, d'appliquer les prescriptions médicales, de participer à la surveillance des malades et des traitements mis en œuvre. Ainsi, les infirmières pratiquent couramment des injections, des pansements, bandages, prélèvements de sang, et exercent des actions de prévention et d'éducation à la santé et à l'hygiène. La formation initiale dure trois ans, à la suite desquels il est possible d'obtenir une spécialité : puéricultrice, infirmière de salle d'opération, aide-anesthésiste. Les infirmières peuvent exercer leur métier à titre libéral (à la campagne, dans les quartiers) ou salarié (à l'hôpital ou dans différents organismes de soins ou de prévention comme les établissements scolaires).

Les infirmiers(ères) psychiatriques (60 000 en 1983) reçoivent une formation distincte pendant trois ans également. Ils exercent dans les hôpitaux où sont traités les malades mentaux.

LE PERSONNEL INFIRMIER

Vous connaissez peut-être d'autres professionnels de la santé : ergothérapeute, psychorééducateur, manipulateur d'électroradiologie médicale, laborantin d'analyses médicales, auxiliaire puéricultrice, audioprothésiste, orthoptiste, opticien-lunetier, secrétaire médicale, délégué médical, psychomotricien... Interrogez l'un de ceux-ci sur son métier et rédigez une interview qui pourra être publiée dans le journal de votre classe ou de votre collège.

« Igor Barrère – Est-ce que la condition d'infirmière ou d'infirmier ne s'est pas modifiée ? N'est-ce pas devenu un métier ?
Paul Milliez – Cette amélioration s'est traduite avant tout par une élévation du niveau des connaissances et des qualités techniques. Autrefois, les infirmières étaient là pour retaper les oreillers, prendre le pouls des malades et leur température, faire quelques piqûres d'huile camphrée. Les injections intramusculaires et intraveineuses, les prises de sang étaient réservées aux externes (1). Les infirmières ne prenaient jamais officiellement la tension artérielle. Or, maintenant, le personnel infirmier remplace les externes dans tous les gestes courants, mais non pour la rédaction des observations (2). »

(1) Externe : étudiant en médecine exerçant des fonctions à l'hôpital.
(2) Observation : document médical écrit où sont consignées toutes les informations recueillies et constatations faites sur un malade.

Paul Milliez, *Médecin de la liberté*, © Le Seuil.

cinquantaine d'années : augmentation des effectifs, spécialisation et création de nouvelles professions, perfectionnement des compétences techniques. Les médecins, pharmaciens, dentistes, infirmières font partie des professionnels de soins ; d'autres, comme par exemple les kinésithérapeutes, les orthophonistes ou les audioprothésistes, participent à des actes techniques d'appareillage ou de rééducation variés. Quelles sont donc les fonctions de chacun ? Comment peuvent-elles s'exercer ?

Le médecin. Acteur essentiel du système de santé, il cherche, par ses connaissances et ses compétences, à reconnaître les différentes maladies, à déterminer leurs causes, à en proposer le traitement. Il doit souvent coordonner l'action des autres professionnels de la santé. Le médecin participe en outre à la prévention des maladies par les visites systématiques, les vaccinations, le dépistage... Au-delà des seules compétences techniques, certaines qualités humaines sont nécessaires à l'exercice de cette profession. Les études sont d'une durée de huit ans après le baccalauréat pour les généralistes et de dix à douze ans pour les spécialistes. En 1983, on comptait 58 p. 100 de généralistes et 42 p. 100 de spécialistes : pédiatres ou chirurgiens par exemple. Les médecins peuvent exercer la médecine libérale ou la médecine salariée (médecine du travail, médecins de la Sécurité sociale, médecins hospitaliers et ceux qui travaillent dans l'industrie pharmaceutique).

Les pharmaciens. Cette profession est également en pleine évolution : rajeunissement, augmentation du nombre des femmes et des salariés. Le pharmacien peut choisir un exercice privé, l'officine ou le laboratoire d'analyses, ou un exercice salarié, dans les hôpitaux ou l'industrie notamment. Le pharmacien d'officine est un spécialiste du médicament, formé par cinq ans d'études après le baccalauréat. Il veille à ce que les médicaments achetés par ses clients, avec ou sans ordonnance, ne puissent pas leur être nuisibles, en particulier lorsqu'un malade prend plusieurs médicaments différents ; il a un rôle de conseil médical pour les ennuis de santé courants (maux de tête, mauvaise digestion...).

Le chirurgien-dentiste. Spécialiste des maladies de la bouche, il soigne surtout les dents. Ses traitements sont chirurgicaux (extraction de dent) ou consistent en une prescription de médicaments ou dans l'ajustement d'appareils dentaires (réalisés par le prothésiste dentaire). Métier strictement réglementé, il est exercé en grande majorité auprès d'une clientèle privée, sous la forme libérale. Un dentiste peut se spécialiser dans les soins dentaires aux enfants, dans le redressement des dents ou dans le traitement des gencives. Il contribue donc à la santé, à l'hygiène et à l'esthétique de la bouche. Sa formation dure au moins cinq ans après le baccalauréat.

La sage-femme. Sa vocation, au départ, est d'aider les mères à mettre leur enfant au monde et de les suivre après la naissance du bébé. Elle doit suivre des études difficiles pendant quatre ans après le baccalauréat. La plupart exercent à titre salarié, dans des hôpitaux publics ou privés.

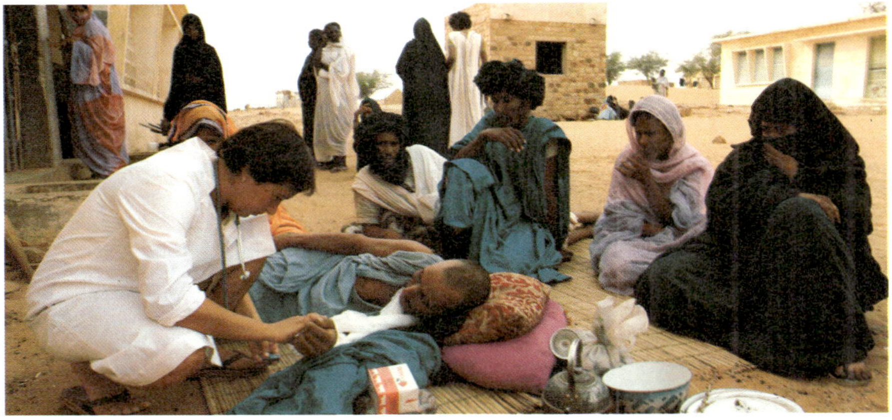

SIOEN - C.E.D.R.I.

Les professionnels de santé accomplissent d'utiles missions humanitaires dans les pays en développement.

MOTS-CLÉS

officine n.f. : ensemble des locaux où le pharmacien entrepose, prépare et vend les médicaments au public (du latin *officina*, atelier).

profession libérale : profession indépendante et d'ordre intellectuel (avocat, médecin, ingénieur-conseil...). Cherchez les autres sens de l'adjectif libéral.

professions médicales : professions strictement réglementées comportant les médecins, les pharmaciens, les chirurgiens-dentistes et les sages-femmes.

professions paramédicales : professions de santé autres que les professions médicales avec lesquelles elles collaborent. La principale d'entre elles est la profession d'infirmière.

salarié adj. : qui donne lieu à la perception d'un salaire, c'est-à-dire au versement régulier (en général mensuel) d'une somme bien définie.

POUR EN SAVOIR PLUS

Les **masseurs kinésithérapeutes** ont pour but d'essayer de rendre son autonomie à la personne malade ou blessée. Ils sont formés en trois ans à des techniques comme le massage, la gymnastique médicale, les méthodes de rééducation après accident ou maladie. On compte parmi les nouveaux diplômés autant ou davantage d'hommes que de femmes.

Les **orthophonistes :** rééducateurs de la voix, du langage écrit ou parlé, ils participent au dépistage des troubles de l'écriture et de la parole, rééduquent certains enfants sourds. Ce métier concerne surtout les enfants.

Les **diététiciennes :** techniciennes de l'alimentation du malade comme du bien-portant, elles exercent leur métier surtout à l'hôpital. Leur rôle d'information est essentiel.

Les **pédicures-podologues :** ils sont formés (en deux ans) pour assurer les soins des pieds (cors, verrues des plantes de pied, ongles incarnés...), la prescription, la confection et la mise en place d'appareillages et semelles appropriés.

LA SANTÉ DANS LES PAYS DÉVELOPPÉS

Les individus cherchent à se protéger. C'est la très grande taille de la famille, dans sa forme la plus ancienne, qui assure la protection de chacun. Quand un parent est malade, quand

SANTÉ

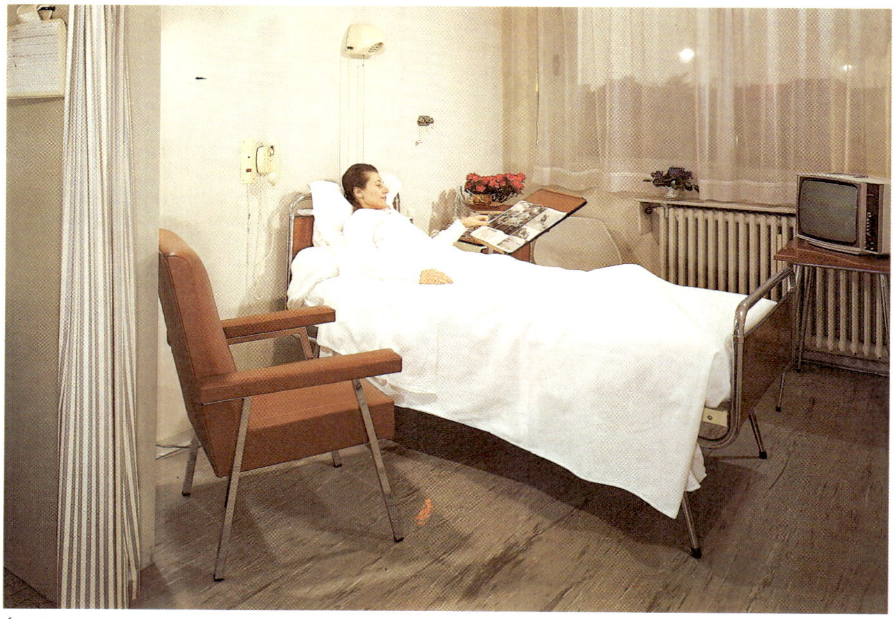

Étudiez combien coûte une journée d'hospitalisation. Quels sont les composants du coût d'une journée d'hospitalisation.

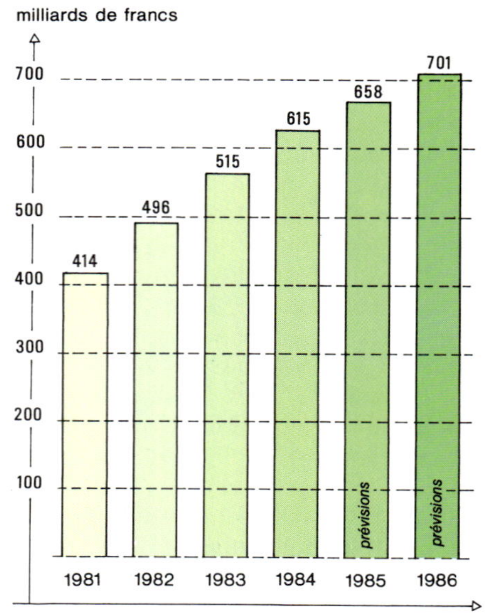

Les dépenses de l'assurance maladie.

Santé et protection

– Quelles sont à votre avis les raisons qui font que vous seriez amenés à interrompre votre scolarité ? Comment est assurée votre protection contre ces risques ?
– Du fait de votre travail, au collège, des assurances ont été prises par les responsables de l'établissement. Étudier les risques pour lesquels ces assurances ont été établies.
– Recherchez en bibliothèque quelles personnes ou institutions contribuent aux ressources de la Sécurité sociale.
– Étudiez les éléments qui interviennent dans la constitution du prix du médicament de sa fabrication à sa vente.
– Essayez de repérer dans votre quartier ou votre ville toutes les personnes qui contribuent par leur métier à la protection sociale des autres.
– Cherchez sur un bulletin de paye la part du salaire correspondant aux cotisations sociales.
– L'équipement hospitalier français dispose d'un nombre de lits généralement considéré comme suffisant ; il existe cependant de grandes variations dans la qualité de ces équipements et dans leur répartition géographique. Il faut compter environ 10 lits d'hôpital toutes catégories confondues pour 1 000 habitants. Il y a plus de 1 médecin pour 500 habitants en France et plus d'un tiers d'entre eux sont spécialistes.

LA PROTECTION SOCIALE

« Le développement de l'industrialisation en Europe à la fin du XIXe siècle a entraîné la création d'une classe sociale nouvelle, les ouvriers, dont la caractéristique est que, dépendant uniquement de leur salaire, ils sont particulièrement vulnérables à la privation de celui-ci en raison du chômage ou de la maladie. La France a d'abord tenté de résoudre ce problème par le mouvement mutualiste. L'Allemagne s'est orientée vers la création de caisses communales ou d'entreprises qui permettent aux ouvriers, moyennant une cotisation versée par l'employeur, d'être soignés en cas de maladie ou d'invalidité. »

Pierre BIRAUD, Robert J. LAUNOIS, *les Réseaux de soins – Médecine de demain,* © Economica.

il est sans travail, ce sont les autres membres de la famille qui le prennent en charge, lui et les siens. Comment se sont mis en place peu à peu des systèmes destinés à se substituer aux familles trop démunies ? Comment ont évolué ces systèmes de protection sociale ? Quels problèmes posent-ils aujourd'hui ?

Au cours des derniers siècles, des œuvres charitables se sont substituées aux familles trop démunies. Vincent de Paul s'est rendu célèbre en organisant l'accueil des malades et des personnes sans nourriture. Au XIXe siècle, l'industrialisation favorise l'éclosion de systèmes de protection sociale, concernant d'abord les accidents survenant chez les travailleurs de l'industrie ; puis la protection sociale s'étend à l'invalidité, à la vieillesse, à la famille, au logement, à la formation, au chômage, aux maladies professionnelles, au décès, aux calamités naturelles. Diverses corporations professionnelles créent leur organisme de protection. Des regroupements se sont effectués au fil des ans pour aboutir à une protection sociale harmonieuse de toute la population travaillant en France et au système de Sécurité sociale de la France d'aujourd'hui.

Le système de protection sociale d'un pays dépend de ses capacités de production. Il est alors possible de dégager des ressources qui sont affectées à la protection sociale de la population. Une somme supérieure à la moitié des salaires est versée par les employeurs sous le nom de cotisations aux organismes collecteurs des fonds de la protection sociale. Ces sommes sont redistribuées à la population française selon les besoins par les organismes de la Sécurité sociale :

- la caisse d'assurance vieillesse verse des prestations aux personnes retraitées ;
- les caisses d'allocations familiales en versent aux familles en fonction des ressources des parents, des besoins de logement, du nombre d'enfants, de leurs besoins de scolarité ;
- les caisses d'assurance maladie versent des indemnités en cas de maladie, invalidité, décès, maternité, accidents du travail et maladies professionnelles.

Près de mille milliards de francs ont été collectés en 1985. Ils constituent le budget de la Sécurité sociale. Séparé du budget de l'État (constitué par les impôts), et donc de celui du ministère de la Santé, il lui est supérieur depuis 1974. Les dépenses sociales représentent plus du tiers de la production intérieure brute. La maladie en représente un peu plus de 8 p. 100, dont la moitié est consacrée aux soins hospitaliers. De nombreux éléments concourent à la croissance des dépenses et déséquilibrent le budget de la Sécurité sociale : la diffusion des techniques médicales et l'augmentation du nombre des professionnels de santé, les phénomènes démographiques (vieillissement de la population), ainsi que le chômage.

POUR EN SAVOIR PLUS

- Il existe de nombreux régimes de Sécurité sociale particuliers aux différentes corporations professionnelles (les mines, E.D.F., S.N.C.F., etc.).
- Ces divers régimes sont regroupés en trois grands systèmes :
  - les travailleurs salariés (le plus important des systèmes) ;
  - la mutualité agricole ;
  - les indépendants (commerçants, artisans).
- À quelques exceptions près, tous les Français sont obligés d'adhérer, c'est-à-dire de cotiser à un organisme de Sécurité sociale. Les prestations offertes varient d'un régime à l'autre : les prestations offertes aux salariés sont différentes de celles offertes aux agriculteurs. Les prestations des organismes de Sécurité sociale sont complétées dans le domaine de la santé par l'adhésion volontaire des familles à des mutuelles. En France, ces mutuelles sont nombreuses et spécifiques de groupes professionnels.

MOTS-CLÉS

cotisation n.f. : somme versée régulièrement à un organisme ou à une association qui effectuent des dépenses collectives.

indemnité n.f. : somme perçue en compensation d'une perte ou d'un manque à gagner. Elle peut être perçue régulièrement par un assuré social (en cas de longue maladie par exemple) ou de manière ponctuelle à la suite d'un événement particulier (indemnité de licenciement par exemple).

invalidité n.f. : tous les handicaps ou séquelles d'accidents ou de maladies.

mutuelle n.f. : société d'assurance privée, le plus souvent ouverte aux seuls membres d'une profession donnée, dont les prestations s'ajoutent à celles versées par la Sécurité sociale.

prestations n.f.pl. : service rendu en nature ou en espèces par les organismes de Sécurité sociale.

production nationale : richesse produite par le travail des Français ; c'est la somme des valeurs ajoutées par chaque unité de production.

protection sociale : terme général qui désigne tous les mécanismes mis en place par la collectivité pour aider les familles en difficulté.

régime de Sécurité sociale : système de protection sociale ayant ses règles propres.

Larousse

cerfa
N° 60-3675

FEUILLE DE SOINS
assurance maladie

RENSEIGNEMENTS CONCERNANT L'ASSURÉ(E) (1)

NUMÉRO D'IMMATRICULATION

NOM-Prénom (suivi s'il y a lieu du nom d'époux)

ADRESSE

CODE POSTAL

SITUATION DE L'ASSURÉ(E) A LA DATE DES SOINS

- ☐ ACTIVITÉ SALARIÉE ou arrêt de travail
- ☐ ACTIVITÉ NON SALARIÉE
- ☐ SANS EMPLOI ▶ Date de cessation d'activité :
- ☐ PENSIONNÉ(E)
- ☐ AUTRE CAS ▶ lequel :

RENSEIGNEMENTS CONCERNANT LE MALADE (1)

- S'agit-il d'un accident ? OUI ☐ NON ☐ Date de cet accident :
- Si le malade est PENSIONNÉ DE GUERRE et si les soins concernent l'affection pour laquelle il est pensionné, cocher cette case ☐

SI LE MALADE N'EST PAS L'ASSURÉ(E)

- NOM
- Prénom Date de Naissance
- LIEN avec l'assuré(e) : ☐ Conjoint ☐ Enfant ☐ Autre membre de la famille ☐ Personne vivant maritalement avec l'assuré(e)
- Exerce-t-il habituellement une activité professionnelle ou est-il titulaire d'une pension ? OUI ☐ NON ☐

MODE DE REMBOURSEMENT (1)

☐ VIREMENT A UN COMPTE POSTAL, BANCAIRE OU DE CAISSE D'ÉPARGNE
Lors de la **première** demande de remboursement par virement à un compte postal, bancaire, ou de caisse d'épargne ou en cas de **changement de compte,** joindre le **relevé d'identité** correspondant.

☐ Autre mode de paiement

(1) **Mettre une croix dans la case de la réponse exacte**

Sont punies d'amende ou d'emprisonnement toutes fraudes ou fausses déclarations. Articles L 409 du Code de la Sécurité Sociale, 1047 du Code Rural, 150 du Code Pénal.

J'atteste, sur l'honneur, l'exactitude des renseignements portés ci-dessus.

Signature de l'assuré(e) ▶

s 3110 c

fabrègue, saint-yrieix - limoges - 9-83

PHOTOCOMPOSITION PHOTOFORM STAHN - 67800 BISCHHEIM

Apprenez à compléter votre feuille de Sécurité sociale.

Composition Maury, Malesherbes
Imprimerie Hérissey, Évreux - n° 43391
Dépôt légal : Septembre 1987 — n° de série Éditeur 14214
Imprimé en France *(Printed in France)* — 800 430-Septembre 1987